Colección
DOCUMENTO

EL HUECO

PLANETA

Germán Castro Caycedo

El hueco

**La entrada ilegal de colombianos a Estados Unidos
por México, Bahamas y Haití.**

PLANETA

Colección
DOCUMENTO
Consejo Editorial: Germán Arciniegas - Presidente
Germán Vargas Cantillo, Germán Santamaría,
Germán Castro Caycedo, Juan Luis Mejía A.

Dirección de Colección: Mireya Fonseca Leal

Diseño Portada   :   Jaime Ardila Díaz
Primera edición   :   Marzo de 1989
Segunda edición   :   Abril de 1989
Tercera edición: :   Abril de 1989
Cuarta edición.   :   Julio de 1989
Quinta edición: :   Enero de 1990
Sexta edición: :   Abril de 1990

Preparación litográfica: Servigraphic Ltda.

ISBN 958-614-292-2

Impreso en Colombia
Printed in Colombia

A Fernando Vega Gárcés
y Julio Sánchez Cristo

Contenido

Una silla en La Herradura

Ese jueves de febrero esperábamos a algún personaje, pero ya en Eldorado, la línea aérea anunció que el vuelo de Buenos Aires traía un retardo de cinco horas. Eso es normal en Colombia y por la costumbre, uno encuentra pasatiempos que le ayudan a quemar la espera. El más común para los periodistas es visitar dependencias, hablar con los empleados, tomar café con la gente de las aerolíneas o recorrer las áreas de seguridad.

Entonces el DAS (policía secreta), tenía unas pequeñas oficinas prácticamente escondidas en la zona de entrega de equipajes internacionales, por las cuales pasaban algunas veces casos insólitos, pero aquella tarde, aparte de tres deportadas que venían del Japón, no había "nada especial".

El jefe era un hombre que sumaba a su experiencia como policía, el don de saber contar las historias que vivía en el trabajo. Desde luego, prefería aquellas que tuvieran que ver con mujeres y eso lo centró en el de las deportadas:

"Las colombianas que devuelven del Japón son muy buenas. Buenísimas. Regresan por Los Angeles y llegan aquí demacradas por el cansancio del viaje y por la falta de baño... Pero sin embargo se ven bellas. Mire, esas viejas son algo especial: Una vez las agarran sin visa de trabajo, las dejan dos o tres semanas en el calabozo en Tokio. Luego las mandan a California (cerca de doce horas en avión) y prácticamente sin dormir, las meten en un vuelo de ocho horas hasta aquí. Y, ¿sabe una cosa? Llegan riéndose porque quince días o un mes después se vuelven a hacer lo mismo pero en yens, una moneda más dura que el dólar.

"Por lo que sé, el asunto funciona más o menos así: Aquí en Colombia hay una cadena, (con japoneses metidos en el negocio), que las contacta y se las lleva primero a trabajar en el Caribe, generalmente Aruba. Allá las prueban y si resultan cariñosas, es decir, buenas trabajadoras, las regresan y luego son embarcadas para Tokio. Ellas dicen que les quitan más o menos la mitad de lo que ganan y sin embargo logran guardar muy buen dinero para traer un año después. Ahora, por lo que cuentan, se ve que los japoneses no capturan ni a un uno por ciento de las que se van".

Los deportados llegan a estas oficinas y de allí son remitidos a la central del DAS en la ciudad, donde luego de repasar los archivos y cerciorarse de que no tienen antecedentes penales, los dejan libres.

La historia era nueva para mí y la mañana siguiente fui hasta la Oficina de Deportados, cuya jefe, la abogada Diva Rojas, era aficionada a las estadísticas. Ella llevaba en pequeños cuadernos el dato de todos los colombianos que iban siendo devueltos por las autoridades de otros países, pero al mirarlo, más que un acopio interminable de nombres, cédulas y direcciones —generalmente falsas— me pareció encontrar allí todo un mapa con los caminos del emigrante colombiano que abarcaba desde Australia hasta los Estados Unidos, incluyendo al Japón, Holanda, Alemania, España, Francia, Italia, México, Ecuador, Panamá y lógicamente, Venezuela.

En adelante frecuenté esa oficina con alguna regularidad y en febrero de 1984 la abogada dijo que el número de personas que estaban abandonando el país era algo sin antecedentes, a juzgar por la cantidad de deportados. Las estadísticas mostraban a los Estados Unidos en primer lugar, y de todas las ciudades norteamericanas, Nueva York era el punto clave.

Durante las semanas siguientes busqué una base de trabajo en Nueva York, pensando en algún sitio común para la colonia colombiana, lejos de aquella angustia que determina la vida de las grandes sociedades industriales. Un lugar que conservara algo de familiaridad, en el cual hubiera tiempo para sentir y para vibrar y, de golpe, para dejar correr el reloj y darse cuenta de que aún se estaba vivo, sin tener que arrepentirse más tarde por haberle robado espacio a las horas extras en la fábrica.

Luego de descartar una serie de posibilidades, a finales de marzo hice contacto telefónico con Rubén Peña, propietario de La Herradura, un restaurante típico ubicado en Queens, suburbio donde vivían entonces alrededor de trescientos mil colombianos —buena parte indocumentados— y por lo que alcanzamos a hablar, pensé que había encontrado el lugar ideal. Dos días más tarde, el 26, llegué a Nueva York.

Queens está separado de la gran ciudad por el East River y desde el corazón de Manhattan, el tren elevado emplea cuarenta minutos, tiempo suficiente para alejarse de Norteamérica.

En la misma estación de partida, parece ocioso buscar el número siete y la circunferencia violeta que identifican la línea del "subway", porque las caras cetrinas, los ojos negros o castaños, los crucifijos de oro colgando sobre el pecho, los mocasines brillantes con incrustaciones metálicas en el tacón, la ropa de verano cuando aún son necesarios un paraguas o una gabardina o una buena chaqueta para torear la lluvia, permiten confirmar que definitivamente, uno se ha ubicado en la calzada correcta: allí se detendrá el tren que cruza por Jackson Heights, cuya traducción al colombiano es, "Chapinerito".

A las cuatro y media de la tarde, los ascensores de los edificios, las calles, los paraderos de buses, las estaciones del tren y del subterráneo están invadidas por el hormiguero humano que

se mueve a zancadas en busca de transporte. Muchos han comenzado a cenar mientras caminan, sorbiendo de un gran vaso de
cartón, sopa o café caliente acompañados por un emparedado
que devoran con dificultad porque también llevan portafolios o el
diario para leer durante el viaje de regreso a casa.

Pero los latinos se distinguen, entre otras cosas, porque en
lugar de comer en la calle, hablan a grandes voces y en el momento de abordar el tren, arremeten llevándose por delante a quien se
les atraviese. Desde luego, al ingresar a la estación uno que otro se
cuida de no comprar el "token" que sirve como pasaje y en su
lugar embute en la máquina de control un trozo de latón moldea-
do. Anteriormente introducían una moneda colombiana de veinte centavos.

El "subway" hace una serie de paradas antes de abandonar
Manhattan y luego se sumerge en el túnel que atraviesa el río para
salir a la superficie en las primeras calles de Queens: Vernon
Boulevard, Doce, Quince, Veintiuna... La numeración va creciendo a medida que avanza hacia el Este y más adelante corre por
una plataforma de acero, construida a manera de segundo piso
sobre la Avenida Roosevelt.

En Woodside (cincuenta y ocho) parece establecerse una
frontera donde comienza el territorio colombiano, cuya zona
comercial fuerte ocupa la Roosevelt y parte de las calles que la
cruzan.

Jackson Heights se extiende desde la 82 hasta Junction, (la
misma 94), pero La Herradura está en la 103, (Plaza Corona), que
para la policía neoyorkina representa el lugar "más caliente" del
sector. No obstante, el área colombiana es ostensiblemente menos peligrosa que sitios como el Lower Manhattan, el East Side, el
sur de Bronx, Brooklyn, o Harlem, zonas deprimidas, pobladas
por negros y puertorriqueños, donde los "junkies" adictos a la
heroína matan y atracan para conseguir sus dosis.

En este sentido, Queens es seguro. Allí vive gente que generalmente trabaja de sol a sol y se apretuja en edificios limpios, de
la misma altura, uniformes, difíciles de distinguir unos de otros,

con apartamentos en los cuales no hay un espacio libre porque la emigración es tan grande que cada día llegan y llegan gentes en busca de un techo en casa del pariente o del vecino de calle en Colombia y todos se van acomodando en las habitaciones y cuando allí no caben más, los que siguen duermen en la sala y los que siguen, algunas veces ocupan los estrechos pasillos... Es el mismo problema de vivienda del país, transplantado a Nueva York.

La fama de su peligrosidad tiene que ver con algo diferente al atraco y nació una década atrás, el 29 de diciembre de 1975 en un edificio de la calle 94. El número, 30-10, donde vivía Oscar Toro desde antes de ingresar a la cárcel, acusado de traficar con marihuana. El afrontó un juicio y salió airoso, pero cuando regresó a Queens halló en el sótano a su hija Susana de 5 años colgando de una viga del techo. Los asesinos la estrangularon, encimándole cuatro puñaladas en la cabeza y el vientre.

Toro se refugió entonces en Northern Boulevard, Sunnyside, (también en Queens), y nueve días más tarde tuvo que separar de una columna los cadáveres apuñaleados de su hijo Oscar de 10 años y de Liliana Bustamante, la niñera, de 17. Ella fue violada antes de morir.

Las calles de Chapinerito son estrechas y al lado de los restaurantes y de las fuentes de soda funcionan decenas de pequeñas agencias de turismo cuya cantidad indica el flujo de viajeros que genera el lugar. A través de algunas de ellas, las gentes envían sus ahorros semanales a Colombia, puesto que las cartas son saqueadas en oficinas de correos norteamericanas, donde bandas de empleados norteamericanos se quedan con el dinero.

También abundan los "Grosery Stores", que a diferencia de los del resto de la ciudad, ofrecen cilantro, mazorca, papas criollas, yuca, panela y areparina y como en las zonas céntricas de nuestras ciudades, cada veinte locales hay un indio amazónico o un brujo, alternando con los consultorios de José Gregorio Hernández y las oficinas de abogados que gestionan "en cosa de semanas" la separación matrimonial. Estos pagan un buen volumen de avisos en los diarios hispanos y en "La Cubanísima", una emisora de gran sintonía entre la colonia.

Allí cada mes, decenas de hombres y mujeres indocumentados contraen matrimonio "de paro" con puertorriqueños o latinos residentes para obtener sus visas. Pero el negocio le cuesta al "cónyuge" colombiano quince mil dólares que se pagan anticipadamente, uno sobre otro, en efectivo, bien contados, después de lo cual deben permanecer un año simulando que viven con su pareja. Luego viene la separación.

En la zona de boutiques, Florsheim tiene dos tiendas grandes, pero los zapatos no son los mismos, austeros, livianos o pesados que ofrece en sus sucursales de Manhattan. Aquí los hay grises, azules, caramelo y blanco, todos de charol, todos de suela muy delgada, porque de lo contrario no competiría con el resto de los almacenes del sector, surtidos con mocasines Pino Guiardim, Top Fox o Vittorio Fori, también de charol pero combinados: azul oscuro con blanco, negro con blanco, piel de caimán café y gamuza crema, para hacerle el juego a lujosos trajes blancos, que algunos de mis paisanos llevan preferencialmente con camisa negra y corbata del mismo color de las medias, generalmente blancas o azules claras.

El traje "sin engallamientos" podía costar entonces unos setecientos dólares, pero si uno se metía a adquirirlo debía sumar media docena de camisas Uomo o Mirto —cuello normal— que fluctuaban entre noventa y ciento veinte dólares. Eso para "vestir", porque para ir los domingos a Flushing Park a jugar golf y comer fritanga, la onda era camisa de seda con rayas anchas y cuello Nehru.

Y están también los restaurantes típicos como Las Acacias y La Aguacatala, decorados a manera de patios coloniales, tejas de barro, ponchos, carrieles, letreros con chistes viejos, y meseros genuinamente paisas, en los cuales, claro que hay fríjoles con garra o "Antioquenian Beans", pero también "Spanish yellow potatoes" que en buen boyacense quiere decir papas criollas, "Colombian Tamals", "Mondongo Spanish", "Ox tail soup", o sea, sancocho con cola de buey, y desde luego "Cold Oates" cuya versión vallecaucana es, ¡Avena helada!, ve...

La Herradura es uno de los restaurantes colombianos más antiguos en Nueva York y está ubicado donde parece terminar la zona comercial, al sur de la pequeña Plaza Corona. Para esa época no había sido ampliada hasta ocupar toda la esquina y su prestigio dentro de la colonia obedecía a la imagen de rectitud de Rubén, el propietario.

El es un chiquinquireño de 52 años a quien la ciudad parece haberle agudizado aquella malicia boyacense con la cual se marchó hace veintinueve, "sin conocer una sola palabra de inglés pero con la seguridad de que era capaz de abrirme camino en una forma honesta y por mis propios medios".

Entonces allí prácticamente no se hablaba español y Queens estaba habitado básicamente por italianos que fueron abandonando el lugar en la medida que crecía la presión de los emigrantes latinos. Primero llegaron allí los dominicanos y luego aparecieron los colombianos. Rubén trabajó inicialmente en el área electrónica de la firma Bulova —que más tarde fabricaría los mecanismos de precisión para las bombas utilizadas en el Vietnam— y con lo primero que logró guardar se trasladó al sector y en 1975 puso a funcionar este restaurante de cuarenta y ocho sillas y una barra amplia en la cual se refugia diariamente un buen grupo de colombianos unidos por su añoranza del país.

La mayoría trabaja incansablemente para ahorrar unos dólares y enviárselos a su familia en Cali, en Pereira, o en Medellín, pero muchos sienten que no podrán volver jamás por simple orgullo: han sido incapaces de alcanzar aquel "sueño americano" que los atrajo en busca de la riqueza y desde luego, de la respetabilidad que les niega Colombia.

En general, los que conocí estaban limitados por un jornal reducido y difícil de ganar, entre otras cosas porque no se habían preocupado por aprender el inglés y esto los condenaba a ser ciudadanos de segunda por el resto de sus días.

Los más antiguos llegaron sin problemas porque hasta hace unos años, cuando la presión no era tan grande, podían obtener fácilmente una visa de turismo y gracias a ella ingresaban y se quedaban. Ahora los controles son minuciosos y prácticamente la totalidad ha venido por "el hueco", es decir, en forma clandestina a través de la frontera con México, desde Bahamas en bote o en avión, e incluso algunos por Haití, mezclados con centenares de emigrantes locales que cruzan el mar en pequeñas embarcaciones buscando las costas de la Florida.

Para ninguno de ellos el éxodo ha sido fácil. Por ejemplo, el Caribe entre las Bermudas y los Everglades, llegó a convertirse a principios de la década en sepultura de decenas de hombres, mujeres y niños que se embarcaban en Bimini con destino a Miami: era tal la cantidad de colombianos que llegaban tras lo mismo, que los dueños de las lanchas metían hasta el doble del cupo y algunas veces naufragaban en un mar embravecido buena parte del año. La zona está dentro del Triángulo de las Bermudas.

De la ruta de Haití, inicialmente encontré la referencia de un hombre de apellido Gaviria, de Medellín, que se embarcó con su esposa en Puerto Príncipe y arribó viudo a Miami. Ambos fueron escondidos dentro de la bodega de una embarcación menor atestada de personas y ella se asfixió durante el crucero. Gaviria vivió algunos meses en Nueva York y luego se trasladó a California. Nadie conocía su dirección, pero su historia como las de decenas de casos similares, es parte de un patrimonio nacional que tiene asiento diario en La Herradura.

El restaurante lucía limpio y alegre. Al fondo y muy cerca de la barra había una rocola de monedas que disparaba permanentemente música del Caribe y tanto el cocinero como Ana, Lucy y Marisol, las meseras, eran dominicanos que se habían integrado de tiempo atrás con la clientela y conocían parte de sus secretos y, desde luego sus gustos, de manera que el ambiente resultaba familiar, muchas veces íntimo.

Para Rubén, el secreto de la supervivencia del negocio estaba en mantenerse a la vez cerca de las expectativas de los colombianos pero bien lejos de sus problemas y por tanto la primera regla consistía en vender solamente un aperitivo y luego el licor que acompañara las comidas. Esto hacía del lugar un sitio tranquilo.

Yo llegaba todos los días a las cinco de la tarde. A esa hora me acomodaba en la barra, pedía una cerveza y permanecía hasta cuando cerraban, cerca de la media noche. Con la ayuda de Rubén pude meterme rápido en el medio y fui conociendo uno a uno los personajes, sus historias y a través de ellos parte de la vida íntima de Queens, un gigantesco barrio colombiano, hasta cierto punto lejano de los Estados Unidos no sólo por la nostalgia sino por el idioma y las costumbres. Queens, como cualquiera de nuestras capitales, es un conglomerado que se hacina en la ciudad pero cuyos habitantes continúan atados a la tradición rural y provinciana. Al fin y al cabo vinieron de allí y la impresión es que esa huella los persigue hasta el día de su muerte, así vivan a cuarenta minutos de la urbe más importante del mundo.

"Aquí no se las tire de paisa porque lo clavan"

—Superficie Tamiami, este es el November Diez-Veinte.

—November Diez-Veinte: Superficie Tamiami. Prosiga.

—November Diez-Veinte en plataforma Norte para zona de maniobras, Este. Visual.

—Recibido. Está autorizado. Carretear a la pista Cero-Nueve. Viento de los noventa grados con diez nudos. Altímetros treinta-veinte. Hora: uno-tres, uno-cinco.

Nueve y quince minutos de la mañana del 17 de agosto. El pequeño avión Cessna 150 salió lentamente de su plataforma y se fue en busca de una bahía situada a pocos metros de la cabecera de la pista, donde se realizaría el último chequeo antes de decolar.

El sol brillante de verano producía un reflejo sobre el tablero y Gabriel Jaime —antioqueño, 28 años— se empinó sobre su asiento simulando que observaba algo en la nariz del monomotor, pero en realidad estaba buscando descargar la tensión que le producía aquel inspector silencioso, sentado a su derecha.

Veinte minutos antes había emprendido un riguroso examen, tras el cual esperaba graduarse como piloto privado y sabía que cualquier falla de su parte sería suficiente para aplazar los planes, de manera que se concentró aún más y mientras avanzaba, repasó mentalmente parte de lo que había hecho desde el momento de acercarse al avión: ("Alerones con recorrido normal... llantas bien, frenos bien, tubo Pitot en buen estado, revoluciones, 1.700, bien; corté magneto y el indicador de revoluciones cayó... ¿70?... ¿75?... De todas maneras estaba bien; temperatura del aceite, 130 grados, bien...").

En la bahía miró de reojo al inspector y una vez más lo vio rigurosamente sentado, con la mirada fija en el tablero y los labios endurecidos y decidió olvidarse de él. Al fin y al cabo —pensó— sabía lo que estaba haciendo y no iba a permitir que aquella especie de momia le echara a perder el esfuerzo realizado durante las últimas semanas, por lo cual tomó la lista de instrucciones y repitiendo en voz alta se dirigió al amperímetro que cargaba normalmente y luego repasó velocímetro, altímetro, horizonte, brújula, palo y bola, puertas y ventanas bien cerradas, puso la nave en movimiento y en el punto de espera inició un nuevo diálogo con la torre, y luego cambió la frecuencia de la radio y dijo con la mayor seguridad posible,

—Torre Tamiami. November Diez-Veinte... a lo cual un controlador le contestó lo de rigor, ordenándole luego que rodara "a posición libre despegar" y corrigió a ocho nudos el viento de los noventa grados.

Desde una ventana del segundo piso de la escuela, Bill Connell, su instructor, vio cómo ocupaba la cabecera de la pista y realizaba el decolaje correctamente para más tarde describir el primer viraje de un cuarto de circunferencia. "Ahora comienza a limpiar el área de maniobras. Lo está haciendo como debe ser", pensó y se retiró de allí sonriendo.

A pesar de haberlo tratado poco, Bill sentía por el muchacho una estimación especial, porque, además de ser uno de sus mejores alumnos en los últimos tiempos, tenía una serie de rasgos que le gustaban en la gente: sincero, directo, con una inteligencia penetrante y una enorme facilidad para aprender y para aceptar cuando se equivocaba.

Una hora más tarde el N 1020 se posó en tierra, carreteó hasta su plataforma y cuando apagó el motor, Gabriel Jaime vio que el instructor, sin pronunciar palabra, levantaba la mano izquierda y cerrando el puño, lo sacudía irguiendo el dedo pulgar. Había aprobado.

Para él, esa fue una de las mañanas de su existencia en que recuerda haberse sentido más feliz, no tanto por comprobar que ya era capaz de dominar los aires o que sin la ayuda de alguien podía experimentar la libertad de las gaviotas, o porque decolando en las noches estaría más cerca de las estrellas, sino, simplemente, porque había hallado una mina de oro. En aquel momento ignoraba la leyenda de Icaro o el sueño de los hermanos Wright. Lo único importante era que en Bahamas había un enjambre de colombianos indocumentados que ansiaban pasar a la Florida y estaban dispuestos a pagarle dos mil dólares por el favor... Gracias a ellos iba a atesorar una fortuna en poco tiempo y eso para él lo era todo. Es que precisamente con ese fin se había marchado al Norte siete años atrás.

La historia comenzó, bueno, veinte días antes. Sólo veinte. El verano estaba en su punto más alto y habían salido al porche con Mario para comerse un pedazo de carne que ellos mismos prepararon. Mario fue a buscar un par de cervezas pero cuando se disponía a abrir la nevera sonó el teléfono y se quedó allí pegado varios minutos, al cabo de los cuales regresó con la noticia de que Bob, el piloto norteamericano, necesitaba dinero.

—Doce mil verdes. Lo del trabajo de ayer. Dice que se los mandemos esta misma tarde porque necesita dinero en efectivo, no sé para qué cosa. Ponte la camisa y te vas a llevárselos. Yo me quedo esperando la llamada de Medellín, propuso, pero Gabriel Jaime se quedó mirándolo en silencio y un poco después estiró el dedo apuntándole a las cejas y dijo:

—Vea hombre: nosotros estamos haciendo el papel del bobo porque somos los que tenemos las conexiones, los que conseguimos la gente y además se la subimos al avión. El la trae, se lleva mil dólares por cabeza y nos da los otros mil... ¿Por qué no hacemos todo nosotros y nos ganamos los dos mil?

—Y, ¿cómo lo vamos a hacer, si no somos aviadores?, comentó Mario, a lo que Gabriel Jaime respondió mientras se alejaba en busca de la camisa:

—Pues aprendiendo a volar. ¡Volviéndonos pilotos!

Aún sin abotonarse se trepó en el auto, lo prendió y apuró a Mario para que saliera pronto. El aeropuerto de Tamiami quedaba a sólo seis cuadras de allí y él quería matricularse inmediatamente en una escuela de aviación. Todas las decisiones de su vida habían sido tomadas igualmente rápido y esta vez no había ningún motivo para cambiar.

Los dos hombres se habían conocido al comienzo de la primavera en Nueva York, en torno al tráfico subterráneo de cosas. Gabriel Jaime se dedicaba entonces a llevar a Colombia maletas llenas de dólares y Mario a introducir a los Estados Unidos colombianos indocumentados a través de las Bahamas. Era un guía conectado con varias agencias de turismo que enganchaban la gente en el occidente colombiano y como tenía visa de residente, podía moverse sin problemas entre los dos países, manipulando rebaños de colombianos que deseaban huir de su tierra.

Hasta entonces la vida había sido generosa con Gabriel Jaime, un hombre de veintiocho años y diecinueve títulos como técnico en el ramo de la construcción, trabajo que abandonó unos meses antes cuando conoció en Queens a un paisano suyo que le propuso algo en lo cual ganaría mucho más que como soldador, pero trabajando muy poco.

El negocio era fácil: "Solamente tienes que viajar una vez por semana al platanal llevando, por ahora, una maleta llena de dólares. Todo está arreglado allá. Tu labor consiste en recogerla aquí —cada vez te decimos dónde—, irte hasta el aeropuerto, chequearla y viajar acompañándola. Una vez abandones el terminal de Medellín, te vas y la entregas en el sitio que te digamos antes de cada vuelo, ¿listo?

—Listo. ¿Cuándo hay que comenzar?

—Mañana.

—Mañana comienzo.

Hizo el primer viaje trayendo una maleta de tamaño normal, dentro de la cual habían acomodado dos millones de dólares en billetes de cien, "empacados por fajos, entre cajitas de unas 15 pulgadas de largo por 7 de ancho, que envolvían muy bien con papel de regalo. En Colombia ya sabían cómo era la cosa, de manera que yo reclamé mi equipaje, fui hasta la aduana y cuando me abrieron la maleta, uno de los guardias dijo: "Ahhh" mirando a sus compañeros y luego me ordenaron cerrar "esa vaina" y salir de allí.

"Trabajé seis semanas... o sea que hice seis viajes sin ningún contratiempo y en los tres últimos llevé de a cuatro millones que cabían en tres maletas porque las cajitas iban bien ordenadas. En ese mes y medio transporté veinte millones, me gané unos buenos pesos pero como iba conociendo gente importante, entré a otros ambientes que pintaban mejor. Uno de ellos era el de Bahamas y decidí irme con Mario para Miami donde él dominaba la situación.

"Allí había un negocio más atrayente que le permitía a uno independizarse —así corriera riesgos— porque si nos pescaban metiendo gente ilegal a Estados Unidos, la condena era de cinco años por cada paciente que lleváramos en el momento de la captura. (Eso no sucedía con el transporte de dólares, pues en ese tiempo —hablo del año ochenta y dos— usted sacaba de los Estados Unidos lo que quisiera y nadie le tocaba el equipaje).

"El trabajo de Mario consistía en comunicarse diariamente con Medellín y tomar nota del número de personas que viajaban a las Bahamas, poniéndole cuidado a los grupos recomendados por unas treinta agencias de turismo que trabajaban en llave. Después de esto, se trasladaba a Nassau, y más tarde a Bimini, Gran Caimán o Saint Andrews donde se los entregaba a Bob. Desde luego, antes de partir dejaba en Miami gente responsable que los recibiera si él no podía hacerlo. En esta forma trabajé unas cuantas semanas hasta cuando vi que las cosas marcharían mejor si nosotros mismos manejábamos nuestros propios aviones.

"Aprender a volar fue fácil. Aquella misma tarde nos fuimos hasta el aeropuerto sin perder tiempo y en la primera escuela preguntamos por los cursos de pilotaje. Valían dos mil quinientos dólares que uno podía pagar, bien de contado o por horas de vuelo. Dije que estaba bien e inmediatamente nos llevaron a dar una vuelta a bordo de una Cessna 150. Al día siguiente comenzamos el curso, pero Mario se retiró una semana después. En Nueva York encontró algo que le parecía mejor.

"Mientras tanto yo me quedé estudiando duro y volando bastante... Recuerdo que asistía a mis clases de tierra entre las siete de la mañana y las doce del día o una de la tarde, descansaba un poco y luego volaba tres y cuatro horas, sin fijarme si eran sábados o domingos. Muchas veces iniciaba vuelos, bajábamos y durante el descanso agarraba una clase de 'ground school' y luego otra vez al avión. Por eso conseguí mi licencia de piloto privado para monomotor en sólo veinte días.

"A la mañana siguiente —no se podía perder tiempo— renté un Cessna 150 (igual al del curso) y di varias vueltas para conocer mejor la zona. Por la tarde renté otro y anduve por pistas, por caminos, por diferentes aeropuertos y ya con ese conocimiento, un día más tarde me fui hasta Bimini, la isla más grande de Bahamas y la más cercana a la Florida, (veinticinco minutos de vuelo). Allá agarré mi primer pasajero y me gané mis primeros dos mil dólares como aviador independiente. Recuerdo que esa noche tomé otra decisión: el 150 era muy pequeño y con toda la cantidad de gente que esperaba, estaba perdiendo dinero, así que amaneció, me fui para el aeropuerto y renté un 172, con capacidad para tres pasajeros. Lo volé, hice el chequeo oficial para ese nuevo equipo y como fui aprobado, adicioné mi licencia para naves un poco más grandes.

"En el primer vuelo saqué la inversión y comencé a dar en el clavo porque entonces pagaba 800 dólares por el alquiler del avión, pero cobraba 6 mil por el viaje, de manera que me estaba ganando 5.200 por trayecto. Solamente ese día hice tres viajes, 15.600 dólares, 150 mil en los primeros diez días. Eso era una fortuna.

"En la primera semana de trabajo me empezaron a conocer tanto en Bahamas como en la Florida, mientras en Medellín las agencias tuvieron referencias mías y me llamaban a todas horas: que vaya por fulano de tal, que lo espera perano, que hay cincuenta personas atascadas esperando varios vuelos. Me hablaban de Nueva York, de New Jersey, del mismo Miami para que volara a traer señoras, hijos, hermanos de colombianos que ya estaban viviendo aquí... y así comencé a andar de allá para acá y viceversa, haciendo dos o tres vuelos diarios, pero al poco tiempo volví a pensar que estaba perdiendo dinero porque la clientela era muchísima, muchísima, así que hice arreglar un Cherokee Six, (de seis puestos) y lo compré: 125 mil dólares, o sea lo que me ganaba en una semana con el avión anterior.

"Recuerdo que para recuperar rápido el dinero, durante los ocho días siguientes le metí al 'Six' veinte vuelos. Eso son 120 pasajeros, o sea 240 mil dólares libres en una semana, sin tener que darle cuenta ni razón a nadie.

"Pero era tan grande el éxodo de colombianos que había trabajo para cinco aviones más y todavía se quedaba mucha gente. Mucha... en ese momento éramos dos pilotos gringos, dos colombianos y un argentino y no dábamos abasto porque semanalmente llegaban unas quinientas personas con el ánimo de meterse a los Estados Unidos. Y la inmensa mayoría lo lograba.

"Ahora... burlar a las autoridades se me volvió una rutina. El sistema era decolar para un vuelo local —como si fuera a mantenerme en un área próxima al aeropuerto— y una vez en el aire sobrevolaba la ciudad, enrumbaba hacia el mar para hacerme que miraba un barco y una vez allí apagaba los radios, o bien mantenía mi ayuda de radar y entonces bajaba a treinta metros sobre la superficie del agua (llegué a volar a quince metros) y me iba para Bahamas con toda tranquilidad porque sabía que no me estaban monitoreando. Cuando me acercaba a Bimini levantaba y unas veces me reportaba con un nombre, otras con otro... Allí no había torre de control sino un sistema de comunicaciones llamado 'unicom', que es escuchado solamente por los aviones que están en el tráfico local y se utiliza para evitar accidentes. (Ejemplo: impedir que haya simultáneamente dos naves sobre la pista).

"Cuando aterrizaba, encontraba abajo tres guardias: un policía, uno de la aduana y otro de migración que ganaban muy bien y se peleaban ese servicio porque les dábamos 100 dólares por viaje a cada uno y ellos se encargaban de cuadrarle a uno los pasajeros. Cargaba mi gente y salía de allí, bien volando muy bajo o si el día estaba nublado me subía a siete u ocho mil pies y ya en las proximidades de Miami volvía a descender por los lados del puerto, daba vueltas por la ciudad y finalmente me reportaba pidiendo pista para aterrizar: unas veces lo hacía en el Tamiami, otras en el Opa-Locka, otras en el Homestead General. (Es que durante un vuelo local uno no tiene que estarse reportando sino que lo hace al salir y al llegar y mientras tanto nadie le pone cuidado. Yo aprovechaba eso para ir por la gente y volver).

"Al poco tiempo de estar operando y como la frecuencia de los vuelos era tan grande, comencé a descartar los aeropuertos: sucede que en los Everglades —un parque natural— hay... qué sé yo: doscientas cincuenta, trescientas calles y caminos solitarios en un área de cuatrocientos cincuenta kilómetros cuadrados. Algunos son pavimentados, otros empedrados, otros de tierra, a lado y lado bosque, manglares y pantanos y como no se veía nunca ninguna autoridad de migración, era posible elegir cada día una pista diferente.

"Entonces empecé a bajar allí. Las escogía cercanas a la autopista que conducía hasta 'la civilización' para que la gente no tuviera que caminar tanto y yo pudiera terminar rápido mi labor y una vez me detenía —sin apagar motores, ni darle siquiera vuelta al avión porque eran pistas muy largas— hacía saltar a los pasajeros y decolaba inmediatamente. A ellos los recogía una 'van' que mantenía esperándome con instrucciones sobre el camino que iba a utilizar y esa los llevaba a mi apartamento. Yo volaba al Tamiami, dejaba el 'Six', tomaba el auto, los recogía y empezaba a repartirlos. De regreso almorzaba y salía para otro vuelo.

"Aun cuando siempre me movía por lugares donde estaba casi seguro de no encontrarme con las autoridades de migración, nunca confié en nada y por eso me mantenía ideando nuevos procedimientos, nuevas maneras de meter a la gente. Por ejemplo, utilicé varias veces una pista para planeadores que hay cerca del Homestead General, un aeropuerto situado entre Cayo Hueso y Orlando. En ese sitio volaban unos planeadores checos de aluminio que se elevaban tirados por un Cessna 172, en el que cabían pasajeros y un piloto certificado por la FAA. El vuelo duraba algunos minutos y luego regresaban a tierra. Una tarde yo lo hice, medí el tiempo y trabé amistad con Howard, el administrador. Después le prometí que iba a colaborar con él llevándole turistas colombianos y el tipo quedó muy agradecido, de manera que, en adelante, algunas veces lo llamaba y le hablaba de un grupo. Fijábamos una hora determinada para los vuelos y entonces me iba tranquilo a Bimini y de regreso aterrizaba en esa pista, metía a la gente en los planeadores y una vez se divertían, salía con ellos en carro sin el menor contratiempo. Yo creo que cada vuelo costaba unos veinticinco dólares. Esos los pagaba yo.

"Posteriormente volví a operar una vez que otra desde el mismo Tamiami, donde anunciaba vuelos para traer gente de Marathon, un pequeño pueblo al sur de la Florida, sobre la carretera a Key West. Como se trata de un sitio muy turístico, la autoridad realmente creía el cuento y decían, 'ese muchacho viene con amigos, dejémoslo tranquilo'. Pero es que la cosa no era totalmente gratis porque yo cargaba entre el avión un pequeño almacén con bermudas, gafas oscuras, chancletas, pavas para las señoras, bombas desinfladas o pequeñas pelotas para los niños, y una vez en el aire los hacía disfrazarse, dejábamos la ropa adentro y les decía que bajaran mirando para el cielo como cualquier turista despistado. Eso caminaba bien".

Hoy Gabriel Jaime es un hombre de treinta y seis años. Cuando tenía dieciséis, en 1968, dejó de estudiar y su padre le dictó una sentencia: "Sigue en el colegio, trabaja o se larga de aquí". El se largó y terminó en Queens en lo que terminaban sus paisanos:

aseo de platos, trabajo en lavandería, lucha, rebusque, pequeños ahorros, pero le sumó algo que no es muy común: tomó con toda seriedad un año de inglés y cuando sintió que se defendía bien, continuó asistiendo por las noches a un "high school" donde revalidó los tres años de bachillerato cursados en Colombia y terminó estudios básicos.

Para entonces se había conectado con algunos albañiles calificados que lo llevaron a una obra y sin saberlo hacer del todo bien, dijo que era un experto en pintura con pistola, apoyándose en las contadas instrucciones que le había dado un amigo durante la semana anterior. Al fin y al cabo contaba con un gran sentido, cuando lo hizo por primera vez, convenció al capataz y se quedó con el puesto.

Hasta cierto punto era un trabajo de riesgo porque se trataba de pintar en alturas y como resultó haciéndolo no solamente bien sino rápido y con iniciativa, se lo llevaron más tarde a trabajar en la planta nuclear de Bridgman en Michigan.

—Allí —recuerda— comencé en el salón de controles, pero antes de entrar pasé por una habitación donde me desnudé y recibí una muda de ropa completa. Con ella ingresé al sitio, trabajé quince minutos y luego me hicieron salir y entregar la ropa para ser enterrada. Así trabajé varios días, pero una tarde, estando encaramado sobre unas estructuras me puse a mirar a los carpinteros y vi que trabajaban menos que yo, se ensuciaban menos y ganaban más y me dije, "carajo, eso es lo que tengo que hacer".

Al sábado siguiente buscó una ferretería, compró las primeras herramientas y se fue donde unos amigos a practicar. De regreso al trabajo observó largamente a los carpinteros y cuando creyó que podía, se trasladó a Virginia y consiguió un empleo en el que fracasó porque se le fue todo el primer día colocando una columna. Al final de la tarde el capataz lo llamó y le dijo, "tú no eres ni carpintero ni un carajo. ¡Vete de aquí!".

El dio por aceptada la lección. Sin embargo, esa noche se rapó la cabeza para transformar su apariencia y como tenía varios cartones del Seguro Social, cambió el que había utilizado hasta entonces, ("Los comprábamos por diez, quince dólares a amigos norteamericanos. O uno iba normalmente y se lo expedían sin preguntarle si uno era legal o ilegal... eran otras épocas"), se volvió a presentar a la misma obra, esta vez como pintor y desde luego lo aceptaron. Pero desde el primer momento se mantuvo cerca de los carpinteros, observándolos, preguntando, averiguando acerca de las herramientas y la manera de utilizarlas, tratando de ayudarles en los ratos libres y a la vez que aprendía trababa amistad con una cuadrilla que finalmente lo invitó a Waynesboro, en Georgia.

En total eran catorce trabajadores calificados, de los cuales solamente dos hablaban bien el inglés: él y otro. Los demás eran mexicanos y por tanto el capataz les pidió que se dividieran en dos grupos y pusieran a la cabeza de cada uno de ellos a quienes se podían comunicar con él. Por el servicio de traducción les ofreció cincuenta centavos más por cada hora.

La primera tarea consistió en hacer una formaleta de 12 por 16 pies pero él no sabía armarla. Le preguntó a uno de sus compañeros cómo se hacía, le explicaron y la dejó bien. Así comenzó su nueva especialización pero un año más tarde se dedicó a mirar a los soldadores y advirtió que trabajaban todavía menos que él y, como en el caso anterior, ganaban mejor. Entonces se fue a una escuela a aprender soldadura, curso que demoraba tres años, pero luego del primer examen pudo ascender y logró lo que quería: trabajar menos y ganar más.

Terminando el curso y gracias a sus conexiones, halló un puesto mejor que el anterior en la planta nuclear de Daisy, en Tennessee y allí encontró parte del paraíso con que había soñado hasta entonces:

—Dos o tres puntos de soldadura a la semana. No hacía más que eso. Durante el resto del tiempo me dedicaba a leer libros técnicos para mejorar mis conocimientos, a echar siesta y a rascarme la barriga porque imagínese que entrábamos temprano en la mañana y nos daban la orden de soldar un tubo, pero esa orden llegaba por ahí a las tres de la tarde, cuando un operario comenzaba a cuadrar el tubo y terminaba sobre las cinco. A esa hora estaba finalizando la jornada y entonces le pegábamos un martillazo, lo soltábamos y nos íbamos para la casa. Al otro día temprano poníamos el punto de soldadura y nos sentábamos a esperar la orden siguiente y así se nos iba la semana entera. El sueldo era bueno: dos mil ochocientos dólares al mes. Fue cuando mejor gané en mi vida de jornalero. Sin embargo nunca tuve un ahorro, nunca guardé nada porque a medida que progresaba quería vivir mejor y compraba más, consumía más y me lo gastaba todo. Esa es la trampa.

Como el tiempo libre comenzó a mortificarlo, decidió aprender a manejar grúas y con ese fin se hizo amigo de uno de los mejores operarios, a quien visitaba diariamente en su sitio de trabajo. Allí preguntaba cuanto podía y poco a poco fue logrando que le soltara los controles hasta que una tarde el mayordomo preguntó quién era capaz de hacer de maquinista transitoriamente y él se ofreció. En adelante fue un auxiliar clave en ese campo, pero nunca quiso trabajar de asiento porque allí la soldadura es la labor mejor paga del mundo.

Para él, aprender constantemente es lo más importante de su vida, así que una vez logró dominar las grúas más pesadas miró hacia otro campo: el de los amarradores de hierro, una labor ruda y difícil, pero logró hacerlo tan bien que fue contratado como jefe de taller —con mando sobre un contingente de obreros— para la construcción de la presa más grande del mundo hasta ese momento y trasladó toldas a Bath County, en Virginia.

Terminada esa obra, estaba a punto de partir con un equipo de técnicos al río Paraná, (entre Brasil y Paraguay) donde se iniciaban los trabajos de la hidroeléctrica de Itaipú, pero le ofrecieron algo mejor en Alaska y decidió marcharse a vivir un semestre a cincuenta y cuatro grados bajo cero. De regreso, se detuvo algunos días en Nueva York y cuando saboreaba un plato de "antioquenian beans with garra" en La Herradura, se le acercó aquel amigo que le propuso transportar a Colombia maletas llenas de dólares.

La ruta de los colombianos comenzaba especialmente en Cali, Medellín y Pereira, desde donde se transportaban en aerolíneas locales a Panamá. Allí tomaban los jueves un avión de British Airways que volaba a Londres haciendo una escala técnica en Nassau, pero también utilizaban líneas regulares entre Panamá y Nassau o se iban a Caracas y de allí volaban, también a Nassau, en las Bahamas. Luego se trasladaban hasta Bimini en los aviones de la Short Airways o la TIA.

Bimini son dos islas diminutas. Una al norte con seis o siete hoteles turísticos que permanecen ocupados por pescadores deportivos y otra más pequeña, al sur —donde preferiblemente eran llevados los colombianos—, con cuatro casas y un galpón de mala muerte. Allí se hacinaban emigrantes de todas las pelambres: gente de clase media con recursos para viajar en avión, o mujeres, hombres y niños más pobres que estaban condenados a cubrir el trayecto por agua.

El galpón fue dividido en cuartos de unos tres metros por lado y en cada uno acomodaban diez, doce personas, sin contar los niños, pero aún así resultaba insuficiente, y muchos dormían en los corredores o regresaban al norte por la noche, en vista de la falta de cupo dentro de las lanchas que cubrían la ruta hasta la Florida.

Entre las dos islas hay sólo quinientos metros que se cubren en lancha. En Bimini Sur, la pista se halla a unas veinte cuadras hacia el extremo opuesto del paso.

Para 1983, antes de que las autoridades de migración de los Estados Unidos taponaran ese hueco, operaban allí alrededor de setenta botes de diferentes tamaños. El mismo Gabriel Jaime recuerda cómo "me tocó ver embarcaciones de veinte pies (seis metros), en las cuales metían hasta veinte personas. Eso es demasiado porque están construidos para llevar seis pasajeros. Y si tenían camarote, pues les acomodaban treinta. Una barbaridad".

El pasaje costaba entonces quinientos dólares por persona, pero esa suma no les garantizaba nada. El sobrecupo, accidentes y algunas veces la calaña de los guías, ocasionaban continuos naufragios y muertes absurdas.

—Por ejemplo —dice Gabriel Jaime—, a un muchacho que era amigo mío se le explotó la parte trasera del bote porque tenía un escape de gasolina y alguien tiró allí mismo un cigarro prendido. Esa vez murieron siete personas y otras tantas resultaron con quemaduras graves... También al llegar a la costa en Florida morían muchos porque los lancheros cubanos, y algunos colombianos, sentían miedo de atracar en la playa y fondeaban unas dos cuadras antes. Para desocupar la embarcación y alejarse rápido, hacían bajar a la gente encañonándola con una pistola. Pero sucede que muchos no sabían nadar, especialmente los niños, y eso no les importaba y los lanzaban a la muerte.

"Los desembarcos se realizaban preferentemente en zonas pantanosas cubiertas por manglares para aprovechar la soledad y la complicidad del bosque —agrega— y cuando arrimaban, allí mismo los hacían bajar. La gente corría desesperada por entre el agua y luego avanzaba trechos largos hasta encontrar tierra seca. No llevaban equipaje, no llevaban una muda de repuesto, no llevaban nada porque no se lo permitían ni en Colombia ni en Bahamas (y si la llevaban se la botaban), entonces, así mojados, embarrados, generalmente con hambre, salían a las autopistas a pedir un 'auto stop' o a deambular en busca de un teléfono —que la mayoría no sabía manejar— para comunicarse con sus amigos o sus parientes.

"Los que se sentían más llevados del bulto regresaban a Colombia dizque a pedir dinero prestado, otros a atracar o a robar, algunos a trabajar nuevamente para volver a conseguir la plata, pero todos se veían dispuestos a repetir el viaje.

"Los guías generalmente eran unos... Muchas veces recogían las cuotas finales de dinero cuando arribaba la gente, pero esa misma noche se lo jugaban en el casino y a la mañana siguiente agarraban un avión y volaban a Miami dejando treinta, cuarenta pobres abandonados allí mismo... Yo recuerdo que no había semana en que uno no encontrara muchachitas jóvenes acostándose con el que se lo propusiera, a cambio de veinte, treinta dólares... Y duraban así tantos días cuantos fueran necesarios para completar los quinientos que les cobraban por pasarlas. Y la violación... pues la violación y el atropello eran comunes en esa isla, especialmente porque los guías abusaban de las mujeres y las niñas: 'Usted pasa si se acuesta conmigo o si no la dejamos aquí tirada', les decían, y ellas por miedo de quedarse en las garras de un tigre, pues...

"Uno ayudaba hasta cierto punto, pero sucedían tantas cosas que resultaba imposible dedicarse a solucionar dramas. En 1984 recogí a una mujer joven, bonita, de unos diecinueve; con la cara cortada porque la noche anterior un tipo trató de obligarla a acostarse con él y como ella no quiso, le pasó la navaja por las mejillas. Cuando llegué por la mañana me enteré y la llevé sin pérdida de tiempo a la Florida. Al día siguiente le di para que se fuera a Nueva York a buscar a su padre.

"Ahora... de cada cien personas que yo transportaba —eso no fallaba— ochenta eran hombres, quince mujeres y el resto niños. Mujeres y niños correspondían a personas que ya estaban aquí más o menos organizadas para poderse llevar a la señora y al hijo porque generalmente el colombiano se va adelante, solo.

"Había muchos guías y todos eran colombianos. Yo calculo unos treinta, de los cuales veinte eran caleños y el resto de Antioquia. La mayor parte atendían a la gente en sus casas de Cali o Medellín pues eran independientes y cobraban entre mil quinientos y dos mil dólares por llevarla a Panamá, trasladarla a Bahamas y luego meterla a Miami. Esa plata incluía comida, dormida y transporte en lancha y los interesados conseguían por su lado los pasajes aéreos. Según les prometían en Colombia, en caso de fracasar la entrada a los Estados Unidos, los devolverían al país sin ningún costo, pero una vez allá, los dejaban tirados... Imagínese el lío porque uno en una isla, sin dinero, sin para dónde salir, sin hablar el inglés que es una de las cosas más crueles que puede haber... Muchos guías no conocían el idioma y entonces uno encontraba a la gente haciendo gestos o sonidos con la garganta para comprar la simple comida. O mordiéndose el brazo y haciendo 'guau, guau' para expresar que querían un perro caliente. Los negros los veían haciendo esas pendejadas y se morían de la risa. Eso le da a uno lástima y no es capaz de dejar a cierta gente embarcada.

"Otra parte de esos guías —la minoría— trabajaban para una cadena de treinta agencias de turismo que funcionan solamente en Medellín, (fuera de las de Cali, Pereira y Bogotá), pero esas treinta a la larga se unen en una o dos empresas que le entregan la gente a media docena de personas".

"Con el correr de los meses, las cosas se fueron volviendo más complicadas en Bahamas a causa de nuestro desorden, pues creímos que eso era tierra de nadie y llegó un momento en que todos querían llevar gente 'a la cañona' y se fueron descarando más y más: ahora los botes entraban por aquí y por allá... Ya no eran cinco guías como al principio, sino ochenta o noventa. Es el milagro de la multiplicación de los colombianos donde se ve un negocio y, claro, las autoridades norteamericanas comenzaron a darse cuenta y se pusieron las pilas.

"Para esa época yo volaba solamente en casos especiales: era dueño de dos aviones de seis puestos cada uno y conseguí dos pilotos gringos a quienes les pagaba cerca de la mitad de cada pasaje. Entonces mi trabajo consistía en quedarme en casa y atender el teléfono. En cierta forma volví al principio, pero con una diferencia: que ahora ya tenía con qué comer el resto de mi vida.

"Por ese motivo, solamente agarraba una de las naves cuando se trataba de gente muy bien recomendada, amigos con quienes nos íbamos a pescar o a farrear pues generalmente llegaban buenas viejas de Cali, Pereira o Medellín y una mañana me confirmaron que mi tía, un hermano, una hermanita mía y un sobrino habían decidido venirse para los Estados Unidos. Arreglamos las fechas y ellos se tiraron en British hasta Nassau. Yo les reservé hotel en Bimini Norte pero sucede que en la fecha convenida para recogerlos vinieron tres días de muy mal tiempo y se cerraron las operaciones aéreas. Al cuarto pude salir, hice el recorrido y cuando aterricé vi un Volkswagen azul con dos rubios adentro —eso es raro en Bahamas— pero no les puse cuidado. Cuadré el avión, me tomé una cerveza, le di a los guardias sus trescientos dólares y me fui por mi familia al Norte.

"Al regreso, cuando agarramos una 'van' frente al hotelucho de Bimini Sur para trasladarnos hasta la pista, volví a ver que el Volkswagen con los mismos monos arrancaba adelante de nosotros, pero tampoco le paré bolas. Nunca había pasado nada, de manera que, ¡hágale!

"Después de decolar yo tenía por costumbre darle una vuelta a la isla. Ese día la di y volví a divisar el mismo auto allá abajo, esta vez en el aeropuerto y tampoco pensé nada irregular hasta cuando tomé pista en el Homestead General y vi que se me atravesaba un helicóptero adelante. Inmediatamente intenté salirme por una pista de carreteo para volver a arrancar pero esta vez se me pusieron al frente dos helicópteros y me dijeron por radio: 'Deténgase y apague el motor'. Lo hice y le dije a la familia mía que si les preguntaban alguna cosa, respondieran que yo los había recogido en Marathon, que andábamos dando una vuelta y que nos disponíamos a guardar el avión para regresar después a la casa... Y que si querían saber más, que le preguntaran al abogado. Que no contestaran nada más.

"Cuando me detuve nos bajaron, uno de ellos trasladó el avión hasta la gerencia del aeropuerto y a nosotros nos treparon en un helicóptero y nos llevaron a una oficina. Pero el chofer que me estaba esperando se dio cuenta del lío y partió a llamar a mi abogada.

"Mientras tanto yo mandé a la hermanita mía para el inodoro y le dije que volviera picadillo los pasajes y los tirara a la taza. Yo antes de entrar hice que iba a orinar en un matorral y escondí allí todos los pasaportes menos el mío. Después empezó una especie de audiencia:

—¿De dónde vienen?

—De Marathon. Estábamos dando una vuelta y ya íbamos a guardar el avión, respondí.

—¿Trae droga?

—Señor —le contesté—, ¿parezco un drogadicto?

—No... ¿Trae armas?

—¿Parezco un pistolero?

—No.

"El gringo miró para todos lados y mandó pedir un intérprete porque se dio cuenta de que los demás no hablaban inglés. Vino un mexicano, interrogaron a mi hermano y él repitió lo que yo le había dicho. Entonces llamaron a la hermanita mía y lo mismo: 'Estábamos en Marathon dando una vuelta...' (Ella ya había tirado los pasajes y estábamos limpios. No tenían ninguna prueba). Entonces llamaron a mi tía... Hombre, ella es mi tía desde hace sesenta años y del susto me cambió hasta el nombre. Cómo sería la tembladera que por allá en el bolsillo le sonaban unas llaves que había guardado entre la billetera. Cuando el gringo le dijo 'Venga yo le hago unas preguntas', le dije, 'Tía, no le diga nada', pero el gringo ordenó que me callara.

—Yo tengo derecho a hablar en este país, le repliqué y él se puso colorado.

"En todo caso la tía mía habló todo. En ese momento llamó la abogada y me pasaron al teléfono.

—No seas bruto, me dijo. Aquí no te las puedes dar de paisa con las autoridades porque te va peor. Diles la verdad que ya voy para allá.

"¿Qué hice? Pues decirle todo al gringo. Veníamos de Bahamas... Escondí los pasaportes, déjeme salgo por ellos y los traigo, bla, bla, bla y tal. Allí nos dieron las cuatro de la tarde y como ellos eran de aduanas, llamaron a migración y después de las siete de la noche se llevaron a las mujeres y al niño para una estación migratoria, al hermanito mío para el Dade County Jail, una cárcel, y yo salí con una especie de fianza gracias a la abogada. Al día siguiente madrugué a comprarles pasajes para Colombia y los deportaron. Pero, ¿sabe una cosa? A los ocho días los volví a meter a los Estados Unidos en la misma forma: renté un avión y los traje de Bahamas.

"En tanto a mí me quitaron el pasaporte, la licencia de conducir, el avión, la licencia de piloto, todo. Pero como yo no había cometido ninguna infracción aeronáutica, llamé a la FAA y tres días más tarde me expidieron una copia de la licencia de piloto porque migración no tiene nada que ver con eso. Lo mismo hice con el pase. Pero entonces estaba embolatada mi residencia y pedí Corte. A los dieciocho meses comparecí ante un juez que me dijo: 'A pesar de tratarse de su familia, usted cometió un delito. Entonces escoja': y levantó las dos manos. En una mostraba el pasaporte y en la otra las llaves del 'Six'. Tenía que decidirme entre perder mi residencia aquí o dejar que decomisaran el avión. Agarré el pasaporte y quedé tranquilo porque en ese momento me dije: 'Carajo, si me hubieran agarrado con gente que no es mi familia, estaría ya en la cárcel pagando veinte años de condena: cinco por cada uno'".

* * * * * * *

Antes del juicio, Gabriel Jaime se retiró de la "aviación" y hoy vive en New Jersey con toda su familia. Y como dice él mismo: "Si quisiera, no trabajaría más porque ya tengo con qué comer el resto de mi vida". Y de verdad que lo tiene.

El hombre de la calavera

Al llegar al 202 sacó del bolsillo superior de la chaqueta un registro del Señor de los Milagros de Buga laminado en plástico, lo besó detenidamente y luego tomó una pequeña calavera de marfil que apretó entre la mano derecha y con ella tocó a la puerta.

El abogado, un hombre blanco y de baja estatura, abrió personalmente y mirándonos de pies a cabeza por encima de las gafas, dijo que siguiéramos. En el pequeño apartamento ocupado por él, su mujer y dos niñas, funcionaba también el "bufete", compuesto por un escritorio y a la espalda, una biblioteca hecha con ladrillos y tablas pulidas en las cuales descansaban tres docenas de libros amarillentos y cubiertos por el polvo.

—¿Cuál de ustedes es el señor Monsalve?, preguntó señalándonos con los ojos y Yezid se identificó, explicándole que yo era un amigo, también colombiano, que simplemente había ido a acompañarlo. En ese momento una de las niñas chilló adentro y

su madre respondió con un grito más fuerte, y el doctor Forero
abandonó su silla y cerró la puerta interior para tratar de alejar
el ruido. Eran las doce y media y el olor grasoso que salía de la
cocina anunciaba que la familia estaba próxima a almorzar.
Yezid preguntó si deberíamos regresar más tarde pero el abogado, hablando en un cerrado tono bogotano, le dijo que no. Se
trataba de una consulta breve.

—Maritza me dijo que usted puede ayudarme a tramitar el
divorcio de mi propia mujer colombiana, usando las leyes norteamericanas, comenzó diciendo Yezid, para luego aclararle que él se
había casado cuatro años antes por lo católico en La Unión, norte
del Valle, y que tenía dos hijos. Toda la familia vivía en Cali.

—Lo importante es que haya contraído también por lo civil
allá mismo... Cuénteme: ¿Después de lo de la Iglesia fueron a una
notaría?, preguntó secamente y Monsalve le dijo que sí, tras lo
cual sacó un documento y se lo alcanzó.

—Es posible tramitar el divorcio, siempre y cuando su mujer
esté de acuerdo... Mejor dicho, si su mujer envía un documento
certificado, diciendo que acepta la separación. Cuando lo tenga,
tráigalo y comenzamos los trámites. Es cosa de seis a siete semanas.

—¿Cuánto me va a valer esto?, inquirió Monsalve y luego de
explicarle que la cosa no era tan sencilla, el abogado habló de
seiscientos dólares, solicitándole un anticipo de trescientos.

—Es que apenas vengo a hacerle la consulta, aún no tengo el
certificado de mi mujer...

—¿Pero usted ya habló con ella? ¿Le explicó de qué se
trataba?, dijo el cachaco impacientándose y Monsalve le contestó
nuevamente que sí.

—Entonces, ¿cuál es el problema? Estamos entre gente mayor. Si usted quiere contraer aquí, primero debe divorciarse allá y
para eso hay que comenzar unos trámites... ¿O no?

—Claro, pero es que no puedo dejarle ahora más que cien...

El abogado asintió con la cabeza y Monsalve, aún sin desdoblar el puño porque continuaba con la calavera aprisionada entre la mano, dejó escurrir dos dedos entre el bolsillo, sacó un billete arrugado y se lo entregó. Acordaron reunirse nuevamente tan pronto su mujer despachara el certificado.

Yezid Monsalve es un vallecaucano de treinta y dos años que había llegado a los Estados Unidos cinco meses atrás y al darse cuenta de que resultaba prácticamente imposible conseguir una visa de residente por las vías legales, apeló al matrimonio ficticio como única salida, pues no estaba dispuesto a abandonar el país. Por lo contrario: sus planes eran esperar un año más y luego, si las cosas iban bien, intentaría traer a toda su familia.

Una vez abandonamos el bufete del abogado, tomamos Roosevelt en busca de La Herradura y caminando sin una aparente prisa, empezamos a recorrer las veinte calles que nos separaban de la Plaza Corona. El día era soleado y la caminata nos ayudaría a abrir el apetito.

—Me vine buscando la ruta de Haití, pero terminé metiéndome por Bahamas, porque Maritza —la guía— resultó una charlatana y nos enredó un poco la vida... Bueno, lo importante es que estoy aquí.

—Qué hace Maritza...

—Hombre, pues trae gente de Cali y Medellín, especialmente mujeres que trabajan de noche. Usted sabe... Ella tiene su visa de residente y se mueve permanentemente entre Colombia, Miami y Nueva York. Cobra mil dólares dizque por ayudarlo a uno.

—¿Por qué dice usted, "dizque"?

—Hombre, es que ese viaje fue un camello. Imagínese que salimos de Colombia empezando el mes de noviembre y llegamos hasta Puerto Príncipe sin ningún contratiempo. Pero una vez allá comenzaron los problemas porque ella, ni conocía como nos lo dijo antes de partir, ni tenía conexiones y lo peor de todo es que, una vez embarcados en la aventura, no sabía cómo sacarnos de ella. Nosotros éramos seis, tres mujeres y tres hombres y reuníamos entre todos unos trece mil dólares que nos debían alcanzar, no solamente para pagar el viaje en avioneta hasta Miami, sino para el pasaje a Nueva York, para pago de hoteles y, en mi caso, para la compra de una tarjeta "hechiza" del Seguro Social. A falta de otros documentos, esa era la que me iba a defender en Estados Unidos.

"Ya en Haití salimos a buscar un piloto pero ella no tenía su dirección, de manera que tuvimos que llamar a Miami. En el teléfono que ella dijo, nadie contestó y como la vi vacilar, me hice cargo del grupo. Orientarse allí no es muy fácil para uno porque el idioma es bien complicado y entonces todo se demora mucho. Sin embargo, tres días más tarde logré dar con una agencia de pilotos que se dedicaban a meter gente a los Estados Unidos en forma ilegal, pero allá nos cobraron cuatro mil dólares por cabeza. Una fortuna y, claro, no pudimos hacer nada. Ante esto, llamé a un amigo que vivía en Union City para ver si él nos daba un contacto y, efectivamente, me dictó el número telefónico de un piloto gringo en Miami. Hablé con él y dijo que cobraba dos mil dólares por persona, pero también era una suma imposible para nosotros.

"Averiguando y averiguando se completó una semana y sin que mediara nada, una mañana apareció en el hotel el piloto de Miami y nos dijo que se podía llevar a cinco. Nosotros nos pusimos de acuerdo y decidimos que las mujeres debían viajar primero. Como el dinero solamente alcanzaba para cuatro, ofrecí quedarme con Guillermo que era el más despierto y a los demás les pareció bien.

"Antes de partir, Maritza me dejó cuatrocientos dólares. Yo tenía mil y como ella dijo que regresaría por nosotros unos días después, no me preocupé por nada. Pero empezó a pasar el tiempo y al completarse la semana se nos habían ido cuatrocientos dólares porque allí la vida es muy cara. Viendo eso llamé a su jefe en Medellín y le pregunté qué hacíamos. Dijo que nos devolviéramos para Colombia y que él más tarde nos despachaba, pero conociéndolo como es, no acepté.

—Hombre —respondió—, pero qué se van a quedar haciendo ustedes allá, sin dinero, sin nada.

—No —le dije—. Tengo unos dólares para conseguir el Social Security cuando llegue arriba, pero me puedo defender unos días aquí con esa plata y usted después nos ayuda.

—Bueno, entonces quédense ahí, gasten de eso que yo se los repongo más tarde, contestó.

"Aprovechando el ocio, en esos días conseguí una entrevista con el cónsul de Bahamas y él me aseguró que los colombianos no necesitábamos visa para entrar a su país.

"Ante la noticia, llamé una vez más a Medellín, les conté el asunto y me dijeron que Maritza estaba allá y que pronto viajaría a Haití. Ella se apareció un mes y tres días más tarde, acompañada por tres personas de Antioquia. (Traía cinco mil quinientos dólares y a mí me quedaban en ese momento, quinientos). Fuimos a una agencia de viajes y compramos pasajes a Kingston, en Jamaica, donde debíamos hacer una escala de dos días y luego volaríamos a Nassau, capital de las Bahamas. Desde allí se daba el salto a Estados Unidos.

"Al día siguiente hicimos lo que estaba previsto, pero una vez en Nassau nos retuvieron en el aeropuerto con el anuncio de que no poseíamos visas y a las veinticuatro horas nos deportaron a Montego Bay, la segunda ciudad de Jamaica. De camino al avión me sorprendí al ver al piloto de Miami siguiéndonos con la vista y cuando lo miramos, hizo señas para que disimuláramos. A lo mejor pensó que estábamos legales y trataba de indicarnos que se hallaba listo para viajar a Miami.

"Mientras tanto Maritza logró conseguir un cupo en el mismo vuelo y se fue con nosotros. Esa noche partimos para Kingston y más tarde regresamos a Puerto Príncipe: Otra vez Haití, pero con tres mil dólares menos.

"Como a Maritza sólo le quedaban dos mil, dijo que tocaba regresar a Colombia, pero yo insistí en seguir adelante y por tanto le cobré mil dólares que me debía y acordamos separarnos.

"A todas estas, el piloto parecía haberse convertido en nuestro ángel de la guarda pues apareció nuevamente en Puerto

Príncipe diciendo que tenía dos puestos libres. Le anuncié que lo acompañaría y luego de tomarnos una cerveza salimos para el aeropuerto. Los que habían venido con Maritza de Medellín se quedaron en Haití y ella arrancó para Miami en un vuelo de línea regular.

"En la avioneta íbamos cuatro pasajeros y después de cinco horas y media aterrizamos en una pista sin mayor vigilancia. Allí el comandante dejó avanzar la nave hasta una cabecera y prácticamente sin dejarla que se detuviera, nos ordenaron saltar y correr a escondernos entre unos matorrales desde los cuáles podíamos ver una portada que daba acceso a la pista. Mientras tanto, el piloto llamó por 'walkie-talkie' a su hermano para que nos recogiera en un auto. Cuando éste llegara, teníamos que saltar la cerca y abordar el vehículo sin pérdida de tiempo, pero nosotros pensamos que el hombre iba a aparecer por el frente ya que más allá de la portada escuchábamos el ruido de una autopista que pasaba por allí.

"No habían transcurrido tres minutos cuando llegó una camioneta y al sentirnos sorprendidos pensamos que era la policía y nos abrimos a correr entre el bosque para protegernos mejor. Cada uno salió por su lado y como no vi que alguien me siguiera, paré y de pronto escuché la voz del piloto llamándome. Fui hasta donde se encontraba y me preguntó por los demás, le dije que estaban por allí escondidos y unos segundos después fueron saliendo uno a uno, embarrados, rasguñados y sudorosos.

—Suban, suban rápido, ordenó el chofer y nos tiramos en la parte trasera del auto que partió muy rápido, agarró una autopista y nos condujo hasta la casa de la mamá del piloto, una señora gringa muy amable.

"Ella nos prestó el baño para que nos aseáramos, nos brindó un cafecito y cuando estábamos en eso, apareció Maritza dispuesta a llevar a la gente a sus sitios de destino en la Florida. Yo debía volar a Nueva York con uno de los muchachos que me acompañaron en el viaje pero él no tenía dinero. Maritza tampoco. Entonces le dije que le podía prestar y él prometió pagarme en Long Island una vez arribáramos. Trato hecho.

"Inmediatamente después pedí prestado el teléfono y llamé a Elkin Darío, un amigo palmirano que vivía en Union City. La llamada fue 'a colet', es decir pagando allá, y él me dio el número de Carlos, en la misma ciudad: 'Si él te dijo en Colombia que te recibía, llámalo ahora mismo'.

"Hice la segunda llamada y Carlos se mostró sorprendido.

—¿Quién? ¿Quién habla?, preguntó.

—Yezid, el esposo de la hija de Martha Olga de Castillo. Como allá en Cali usted le dijo a doña Martha que yo al llegar aquí podía arrimar a su casa para que me ayudara a conseguir documentos y algún trabajo, pues le pido el favor de que me reciba.

—Hombre, qué problema —respondió vacilante—. Yo no te puedo recibir porque viajo esta misma noche o mañana para Colombia... Entonces, como tú comprenderás, mi esposa queda sola y eso es muy incómodo para ella y para ti...

—Bueno, no hay problema don Carlos, yo vuelvo a llamar a Elkin Darío a ver qué me dice.

"Llamé por tercera vez a Union City y Elkin aceptó que me fuera para allá y de alguna manera me acomodaban por unos días. En ese momento me sentí tranquilo pero con tanta llamadera se hizo tarde, en el aeropuerto dijeron que no había cupos para esa noche y, entre charla y charla, la señora gringa dijo que esperáramos un poco más y luego que no nos dejaba ir sin comer y finalmente decidió que nos quedáramos. Esa noche dormimos en su casa y madrugamos a conseguir avión.

"En Nueva York hacía un frío bárbaro. Yo estaba vestido con un pantalón y dos camisas, una encima de otra y así, tiritando, fuimos a una oficina de información y allí nos explicaron que teníamos que coger un bus y luego un tren. Yo le eché habilidad y logramos hacer lo que nos dijeron. Una vez en la estación, conseguimos un taxi y le mostramos al chofer un papel con la dirección

"Long Island está a unas dos horas del terminal aéreo. Allá esperaban al muchacho y me pagaron el dinero que le había prestado, pero antes de despedirme la señora de la casa me dijo, 'Usted se va a morir de frío. El viaje hasta Union City es largo y necesita algo que lo abrigue... Yo le voy a prestar una chaqueta de mi esposo y usted me la devuelve luego por correo'. Me comprometí a hacerlo y ella me la colocó sobre la espalda.

"Debían ser las tres de la tarde y la temperatura, realmente estaba muy baja. La señora nos dio un café caliente y le pregunté cómo hacía para llegar a Union City.

—Váyase nuevamente hasta la estación —me explicó—. Allí toma un tren que corre por encima. Ese lo lleva hasta Penn Station, en Nueva York. Allá se baja y coge otro tren que lo deja en la Fourty Second Street... Mejor dicho, en la calle 42. Ahí sale y toma un bus que va a Union City... Pero, usted no sabe inglés, veo muy difícil que llegue a su destino...

—Tranquila que yo me defiendo. A mí no me da miedo nada, le contesté y salí.

"En la estación tomé el primer tren que salía y durante todo el viaje me fui pegado a la ventanilla, pegado a la ventanilla sin perder un solo detalle y donde vi 'Pennsylvania Station' me bajé, cogí otro que efectivamente me llevó hasta la 42 y luego subí por una escalera hasta la calle... Manhattan es un mundo de edificios enormes pero no vi ninguna terminal de buses. Di varias vueltas por ahí, esperé un poco y finalmente me acerqué a un señor y le dije:

—Exquiusme... bus... Union City.

—¿What do you say?, respondió.

—Bus... Bus... Union City, repetí y él llamó a otra persona que resultó ser un puertorriqueño.

—Qué es lo que te pasa, chico. Qué problema tú tienes.

—Busco un bus para ir a Union City.

—¿Union City? Chico, eso está lejísimos de acá. Tú lo que tienes que hacer ahora es caminar dos cuadras: ahí hay una entrada, bajas y agarras un tren que dice Jersey City. Esa es una ciudad que queda cerca de Union City. Allá, buscas una guagua (bus) o un taxi y te vas al sitio que buscas.

"A las dos cuadras encontré otra estación, bajé, observé que la gente compraba una ficha y yo la compré, me fui detrás de una señora y, tal como ella lo hizo, la metí en una registradora y esa me dejó pasar. Al frente había unos diez trenes esperando para partir y me puse a buscar, hasta que vi el letrero: 'Jersey City'.

"En Jersey City busqué a alguien que hablara español y encontré a un cubano que llamó un taxi, me dijo que valía doce dólares y me embarqué, pero al llegar a la dirección, en lugar de casa encontramos un solar. El chofer me dijo algo señalando la valla que había al frente y como no le entendía ni un carajo, le pagué y me quedé allí. El número que yo anoté era 506... ¿Qué era lo lógico? Pues hombre, que buscara el 516, el 526, el 536... Alguno de esos tenía que ser, de manera que, andando. Y efectivamente: en el 516 vi una portería y sobre la pared unos buzones. El número 7 decía, 'Torres Family'. Esa era la mía".

El último semestre, Monsalve aprendió a comer poco, a no beber, a no fumar. El mismo confesaba que solamente ahora había descubierto el valor real del dinero y por tanto le daba importancia a un simple centavo. Eso me permitió entender el porqué de su insistencia para que hiciéramos la larga caminata desde el bufete del abogado hasta el restaurante y una vez se lo dije, aceptó con una leve sonrisa.

—Hombre, es que los setenta y cinco centavos del "subway" pueden ser mucha plata en un momento determinado... Y si uno se los puede ahorrar, ¿por qué no hacerlo?, respondió.

Algo similar ocurrió cuando pedimos la carta y se inclinó por una taza de caldo y una arepa, mientras yo señalaba el plato del día, más abundante y de todas maneras, acorde con la caminada y con la hora, pero en vista de su resistencia, entendí que no había escuchado cuando le comenté que se trataba de una invitación. Repetí y entonces pareció comprender menos. Ahora se movía en un país donde generalmente nadie le paga una cuenta a nadie y esta clase de homenajes no figuran en el diccionario cotidiano.

En cuanto a su decisión de casarse, me contó que a partir del primer mes en Union City se convenció de que la única vía para obtener visa de residente era el matrimonio "de paro", y viajó a Nueva York pensando en un empleo decoroso. Pero llegó aquí y como su suerte no cambió, empezó a conseguir una serie de préstamos con gente de la colonia y en ese momento había logrado acumular unos siete mil dólares: seis mil para pagarle a la mujer con quien contraería matrimonio y el resto para cubrir los honorarios del abogado y algunos gastos extras que suponía la operación.

Ahora lo único concreto era que estaba empeñado hasta el cuello pero pensaba que si legalizaba su situación, podría aspirar a un sueldo que por lo menos le permitiera pagar esas deudas.

Aprender a hablar el inglés en forma fluida no aparecía dentro de sus planes a pesar de que una semana atrás le ofrecieron un trabajo bien remunerado en Alaska pero perdió la oportunidad porque no sabía el idioma. Para Monsalve la solución era dejar transcurrir uno o dos años y confiar en el oído, así el precio fuera muy alto. En su diccionario tampoco figuraba la palabra "escuela".

—Y la mujer, ¿cómo la consiguió?

—En la primera fábrica donde trabajé hice amistad con un puertorriqueño y a través suyo conocí a su mamá que tenía un puesto en la oficina de servicios sociales. Desde el primer día, la señora se mostró interesada, hasta el punto de prestarme dinero para unas fotografías personales y así tratar de conseguirme algún documento legal, pero al cabo del tiempo dijo que todo había resultado imposible. Entonces tuve la idea del matrimonio y ella se ofreció también a colaborar. La verdad es que yo no comprendía por qué tanto interés, hasta que una noche se quedó mirando este anillo de calavera que he llevado siempre y me preguntó por él. Yo tengo mis motivos para conservarlo y a pesar de una promesa, le expliqué más o menos la razón. Ella se entusiasmó bastante y también resolvió abrirse un poco. Terminamos hablando de magia... Bueno... Son cosas de uno, que...

—Qué sucedió luego.

—Prometí conseguirle uno en Colombia a través de mi familia y ella en agradecimiento llamó a una amiga y le pidió que se casara conmigo. Pero sucede que la mujer cobraba doce mil dólares por hacer el favor, y la doña me dijo: "Monsalve, no te preocupes que yo la hago bajar el precio". Y así fue: nos pusimos de acuerdo en seis mil.

—Y, ¿qué opina su esposa de todo esto?

—Ella no opina. Hace lo que yo digo.

Liliana La Dura

Detrás de Juan y Hernando se vino Esperanza y detrás de Esperanza saltó Beatriz y detrás de Beatriz se coló José y detrás de José lo hizo Pablo y detrás de Pablo llegó Luz Elena. Hernando repitió "torcida", porque había entrado en el setenta, regresó a Colombia un año más tarde y en el ochenta y cinco, arrepentido, enmendó lo que para él fue un error y regresó ilegalmente por Bahamas.

Estos nombres corresponden a siete hermanos quindianos que se vinieron para Nueva York y además trajeron a sus hijos con sus nueras, a sus hijas con sus yernos y como era lógico, también arrastraron con sus nietos. Son tres generaciones de emigrantes establecidas allí "para siempre". Pero no son la única familia que abandona masivamente el país. Como los Villegas —así es su apellido— hay centenares de padres, hijos y nietos que un día despertaron y sintieron que la vida era tan estrecha y tan dura y tan peligrosa, que resultaba mejor arriesgarse y huir para convertirse en extranjeros por el resto de sus vidas.

Todos los Villegas trabajan o estudian pero permanecen unidos. Hoy viven en el corazón de Queens y gracias a lo que se llamó la ley de amnistía en los Estados Unidos, en noviembre de 1988 consiguieron parte de la legalidad y ahora tienen papeles de residentes. Por eso dicen con tanta seguridad que seguirán aquí "para siempre".

Pero mire usted: aun cuando parezca confuso, vale la pena volver atrás y seguirlos uno a uno —porque aquí no se trata de memorizar nombres ni de entender el parentesco exacto entre ellos, sino de sentir la fuerza del éxodo colombiano que arrastra familias completas hacia los Estados Unidos—, hasta desembocar en Luz Elena y Liliana. La una cruzó el Río Bravo trepada en un neumático cuando tenía cincuenta años, y la otra se arriesgó por el Caribe y a los veintisiete nadó sin saber nadar, hasta ganar las costas de la Florida.

La historia es así:

En 1970 aún resultaba fácil colarse ilegalmente a los Estados Unidos porque los consulados expedían las visas de turismo sin mayores exigencias. Entonces se trataba de venir en plan de paseo y quedarse definitivamente. En esta forma ingresaron Juan y Hernando. Juan tenía diecinueve y Hernando treinta y uno. Pero Hernando se devolvió un año más tarde y regresó en una época en que la situación se había puesto difícil por lo cual debió arriesgarse a través de México, en compañía de su esposa y de Fernando, uno de los muchachos de la tercera generación. Parte del dinero del viaje lo pidieron prestado en Colombia y parte se lo enviaron sus familiares en Estados Unidos. Tenían que llegar a trabajar pronto, y en lo que fuera, para pagar la deuda.

En julio de 1972, Esperanza emprendió vuelo —también con visa de turismo—, gracias al dinero que le envió Juan. Había cumplido veintidós años y era soltera. Se casó en Estados Unidos y tiene dos hijos norteamericanos.

En septiembre del mismo año, Esperanza le mandó unos dólares a Beatriz que cruzaba por los veintinueve y también era soltera. Ella llegó por la misma vía, consiguió trabajo, se casó con un griego residente y tuvieron un hijo.

Todos reunieron más dólares y en 1981 trajeron a Pablo (de 31) por México...

En 1982 se aventuró José (54 años) pasando por Tijuana dentro de un grupo de caleños que debió caminar ocho horas a través del desierto hasta llegar a San Diego, California. Pero al tomar el avión que los conduciría a Nueva York, fueron detenidos por agentes de migración. Cinco días después quedó libre gracias a una fianza de tres mil dólares presentada por su familia y una vez afuera hizo lo que hacían todos: se perdió en el país a cambio de lo cual las autoridades retuvieron el dinero.

En 1983, aun cuando estaba separado en Colombia, su esposa (de 49) lo siguió a través del Río Bravo, acompañada por Luz Elena, su cuñada —la mujer de cincuenta que navegó sobre un neumático—, por su sobrina Liliana (29 años) y por un niño de dos años, hijo de ésta.

En cuanto a Luz Elena, una mujer morena, menuda, de ojos pequeños, boca pequeña, nariz diminuta y un coraje inmenso, tiene tres hijos: Liliana, quien la trajo; Fernando (de 31) que se vino con su esposa y un hijo, pero se separaron aquí y ella agarró para Woodside donde su familia —que también vino "torcida" por Bahamas—, y está formada por dos hermanos con sus esposas colombianas, tres hijos colombianos, y una hermana soltera, nacida en La Tebaida... Y Alfonso (de 27), que llegó aquí con su esposa y una hija de cuatro años, nacida en Calarcá.

El deseo de partir hacia los Estados Unidos fue madurando en Luz Elena a medida que sus hermanos, sus hijos y algunos de sus nietos iban desapareciendo de su lado y en agosto de 1983, un poco después de separarse de su esposo, tomó la decisión y Liliana —que a su vez también se había separado—, vino a rescatarla del volante de una pequeña máquina de bordar, a la cual había permanecido pegada durante muchos años en Armenia.

Para entonces dentro de la clientela clandestina de "el hueco" la imagen de México ya era siniestra en el occidente colombiano. Un año antes de su viaje los diarios y las emisoras locales habían divulgado ampliamente el hallazgo de una serie de cadáveres indocumentados en el desierto que une a México con los Estados Unidos, señalando que habían sido abandonados por los guías que los dejaron morir de hambre y de sed y cuando le contó a sus amigas que ella iba a emprender esa ruta, no solamente le pidieron que desistiera sino que le agregaron una serie de historias espeluznantes, conocidas a través de quienes se habían marchado anteriormente y relataban sus experiencias en cartas familiares.

No obstante, su decisión era vertical. Prefería afrontar cualquier riesgo con tal de comenzar una vida nueva y la mañana del día 5 volaron a Bogotá y Ciudad de México con dos mil dólares entre el bolsillo para pagar los servicios de un "patero" que las colara a Texas.

Yo conocí la mayor parte de esta familia en La Herradura durante mi cuarto viaje en busca del rastro de colombianos en Nueva York, el 24 de noviembre de 1988, día de Acción de Gracias en los Estados Unidos. Ese jueves había oscurecido antes de las cinco de la tarde y los últimos coletazos del otoño se diluían en temperaturas de dos y tres grados centígrados y un sol amarillento y débil que acompañaba las últimas horas de luz.

Hasta entonces el día había estado tranquilo en el restaurante, porque al parecer, los colombianos preferían reunirse en casa —como cualquier norteamericano— para celebrar en familia una fecha tan destacada como esa, pero a partir de las cuatro empezaron a llegar parejas que acompañaban el típico plato de pavo relleno y brócoli hervido, con una botella de vino y a las seis fueron entrando los Villegas, en busca de una mesa grande donde cupieran los viejos, los jóvenes y los niños, pero eran tantos que fue necesario unir ocho bajo una serie de manteles que finalmente los acogieron con sus sonrisas amables y una conversación mesurada que denotaba cuántos años llevaban allí.

Todos lucían bien calzados y bien abrigados y me llamó la atención cómo los jóvenes y los niños no solamente habían esperado a que los mayores se acomodaran para tomar luego sus puestos, sino que, a medida que transcurría la velada, escuchaban atentamente lo que decían los viejos. Me quedé observándolos desde mi mesa, pero uno de ellos me reconoció y aproveché para saludar. Se trataba de Fernando, un ingeniero industrial de 31 años que había venido con el último grupo en 1985 y quien me presentó al resto de la familia.

Entre todos, me pareció que Liliana —una rubia de 32 años, con largas botas de cuero negro y tacones puntilla que le llegaban hasta el muslo—, tenía personalidad atrayente y le pregunté cómo había llegado a Nueva York. Al escucharlo sonrió con cierta malicia y tras mirar a su alrededor dijo: "Igual que todos nosotros... por abajo".

—¿México?

—Una vez por Bahamas y otra por México, respondió ante la sonrisa general, mientras Fernando agregaba, "es la más veterana de la familia. Ella y yo somos hermanos".

—No. Hernando también es veterano porque también ha pasado dos veces, dijo ella y Luz Elena, su madre, agregó:

—Pero Hernando entró la primera vez cuando era fácil. Liliana es la dura.

Dos días más tarde, el sábado, me recibieron en casa de Luz Elena, sus hijos y sus nietos, todos descendientes del viejo Ramón Villegas, "un buen rebuscador que negociaba con café, con ganado y que llegó a tener varias fincas, pero a partir del año cincuenta las vendió por cualquier cosa y corrió a esconderse con su familia porque querían matarlo... Imagínese: cosas de política. Ultimamente fue carnicero en Armenia pero ya estaba viejo y cansado —hoy tiene 86— y no pudo arrancar con nosotros... No pudo y no quiso. Es que si a Paparramón le falta el Quindío, se muere".

Liliana habla pausadamente mientras su madre y sus hermanos la escuchan sin quitarle los ojos de encima y algunas veces, para ayudarle a recordar algo, mueven un dedo o carraspean y ella sonríe y levantado la cara levemente parece decirles que hablen. Entonces lo hacen con un acento paisa muy leve mientras ella sigue sonriendo y asintiendo con la cabeza. "Eso es así, ni más

ni menos", parece decir, despreocupándose totalmente de la grabadora que está funcionando sobre un pequeño mueble, lejos de
ellos.

"Pues cuando tomé la decisión —dice—, me acababa de
separar de mi primer matrimonio y ya estaban aquí cinco de mis
tíos. Ellos me ayudaron económicamente para el pasaje y además
me buscaron la conexión. Era mayo de 1981. Un lunes. Salimos de
Armenia a Cali con un tío, una prima y un guía, pero allá se
unieron más personas y otra guía que se veía más experimentada y
además hablaba inglés. El vuelo partía de allí y seguía a Medellín
y Panamá, donde tomamos British que nos llevó a Kingston y
luego a Nassau, en las Bahamas. En total... déjeme ver... éramos
doce personas: ocho mujeres y cuatro hombres.

"El viaje fue de un día completo porque habíamos partido de
Cali sobre las siete de la mañana y aterrizamos en Nassau como a
las diez de la noche, hicimos inmigración sin ningún problema
porque la señora había pasado por allí muchas veces llevando
colombianos y entonces no sólo conocía a los funcionarios de
extranjería, sino a los de aduanas, a los de los taxis locales, a la
gente del hotel...

"Sobre las nueve de la mañana del día siguiente, martes, nos
llevaron a una pista aparentemente clandestina, sin torre de
control, ni autoridades y nos embarcamos en un avión pequeño y
muy miedoso por lo destartalado, que aterrizó en Bimini Norte
sobre el mediodía, con un calor salvaje y ahí mismo nos llevaron a
la casa de una familia negra donde permanecimos hasta las tres y
media de la tarde. A esa hora ocupamos un bote y pasamos a
Bimini Sur, que está muy cerca.

"A las cuatro nos embarcamos en una lancha pequeña, de
dos pisos, manejada por un par de norteamericanos que acomodaron la mayor parte de la gente abajo, dejando arriba a tres de
nosotros para que hiciéramos el papel de turistas. El mar estaba
bien quieto, sereno, se veía muy bien para todos lados y como a
una hora de navegación pasó sobre nosotros una avioneta que
voló bajito y los gringos se asustaron. Uno de ellos prendió el
aparato de radio y comprobó que se trataba de la policía que

estaba pasando una alerta a Miami. Ahí mismo se detuvieron, dieron la vuelta y comenzaron a retroceder hacia Bimini. Les preguntamos qué pasaba y explicaron que no se arriesgaban, ni nos arriesgaban a nosotros. Que era mejor regresar.

"Nuevamente en Bimini fuimos a una casa de la cual nos pidieron no salir mientras aparecía otra lancha que se le midiera al paso. Eran aproximadamente las seis de la tarde.

"Allí nos encontramos con otras ocho personas, dos hombres y seis mujeres, desesperadas porque un guía de Medellín se había volado con parte de su dinero y estaban esperando a ver cómo hacían para salir pronto, de manera que la señora que nos acompañaba los recogió y quedamos formando un grupo de veinte ilegales: catorce mujeres y seis hombres.

"Cenamos cualquier cosa y sobre las nueve empezamos a salir por parejas, tratando de no llamar la atención y separados por un intervalo de unos siete minutos —calculando que los que iban adelante fueran llegando hasta la embarcación— y más o menos al cuarto para las once terminamos de acomodarnos en la parte de abajo de un yate, conducido por dos cubanos.

"Esta vez el mar estaba miedoso. Había un oleaje alto que mecía el yate como si fuera de juguete y claro, a los cinco minutos de camino empezó la gente a trasbocar allí mismo y con ese olor y ese calor empezamos a sudar y a sentir el estómago en la garganta, de manera que le dije a mi prima que subiéramos un segundo a tomar aire, pero allí fue peor porque había unas olas más altas que el yate y preciso en ese momento caímos como entre un hueco formado por el mar, y pensamos que era preferible bajar nuevamente. Por lo menos allá no veíamos nada de lo que pasaba afuera.

"Allí nos acomodamos como pudimos, cerramos las narices y los ojos y como a la una de la mañana, tal vez por el cansancio y la tensión, nos quedamos dormidas, pero a las cuatro y media nos despertó el ruido de un vidrio roto. Era el ayudante del yate que lo estaba quebrando con una pistola. Cuando terminó, la descargó y la tiró al agua y dijo, 'el que sepa nadar, tírese porque nos cogieron', y la gente toda asustada empezó a gritar, 'qué pasó, qué pasó...'.

—Pues que nos cogieron. La policía viene detrás de nosotros.

"¿Qué había sucedido? Pues que ya entrando al canal se le acabó la gasolina a la lancha. Entonces se fueron las luces mientras los cubanos tanqueaban nuevamente y ese prender y apagar nos delató y los guardacostas vinieron a ver qué sucedía.

"Pues bien: 'el que sepa nadar tírese porque nos cogieron' y la primera que se lanzó fue la guía y detrás de ella el dueño de la lancha y detrás unos, otros, otros, todos los que sabían nadar. Por nuestro lado se veían muy cerca... tal vez a una cuadra, o a dos, las luces de un puerto, pero en la noche resulta difícil calcular en qué punto está uno, máxime si sigue el movimiento, porque nunca nos detuvimos. Cuando el dueño se lanzó, el ayudante agarró el timón y siguió para adelante, avanzando, avanzando rápido hacia las luces y la prima mía me dijo, 'tirate'.

—Yo no sé nadar. No sé nadar, le respondí.

—Liliana, tirate que yo te ayudo, insistió.

—No, tirate vos primero, le repetí y se tiró. En ese momento saqué la cabeza y vi que en cosa de segundos ella se quedaba atrás, muy lejos por la velocidad del yate y cuando estaba en esa indecisión, entre lanzarme o no lanzarme al agua, el ayudante me gritó de arriba:

—Chiquita, ¿tú sabes nadar?

—No. No sé.

—Entonces no te tires, no te tires que te ahogas. Espérate un poco, y entonces sentí que le dio toda la máquina y se fue de medio lado hasta pegar el yate contra un muro de contención porque en ese momento un guardacostas lo cerró. Ahí, ya detenidos contra el muro nos gritó a los cinco que quedábamos, 'todos al agua, Tírense, tírense'. Y nos tiramos. Pero eso debía ser muy profundo de manera que sin saber nadar, bracié algunos metros tragando agua y con mucha desesperación porque creía que algo me halaba hacia abajo, pero inmediatamente sentí algo duro y afilado y me agarré de allí con las dos manos. Era un muro de roca picada y por encima pasaba una avenida que más tarde supe, es la que une a Miami con Miami Beach.

"Allí esperé unos minutos, respiré, me tranquilicé y fui subiendo poco a poco el muro hasta llegar arriba. Miré bien y vi las luces de una ciudad a este lado, y las de otra ciudad al otro y empecé a correr pero las piernas y las manos me ardían bastante porque me había cortado con las rocas. No recuerdo haber escuchado a nadie gritar, ni a nadie hablar sino hasta cuando empecé a correr. Era la policía que me ordenaba detenerme, pero no hice caso y seguí. Detrás de mí corría una muchacha y cuando cruzamos la avenida me encontré con mi tío que había saltado mucho antes. Nos miramos y así, fatigados y sin decirnos ninguna palabra, seguimos los tres corriendo por una avenida, sin saber para donde íbamos. Tal vez una cuadra abajo cruzamos una zona verde y allí había un vago acostado en una banca. Nos miró y sin saber qué sucedía, pegó un brinco y empezó a correr al lado nuestro. Ya éramos cuatro. Ahí empezamos a escuchar las sirenas de los carros de la policía y la muchacha que saltó conmigo, dijo: 'Corramos, busquemos un auto que nos saque a la ciudad porque allá nos podemos defender mejor'. (Ella había venido antes por allí, pero esa vez también fracasó y estuvo catorce horas a la deriva, de manera que sabía cómo era la cosa).

"Avanzamos más, pero por ahí tampoco había donde esconderse. Sin embargo más adelante encontramos un parquecito dividido por setos de pino bien podados y nos metimos allá pero en ese momento apareció la policía armada con reflectores y yo me tiré por encima de uno de los setos y, caramba, no alcancé a pasar y quedé encaramada y allí me acabé de raspar el cuerpo porque unos íbamos en vestido de baño y otros en pantaloneta... ¡Dios! Allí trepada, mojada, temblando, en vestido de baño, con las chanclas en la mano, a las cuatro de la mañana...". (Sonríe estrepitosamente y los ojos azules se le llenan de lágrimas). Su madre y hermanos completan el coro y ella misma se hace una serie de chistes que alargan varios segundos la carcajada general, al final de la cual se pasa un pañuelo por los párpados y aún acezante, continúa:

"Pues bueno. Yo vi que la muchacha siguió corriendo y se metió por debajo de los pinos pero en ese momento un policía me dijo: 'Quédese tranquila que no le va a pasar nada' y me ayudó a bajar mientras advertía que no fuera a correr. Mi tío estaba cerca pero él no intentó saltar. Se quedó como una estatua al lado mío, con su pantalonetica, temblando también y aceptando la caída... Pero es que estaba rígido, blanquito, con sus boticas en la mano...". (Nueva sonrisa, algunos apuntes, un sorbo de vino, una galleta y otra vez a la carga):

"Finalmente nos metieron al tío y a mí en la patrulla... y arrancaron, por Dios, en ese bendito carro por todo el parque y pare y arranque, levantando a los vagos que estaban dormidos en las bancas, para mirar cómo estaban vestidos. Buscaban 'turistas' made in Colombia para arrastrárselos y siguieron hasta que por allá en una esquina se detuvieron y metieron a la muchacha que había estado corriendo a mi lado. La pobre... Oiga: ¿Sabe dónde estaba? Encaramada en un árbol. Encaramada, descalza y con su vestido de baño de dos piezas y una salida de playa rota y embarrada. Tuvieron que bajarla de allí (sonrisa general). Ella me dijo que no sabe a qué horas se subió al palo... La encontraron ayudados por los perros que llevaban para buscarnos como a conejos. Bueno, para que se bajara le pusieron las luces y mientras daba pasos por las ramas los policías le gritaban: 'Con calma, con calma, tómese su tiempo pero hágalo sin resbalar'. Cuando entró al carro estaba muerta de susto. Cerraron la reja y siguieron andando como locos porque se metían por huecos, por calles ciegas, por recovecos y a una velocidad tremenda, con sirenas, luces, todo ese escándalo que acostumbran a hacer los gringos en estos casos.

"Más adelante encontramos otra patrulla y vimos que en ella llevaban a una de las muchachas del paseo, que nos miró con una cara de tristeza tremenda porque, imagínese que ella se tiró con las primeras, nadó más de una cuadra y logró llegar al muro de contención. Dice que allá se sostuvo agarrada, sacando del agua no más que la cabeza y al rato, cuando creyó que todo había pasado porque ya no se escuchaban las sirenas, subió hasta la avenida y empezó a caminar hasta ver un par de luces y ahí mismo pensó, 'un taxi'. Le puso la mano y el carro se detuvo: ¡Era la policía!

"En cambio a mi prima le sucedió todo lo contrario: lo de ella fue un milagro. Imagínese que nadó un buen trecho y llegó a la misma parte de nosotras, se agarró de las mismas piedras y estuvo un buen rato dentro del agua, pero al cabo del tiempo los que nos esperaban, vieron el camino libre, se acercaron al sitio y la recogieron en una camioneta. Arrancaron y adelante rescataron más gente. Ya de camino al punto donde las iban a alojar vieron un cerco de policía y sobre la marcha, hicieron acostar en el piso a la mayoría, dejando algunos normalmente sentados para despistar. El chofer aminoró la velocidad y así, con nadadito de perro, cruzaron por entre el cordón de guardias sin que los hicieran detener.

"De allí fueron a una zona de 'trailers', pero al poco tiempo los sacaron en un auto porque alguien dijo que la policía andaba rondando por el lugar. Ella había perdido todos sus papeles y no recordaba los teléfonos de mis tíos en Nueva York, no tenía dinero, no tenía ropa y además se había herido los pies y las manos con aquel muro. Andando en aquel auto —cuenta ella— pensó qué hacer, pero no encontró una solución y finalmente se detuvieron frente a una casa y adentro encontraron una familia colombiana. La gente los acogió, les prestaron la ducha y entre café y café escucharon la historia y... ¡Oigame bien! Esa gente conocía a mis tíos y tenían sus teléfonos. ¿Eso no es un milagro? Lo demás fue magia".

—Volviendo al relato inicial, eran las cinco y media de la mañana. ¿Qué pasó con usted?

"Cinco y media de la mañana: llegamos a unas oficinas de la aduana, las dos muchachas, una señora que traía a su hija de cinco años —las capturaron en la lancha—, mi tío y yo y tan pronto entramos, un guardia agarró a Hernando por la camisa y le dijo: 'No trate de volarse porque le va a ir muy mal'. (Sucede que la víspera otro grupo de colombianos se les había escapado y estaban tan prevenidos, que pusieron como a diez policías a cuidarnos mientras abrían las oficinas).

"A las siete entraron con el ayudante de la lancha sin dejarlo siquiera mirarnos y a las ocho nos trasladaron a una celda en otro sitio. Allí vimos por una ventanita que afuera estaba arrumado todo el equipaje del yate, compuesto por maletines pequeños con una o dos mudas de ropa adentro —que era todo lo que nos dejaban llevar— y un poco después una guardia dijo: 'Salgan y tomen, no solamente lo suyo sino las prendas que les sirvan entre todo este equipaje, porque ustedes van a estar bastante tiempo detenidos y esto lo vamos a botar más tarde'. Salimos, escogimos algo y empezamos a vestirnos porque el frío era bárbaro... Teníamos nervios, sueño, cansancio, tristeza por haber fracasado después de tanto esfuerzo y como las bancas de la celda eran de cemento, me estiré y quedé profunda no sé por cuánto tiempo.

"En la tarde fuimos conducidos hasta migración en un bus con barrotes y puertas de seguridad y al llegar allá el guardia que nos recibió le preguntó al que nos llevaba:

—¿Esta gente ya comió?

—No. Nada.

—Por favor. Son las tres de la tarde y ellos fueron capturados en la madrugada. ¡Por favor!

"Subimos al sexto piso y encontramos un sitio donde había carritos con frutas, leche, jugos, sánduches y luego de comer lo que quisimos, pasamos a otra celda... Resumiendo, estuvimos detenidos unas setenta y dos horas, porque un juez nos señaló como testigos contra el tipo de la lancha, lo que suponía ciertas ventajas como vivir en la casa de alguien que firmara una fianza de diez mil dólares y quedarse allí —con dirección registrada— mientras se definía el juicio.

"Al cabo de ese tiempo vino uno de mis tíos desde Nueva York, firmó la fianza y registró la dirección de la casa de unos puertorriqueños amigos suyos, donde me debía quedar el tiempo que determinara la Corte. Una vez allí cambió mi estado de ánimo, especialmente porque no me habían deportado para Colombia, cargando con una deuda grandísima —tres mil dólares que me prestaron para el viaje—, y sin la esperanza de conseguirlos allá porque no había trabajo. Ahora la situación era bien diferente y valía la pena celebrar.

"Esa noche salimos a comer y a conocer un poco la ciudad con la esperanza de quedar libre dos días más tarde, pero en ese momento apareció Charlie, un muchacho puertorriqueño amigo de aquella familia y mi tío tuvo la idea de decirle que se casara conmigo, 'de mentiras', para que yo pudiera conseguir mi residencia en Estados Unidos. Charlie sonrió y dijo que sí y entonces decidimos casarnos. Pero para hacerlo, yo tenía que quedarme con él, en casa de su familia, previendo las visitas que hace migración para confirmar estos matrimonios. Lo hicimos así, pero la cosa de mentira se volvió en serio: nos gustamos y unos días más tarde quedé embarazada. A los cuatro meses —cuando por fin conseguí un nuevo pasaporte colombiano— nos casamos.

"Una vez nació el pequeño, viajé a Colombia con el fin de que Charlie me pidiera, y se iniciaran los trámites para obtener la residencia, pero resulta que no me la dieron porque su declaración de renta era muy baja y los funcionarios del consulado estimaron que carecía de medios suficientes para sostenernos. Según ellos, yo debía esperar un año más mientras él presentaba una evidencia económica mejor. Pero, mientras tanto, ¿qué sucedió? Que Charlie fue a Armenia, recogió al niño y regresó con él a los Estados Unidos. Yo quedé allá con mi madre y el hijo de mi primer matrimonio —que entonces tenía dos años de edad— y una mañana, en vista de que estábamos en el atolladero, mi mamá, la esposa de mi tío José, mi hijo colombiano y yo, partimos para México y dos días más tarde estábamos en Nueva York.

"A mi regreso encontré a Charlie totalmente cambiado, muy raro, apático y huraño. Sin embargo vivimos juntos cuatro meses más, pero la relación se enfrió, las cosas cambiaron y resolvimos separarnos. En el juicio yo perdí la tutela del hijo y, además, quedaron muchas cosas claras: la primera, que él había iniciado los trámites de divorcio mientras yo estaba en Colombia y nunca antes me lo dijo. Segundo: aprovechando mi ausencia declaró ante un juez que yo había abandonado el hogar y por tanto vinieron una serie de citaciones a las cuales no acudí. Eso aparentemente comprobaba su declaración. Y tercero, que quería quitarme al hijo, lo que consiguió sin dificultad porque finalmente le dieron a él la patria potestad del niño.

"Hoy no sé nada del pequeño porque Charlie se fue para España sin dejar rastro. Yo sin embargo fui el año pasado a preguntar por el niño pero su familia no quiso decirme dónde lo tenían. Luego llamé, escribí y como no me contestaron, regresé a Miami hace unos meses y por pura casualidad cuando llegué frente a la casa, vi al niño asomado en una ventana: 'Regresaron de España', me dije y ahí mismo partí en busca de un abogado para iniciar pleito y evitar que él se lo volviera a llevar. En pocos días fue puesta una demanda buscando hacer respetar mis derechos, pero aún así, Charlie se lo volvió a llevar del país, negándome la ilusión de verlo periódicamente como me corresponde. Por este motivo, hoy él está acusado de rapto, y si vuelve, lo van a poner preso... Es que según la ley, yo tenía que autorizar el viaje del niño".

Hace tres años, Liliana La Dura se casó por tercera vez en Nueva York y actualmente vive en Queens con su esposo, un colombiano que también entró ilegalmente por Bahamas, pero gracias a ella, ahora es residente legal.

La Dura le dio esa oportunidad.

¿A Colombia? Hombre...
¡Prefiero el Vietnam!

Para comenzar a contar esta historia tomemos el 8 de diciembre de 1941, fecha en que Colombia rompió relaciones diplomáticas con las naciones del Eje. O, en otras palabras, el día que le declaramos la guerra a Alemania.

Justamente esa mañana, mi madre estaba cumpliendo diecinueve años y mi abuelo le preguntó qué quería de regalo.

—Que me manden para Europa porque mi sueño es estudiar arte. Pero allá.

—¿Estudiar? ¿Europa? ¿Arte?

Por Dios, si estábamos en Bucaramanga. 1941, edad de piedra de una sociedad de machos para los cuales el único arte que podía permitirse a la mujer, era el de aprender a administrar un hogar.

Mi abuelo y sus hermanos eran cuatro cultivadores de tabaco que adquirieron fortuna en Capitanejo y una mañana alzaron con sus mujeres y sus hijos y se radicaron en Bucaramanga porque deseaban progresar. Desde luego, su progreso llegaba hasta tener una buena casa en la ciudad, ampliar los negocios, vestir mejor, pero, óigame bien: eso de que una mujer de diecinueve hablara de estudios en Europa... eso, ¿qué quería decir?

—Mire mija —le aconsejó el viejo acariciándole la mano sin ocultar su contrariedad—, esos tales pinceles que le viene regalando su mamá hace varios años y esas telas y ese bendito piano que me hizo comprarle, como que me la están trastornando, ¿no? Usted lo que tiene que hacer es aprender a bordar mejor y a manejar su casa, porque...

Y realmente sonaba extraño que en los cuarentas, en un ambiente ruralizado, en una capital de provincia, una mujer de menos de veinte quisiera ser artista y supiera que al otro lado del mar había... bueno, digamos impresionismo, que fue lo primero que la apasionó.

Pero para seguir contando esta historia, volvamos al 8 de diciembre de 1941: mi padre.

El era un alemán luterano, culto, estupendo arquitecto que había llegado a Bogotá a finales de los veintes y gracias a las cuatro o cinco obras que logró realizar, y a que era blanco y extranjero, se relacionó con lo mejor de la sociedad.

Ese 8 de diciembre, además de declararle la guerra a Hirohito, Mussolini y Hitler simultáneamente, el gobierno determinó habilitar algo que llamaron "el campo de concentración de Fusagasugá" y meter allí, por lo menos a los alemanes.

Frente a semejante noticia, mi padre movió palancas y alguien de Palacio le hizo saber unos días más tarde que, hecha una excepción muy especial, podía pedir como cárcel una ciudad de provincia. Y él, acaso siguiendo la ruta de Alfinger y Federman, escogió a Bucaramanga.

Ahora los tenemos reunidos allá: Eugenio y Soledad.

El acaba de cumplir treinta y nueve y ella diecinueve. Ella lo ve por primera vez y piensa: "Este es el hombre. El día que se acabe la guerra volverá a Alemania y yo me iré con él porque allá está la cultura. ¡Voy a casarme con él!".

Y se casaron.

Pero terminó la guerra y Eugenio, enamorado de Bucaramanga, nunca regresó a su tierra.

Eugenio y Soledad le pusieron Wenceslao al mayor de sus hijos. El es actualmente profesor de pintura en la Universidad de Nueva York, donde estudió Bellas Artes y más tarde se especializó en este campo. Además de dictar clases, su oficio diario es leer, ir al cine con su esposa y escuchar música clásica.

Ambos viven al sur de Manhattan en una zona del Greenwich Village reservada para intelectuales y desde un pequeño café con ambiente europeo donde estamos ahora sentados, se puede ver el balcón de hierro de su apartamento tupido por una enredadera cuyas hojas verdes han resistido hasta ahora la carcoma del frío. Es diciembre de 1988.

Yo lo había conocido tres años antes porque Carlos Alvarez, uno de los contertulios de La Herradura, me habló insistentemente de él. Wenceslao le había conseguido un puesto de utilero o algo así en la Escuela de Bellas Artes y el muchacho sentía por él una mezcla de admiración y agradecimiento. Un sábado por la tarde me lo presentó en este mismo sitio.

Recuerdo que cuando llegamos me dirigí a su mesa sin que Carlos lo señalara porque era imposible equivocarse: un hombre con anteojos de montura delgada, zapatos de gamuza, pantalón de pana negra, chaleco de lana negra, chaqueta del mejor paño inglés, un portafolios relleno de papeles sobre la silla del frente y los ojos perdidos en una página del "Post" mientras la taza de café se enfriaba en su mano derecha, tenía que ser profesor universitario.

Sin embargo cuando advirtió nuestra presencia bajó el diario y su cara juvenil me hizo dudar un poco. En ese momento tenía cuarenta años pero le calculé unos treinta y cinco, tal vez por su contextura delgada y aparentemente fuerte.

Esa tarde sonrió unos segundos después de que le propuse que hablara de su vida y luego dijo que sí, pero bajo la condición de que omitiera su apellido. Al fin y al cabo eran cosas tan personales y todavía quedaba algo de familia en Colombia, pero... hombre —señaló—, lo voy a hacer hasta por ejercicio, pues nunca he intentado escarbar con detenimiento en el pasado.

Así surgieron en este relato Eugenio y Soledad que ahora tienen dos hijos: Wenceslao y Herber. Es 1951 y los colombianos se han olvidado de la Guerra Mundial, por lo cual Eugenio encuentra amplias posibilidades de trabajo y todos se marchan a vivir en Bogotá.

Wenceslao apura un sorbo de café frío y empieza a hablar con calma, haciendo pausas mientras asocia las ideas o cuando trata de forzar ciertos episodios que al parecer se niegan a aflorar. Entonces los intervalos son mayores pero luego retoma el ritmo y vuelve a engarzar recuerdo tras recuerdo en forma emotiva, aunque sin permitirle una sola concesión a la sensiblería:

Bogotá: —dice— vivíamos en un barrio que de alguna manera he asociado con la austeridad de mi padre. Yo había hecho el kinder en Bucaramanga y allí me matricularon en un buen colegio cerca de la casa.

En 1951 Herber cumplió dos años y yo tenía seis. Vida normal, hogar normal, pero de un momento a otro resultó que papá y mamá se separaron... Déjeme ver: fue una noche. Mi papá dormía en un cuarto y Herber, mi mamá y yo estábamos en otro. No sé la hora pero ella se encontraba tejiendo y de pronto él salió y dijo que debíamos apagar la luz: le molestaba el reflejo por debajo de la puerta.

Mi mamá respondió que no, que necesitaba ver, pero él aisló el fusible y la casa quedó a oscuras. Mamá conectó la luz nuevamente. El viejo apareció con una chancleta, la tomó con fuerza y empezó a darle nalgadas... No recuerdo exactamente qué sucedió porque ahí se me corta la película y salto a otra secuencia:

Han pasado unos minutos. Vamos por la calle descalzos y en pijama. Ella en camisa de dormir. Buscamos la casa de una tía que vive a tres cuadras de allí.

Ahí se me borran las imágenes y las recupero nuevamente al lado de la señora Juana, una mujer que consiguió mi padre para que se encargara de los asuntos de la casa. La señora Juana está empacando las cosas de mi madre porque él se la llevó y con la autorización de mi abuelo, la encerró en la cárcel de mujeres. La acusaba de infidelidad. Inmediatamente entró al lugar, ella empezó a pagar una condena impuesta por él, sin haber cometido nada. Sin que se le hubiera probado nada. Simplemente "porque se acabó el matrimonio".

Después de esto, mi padre vendió la casa a puerta cerrada, es decir, con todo lo que tenía dentro: porcelanas que había coleccionado a través de su vida, regalos de boda, bordados y pinturas de mi madre y a mí me envió "requi-interno" a una especie de orfelinato: una reacción muy rara, tal vez fruto de su propia frustración, de su imposibilidad para continuar con lo que él soñaba. Todo esto, agravado por la diferencia de edades: él cruzaba entonces por los cuarenta y nueve y mamá por los veintinueve.

Herber entró al pequeño colegio de doña Elvira, una señora aristocrática que se convirtió en una especie de madre para él y a su lado recibió una buena porción del cariño que había perdido. Una vez organizadas así las cosas, papá regresó a Bucaramanga y se encerró en sí mismo.

Como le digo, yo tenía seis años y hasta ese momento había contado con un padre, con una madre y con una familia y me golpeó mucho aquel cambio entre un ambiente cálido al lado de una madre con tanto arte entre sus venas, tan suave, tan elegante (es pintora, escritora, le gusta el piano. Todo lo que tenga que ver con sentimientos y con vida la hace vibrar), y el ambiente gélido de un reformatorio para niños y adolescentes.

Hoy, tantos años después, conscientemente tengo contados recuerdos de aquel lugar: unas duchas comunales, similares a un tubo inmenso y largo a donde íbamos todos los días a bañarnos a las cinco de la mañana, los muchachos acezando por el frío del agua que parecía congelar los pulmones, un comedor largo y oscuro con mesas desnudas y llenas de platos de aluminio, la disciplina... A lo mejor no es coincidencia que yo haya estado posteriormente en el ejército de los Estados Unidos y más tarde en Vietnam. De pronto algo de aquellas fijaciones infantiles me hizo escoger la guerra como camino para obtener mi ciudadanía norteamericana que en ese momento era lo más importante para mí.

Pues bien. Aquel reformatorio parecía una guarnición militar. Yo recuerdo que a esa edad aún me orinaba en la cama y eso ponía furibundo a mi papá. (Una de las cosas que me dijo después y que me permitió comprender por qué me había mandado a aquel lugar, es que yo era un flojo. Esa fue su explicación). Yo en cambio sabía que era muy sensitivo, parecido a ella. Es que mi mamá jugó un papel definitivo en nuestras vidas y por eso la entendemos demasiado bien y hemos reaccionado igual que ella. Estamos, en parte, muy dedicados a las cosas a que ella se dedicó... Por ejemplo, yo pinté desde pequeño. Ahora la recuerdo en nuestra casa en Bogotá: ella hacía cunas para bebés, decoradas al óleo o bordadas y nosotros le ayudábamos. Escuchábamos la música que ella escuchaba, inclusive, trabajábamos el color que ella trabajaba con mayor placer: el magenta. Para mí hay una imagen recurrente de los dos en esa casa: ella pintando y yo tratando de dibujar a su lado.

Pero además, desde los cinco años iba con ella a corridas de toros, o a ver los espectáculos que llegaban al Teatro Colón, óperas, zarzuelas, conciertos. Visitábamos exposiciones, íbamos a conferencias. Era una vivencia muy sentida entre ella y nosotros.

Me fui del tema... Ah. Estábamos en que me orinaba en la cama y en que mi padre se enfurecía con esto y desde luego los profesores también. En ese lugar, muchas veces me despertaba por las noches y si era sorprendido intentando rehacer la cama o tratándome de secar la piel con la parte seca de la sábana, me obligaban a levantarme, enrollar el colchón y trotar alrededor del patio con él al hombro: en calzoncillos, en Soacha, en ese frío aterrador de las madrugadas.

Recuerdo muy bien que nos azotaban con un garrote largo, pintado de amarillo y rojo que era el personaje central de un rito diario llamado "disciplina", donde los profesores hacían un recuento de la jornada y después leían sus listas negras. Quienes habían fallado pasaban adelante y recibían dos, tres, cinco garrotazos: uno debía recostar la cabeza contra el muro y las manos en la espalda y el profesor encargado de aplicar el "remedio", iba pasando y le iba descargando el garrote con fuerza, con sadismo.

Aquel reformatorio era un lugar a donde supuestamente llevaban muchachos problema, pero nunca me pareció así. Sabía que mis compañeros eran de todos los puntos cardinales del país, gente normal, alegre de día, triste en las noches, indiferentes entre sí, individualistas... Pienso que apelaban a él cuando querían salir de los hijos. Cuando se convertían en un problema para sus padres. Solamente eso.

Yo no sé si aquel año marcó algo trágico dentro de mi infancia. Por lo menos, ahora no estoy consciente de sentirlo, pero no lo puedo descartar porque fue un cambio violento. Fue pasar de una vida en un colegio exclusivo, de tratar con estupendos profesores, de compartir con mis padres y mi hermano, de cuidar a mis perros, de mi bicicleta, de los fines de semana elevando cometas, de dormir en mi propio cuarto, solo, dueño de una gran privacidad, a aquel sitio frío, helado, en Soacha, una zona desapacible, erosionada, gris, y a aquel campo de concentración con disciplina militar.

No sé cuántos meses habían transcurrido allí, cuando una tarde vi a mi mamá en el reformatorio. Apareció de un momento a otro. Irrumpió en el salón con unos ojos, con un ademán que nunca podré olvidar. Estaba desesperada por verme. Se abalanzó sobre mí y me aprisionó con un abrazo eterno. Ella recordaba luego que me había encontrado hecho una miseria. Como un muchacho de la calle. Traía un paquete del cual salieron luego salchichas, cremas, galletas... Yo la veía llorando y no entendía por qué. Entonces me llevó a las duchas, me bañó, me dio ropa limpia y me volvió a abrazar. Sentía sus lágrimas en mi cabeza.

¿Qué había sucedido? Luego de varios meses en la cárcel mi madre logró volarse gracias a una monja con quien había logrado trabar amistad. Ella cuenta cómo una tarde, la monja le miró las manos y luego le preguntó por qué se encontraba allí.

—No lo sé —contestó mi madre—. Un buen día me trajo aquí mi esposo con la venia de mi padre y desde entonces estoy recluida en este pabellón.

—Pero... —dijo la monja—. ¿No está de por medio la sentencia de un juez?

—No. No hay ninguna sentencia. Sólo la voluntad de mi padre y de mi esposo.

La monja pensó unos segundos, volvió a mirar sus manos y le dijo:

—Mire sus manos. Usted es tan diferente a las demás reclusas... He observado bien lo que borda y lo que habla y lo que escribe y... Dígame la verdad: ¿No hay una orden judicial contra usted? ¿Está segura?

Posiblemente ella lo confirmó en los archivos y un par de días más tarde mi madre abandonaba la cárcel disfrazada de monja.

En toda esta situación, el único apoyo que ella había recibido venía de mis tíos Alejandro y Nicanor, así que una vez en la calle se fue para Cúcuta —donde vivían ellos— y Nicanor la recibió en su casa. Ella cuenta que fueron días apretados, durante los cuales su única meta éramos nosotros. Pero para podernos ver, para alcanzarnos así fuera durante unos minutos, necesitaba dinero.

Yo creo que quien inventó la decoración de vitrinas en Cúcuta fue ella, porque en su necesidad logró convencer a los dueños de algunos almacenes y comenzó a tener algún éxito en su labor. Trabajó mucho y en diferentes cosas a la vez, porque también pintaba y vendía algunos cuadros, bordaba, puso un pequeño almacencito con Nicanor... Otras veces viajaba a Caracas y traía ropa de mujer... Hacía cuanto podía y guardaba hasta el último centavo.

A partir de allí transcurrió una época de lucha por la custodia de sus hijos que, desde luego, estaba en poder de mi padre por decisión de la curia y la visita al orfelinato determinó que mi papá elevara una protesta y se le prohibiera a ella volverme a ver.

Por este motivo los encuentros siguientes fueron llenos de problemas. Yo recuerdo todavía a mi madre gritando afuera del salón y tratando de colarse a la fuerza para llegar hasta donde yo estaba y abrazarme, pero se lo impedían.

Sin embargo, ella averiguó los horarios y descubrió que algunos días nos sacaban a caminar lejos del internado. Nuestros paseos consistían en recorrer los alrededores de Soacha. Andábamos mucho: tal vez unas cuatro horas de ida y otras tantas de regreso y una mañana mi mamá apareció en un taxi. Al vernos lo hizo detener y descendió con los brazos abiertos hasta donde yo estaba. Traía refrescos y comida en abundancia para todos... Se volvió el centro del grupo. Pasó el resto del día con nosotros, cantó, dibujó, pintó caricaturas de los unos y de los otros y luego desapareció.

Ella siempre hizo cosas increíbles para poderme ver. Yo diría que esa situación se mantuvo meses y meses a través de los cuales la constante era su lucha por ver a los hijos y el inmenso deseo de nosotros por tenerla cerca.

Luego supe que también iba a visitar a Herber con las mismas dificultades, con la misma pobreza pero con la misma ilusión que la llevaba a trabajar en lo que fuera para poder transportarse y comprar una muda de ropa o unos cuantos panes para nosotros y nuestros compañeros de internado. Sin embargo, a pesar del gran esfuerzo, eran momentos esporádicos. Las oportunidades de vernos resultaban cada vez más fugaces... O me parecían así. Y siempre a escondidas, siempre con miedo. Siempre huyendo de algo.

Por fin llegaron las vacaciones de diciembre y me llevaron a Bucaramanga. Aquí retengo una cosa: estuve muy solo en un apartamento, sin permiso para salir y me acuerdo de una noche, ya muy tarde, cuando se fue la luz y corrí a la ventana gritando "Papá", "Papá", pero no podía salir porque la puerta estaba asegurada afuera por miedo a que mi mamá nos robara, cosa que por fortuna ocurrió varias veces con posterioridad: ella llegaba en un taxi y nos perdíamos en la finca de algún amigo hasta cuando aparecían los detectives para "rescatarnos".

Transcurrieron varios años sin que la situación cambiara. Doña Elvira murió luego de que Herber terminó sus estudios de primaria y mi padre lo llevó a estudiar en Pamplona. A mí me sacaron del orfelinato y entré a un colegio elegante en Bogotá y permanecí allí diez años, hasta terminar bachillerato...

Herber en cambio truncó sus estudios puesto que la única obsesión que lo ocupaba era escapar en busca de mamá y eso lo llevó a fugarse varias veces del colegio. Yo recuerdo que en una de ellas terminó en Cúcuta porque sabía que allí estaba mi tío Nicanor y que allá lo recibían y que allá lo protegían, pero su libertad duró hasta cuando, unos días después, mi papá se enteró de su paradero y logró que el tío lo trajera de regreso. Pero como Herber fue un rebelde desde temprano —entonces tenía doce años—, no aceptó esa primera derrota.

Pocos meses después terminó en Bogotá, nuevamente al lado de mi madre y tal vez buscando ponerse a salvo los dos, partieron para San Andrés, consiguieron trabajo y unas ocho semanas más tarde, los detectives le echaron mano y se lo llevaron para donde mi padre... Yo no sé hasta qué punto esos fueran sus derechos, pero lo cierto es que él siempre insistía en que en manos de mi mamá nos íbamos a hacer criminales porque, según él, ella era una mujer incapaz y su responsabilidad consistía en educarnos.

Es que mi padre fue un crítico constante. Un perfeccionista y necesitaba que, de acuerdo con sus percepciones, sus hijos fueran diez en todo. Por eso ante cualquier sentimiento, anteponía siempre el pensamiento frío, el cálculo y el plan. Era muy puritano, muy luterano y muy calvinista... Es que encima de él había toda una tradición severa, dura.

No obstante, esto se mantuvo dormido dentro de él hasta la separación, porque cuando mi madre habla de los primeros años, dice que fue un hombre encantador. De novio era de los que encaramaba un piano en un camión y le llevaba serenatas. Estando recién casados, tuvo que viajar a La Guaira a realizar la revisión de unas bodegas que había construido con anterioridad y durante el tiempo de ausencia, diariamente ella recibió en su casa una pequeña caja con una orquídea adentro. Entonces, si reúno ahora todos estos recuerdos, ¿cómo puedo juntar lo uno con lo otro?

Pero volvamos a Herber y su rebeldía. La tercera fuga terminó nuevamente en Bogotá. Yo aún estudiaba bachillerato y me enteré que lo habían localizado en un pequeño apartamento al lado de mi madre. La verdad es que yo sabía del sitio porque ella me llamó una mañana para decirme que se sentía feliz al lado del niño. Que me extrañaban mucho.

Un día después, el viejo se comunicó conmigo y me dijo: "Yo sé dónde están, pero esta vez no voy a pelear con ellos. Ahora no quiero que lo traigan los detectives pero te pido que trabajemos juntos".

—¿Qué debo hacer?, le pregunté y él, sin vacilar, me dijo:

—Quiero que vayas y les digas que el muchacho debe volver porque sólo le faltan dos meses para terminar su año de estudios. Ya hablé en el colegio y me prometieron que lo volverán a recibir —así lleve un mes por fuera— si se presenta ahora. ¿Por qué no vas y le dices a Soledad que esta vez no habrá castigos? Que el pequeño se venga porque esta es su casa. Que termine el año. Que estudie.

Logré convencerlos y nos fuimos los tres para Bucaramanga pero al llegar a la puerta de la casa, mi padre nos empujó a nosotros hacia adentro, sacó a mi mamá a la calle y cerró con violencia. Desde allí la escuchábamos llamándonos. Simultáneamente, él tomó una manguera y ató a Herber. Yo traté de intervenir pero me encerró con llave en otra habitación. Hombre, es que papá hacía cosas casi sobrehumanas para alejarnos de ella.

Durante nuestra separación, mi madre no desperdiciaba un solo día en su batalla ante los tribunales, tratando de que por fin fuéramos suyos, pero no tenía dinero porque en Colombia la mujer no contaba con muchas oportunidades de independizarse económicamente.

Recuerdo que su lucha fue tan tenaz y tan incansable, que inclusive logró la manera de llegar hasta doña Carola Correa de Rojas Pinilla, la primera dama de la nación, para implorar el derecho a vernos... La prohibición de mi papá con la venia de la Iglesia parecía una ley. Hasta hace poco tiempo, mi madre conservaba unos documentos de la curia que no se diferencian en nada de los registros del medioevo.

Yo nunca he podido saber si este apoyo de los curas y algunos gobernantes obedecía a las relaciones sociales del viejo, o si era la presencia de ese Estado machista y asfixiante que reinaba en Colombia... O, que, simplemente, influyeron su estampa de hombre blanco y su acento extranjero en un país sin identidad en el cual todo lo que venga de afuera es superior y merece reverencia.

De todas maneras, el caso se ventiló en un par de juzgados de Bucaramanga y fue remitido años después a la Corte Suprema de Justicia, en Bogotá, donde terminó aquella guerra por nosotros, cuando yo tenía dieciocho años. Sólo entonces le reconocieron a mamá la Patria Potestad de sus hijos.

El tiempo transcurrió sin que variaran demasiado las cosas y por fin terminé bachillerato en Bogotá. Me presenté en la facultad de Arquitectura, salí aprobado y viajé a Santander a entrevistarme con papá, pues necesitaba dinero para ingresar. Su respuesta fue concreta:

—Mira, en Alemania cuando yo estudié arquitectura, inicialmente uno tenía que desempeñarse un año como albañil trabajando en las diferentes áreas: primero aprendía a mezclar el cemento con la arena, luego se dedicaba a pegar ladrillo, otro tiempo manejaba la plomada y luego obtenía un permiso para ingresar a la universidad. Y yo quiero que tú hagas lo mismo. Debes hacerlo. Cuando me traigas el certificado de un arquitecto con quien hayas trabajado en esas labores básicas, te pagaré los estudios... aun cuando yo no creo que tú sirvas para eso. Además, mira una cosa: la arquitectura es una profesión que hoy por hoy no camina. Es un lujo. Yo te recomiendo ingeniería o economía. Te pago cualquiera de esas dos carreras.

Un par de semanas después, mi madre logró acceso al presidente de una compañía muy importante del Estado —cucuteño, amigo de la familia—, y conseguimos que esa empresa me diera una beca. Así pude ingresar a la universidad.

Era 1962 y para organizarnos mejor, mi madre localizó a una señora de Bucaramanga que tenía una casa para arrendar y habló con ella, dando como referencia el nombre de mi abuelo. Al día siguiente la ocupamos con los pocos muebles que había, pues atravesábamos un momento bien difícil. Yo recuerdo que muchas veces recorrí a pie las sesenta calles que había entre la casa y la facultad porque no tenía con qué pagar el bus y aun cuando me estaba yendo bien en los estudios, tuve que retirarme. Cursaba cuarto semestre de carrera. Era noviembre del año 1964 y creo que hasta entonces sólo habíamos pagado una tercera parte de la renta, de manera que tomamos la decisión de volver a Santander.

El sueño americano

Regresar a Bucaramanga hubiera significado una derrota si con anterioridad mi madre no hubiera abierto ante nuestros ojos la imagen de los Estados Unidos. Posiblemente fue durante el viaje o una hora antes, cuando le escuchamos decir que allá estaba nuestro futuro: "Esa es una tierra de promisión. Se consigue trabajo, se consigue vivienda, hay oportunidades para el que las busque", dijo y sin que mediara una palabra más, creo que los tres nos hicimos a esa idea como una decisión que no merecía ser discutida.

Durante los meses que siguieron, ella consiguió pasaportes y visas norteamericanas —entonces no resultaba difícil lograrlo—, y cuando estuvo todo listo, habló con una amiga cuyo hijo vivía en Westbury, un pueblo de Long Island, y tomó la decisión de que Herber se fuera adelante. En ese momento él había cumplido quince años y corría el mes de febrero de 1965, el punto más crudo del invierno en los Estados Unidos. Pero eso no la impresionó. La estrechez económica y los inmensos deseos de abrir un nuevo panorama en nuestras vidas eran cosas más importantes que el frío.

Meses más tarde, Herber contaba que una vez en Westbury se encontró con una barra de muchachos colombianos mayores que él, gente dura, fría, absorbida por el nuevo mundo en que se movían, trabajando como caballos, luchando individualmente para tratar de salir adelante y que a su lado se sintió explotado. Inicialmente le consiguieron el trabajo clásico de todos los colombianos que emigraban en esa época: lavador de platos en un restaurante. Pero además de eso, debía asear el apartamento, tender las camas, cocinar algunas veces. A cambio, obtenía un pequeño rincón donde dormir.

No obstante, un mes después recibimos su primera carta y con ella un billete de cien dólares conseguidos con su trabajo —cien dólares era una cantidad importante de dinero en Colombia—, los cuales no solamente confirmaban los anuncios de mi madre unas semanas atrás sino que abrieron en nosotros una esperanza muy grande.

A finales de mayo y buscando que el vuelo a Nueva York coincidiera con el de una azafata ocañera amiga nuestra, mi madre compró el pasaje para que yo siguiera los pasos de Herb y el 5 de junio de 1965, cuatro días después de haber cumplido los diecinueve, me metí entre un avión.

La partida fue dura porque sentía que dejaba atrás la universidad y que me iba para un mundo desconocido sin saber a qué. Desde luego estaba consciente de que no iba a afrontar ninguna situación difícil dentro de lo que estaba acostumbrado en Colombia, pero, de todas maneras me sentía inseguro. Por ejemplo, yo nunca en mi vida había trabajado y siempre pensé que sólo lo haría una vez me graduara como arquitecto. Ahora tenía ese camino por delante y lo iba a recorrer porque, pensaba, era la única forma de cubrir los costos para finalizar mi carrera. No me asaltaba entonces otra obsesión.

Llegué al aeropuerto La Guardia en las horas de la noche, con un par de ginebras en la cabeza y la azafata simplemente me indicó el pasillo que debía seguir para llegar a inmigración y luego se despidió de mí.

Afuera no había nadie esperándome, así que marqué el teléfono de la casa de Herb, que en este momento estaba mejor organizado —compartía una pequeña habitación con un muchacho colombiano—, y me contestó una voz en inglés pero no comprendí nada. Entonces busqué a alguien que hablara español y encontré un maletero que me dijo, "Long Island está muy lejos: más o menos una hora de camino". El mismo consiguió un taxi y me embarcó por dieciocho dólares. Una fortuna.

La casa donde vivía mi hermano era pequeña y al lado del mar. Su dueño, un italiano rudo que trabajaba en la limpieza de jardines, se encuadró frente a la puerta en calzoncillos, pero yo no le entendía nada de lo que me decía, por lo que entró a la casa y regresó unos segundos después mostrándome el telegrama que le habíamos puesto la víspera a Herb para anunciarle mi llegada. Entendí que como no lo había recibido, yo tendría que esperar allí hasta que apareciera, pero justo en ese momento sentí que se detenía un auto y adentro estaba él sonriente. Era un Chevrolet blanco que me impresionó muchísimo. Herb venía con Adolfo Sarria —su compañero de habitación—, un muchacho caleño de su misma edad quien, según me dijo más tarde, estudiaba ópera y canto.

Después de saludarnos, Herb se mostró orgulloso del auto de su amigo —algo que no se veía en Colombia— y antes de entrar a la casa me acomodaron en él y salimos a dar una vuelta por los alrededores. "Fito" conducía con elegancia y aunque era primavera, usaba una fina bufanda de seda, característica de los cantantes de ópera.

La casa era limpia. La pequeña habitación limpia y ordenada. El vecindario estaba compuesto por construcciones amplias con antejardines y zonas verdes para separarlas. Durante el recorrido, vi a Herb muy despabilado, dominando la situación, explicándome el nombre de las calles por las cuales cruzábamos. Nos detuvimos para tomar un refresco y escuché que lo ordenaba en inglés. Y capté también que tenía a "Fito" encaramado en un pedestal porque era quien poseía el mejor auto y el mejor apartamento de la pequeña colonia colombiana en el lugar.

Con el correr de los días pude ubicar a Westbury como un vecindario de clase media. Era un buen suburbio y la razón por la que habían comenzado a llegar colombianos allí era su ubicación cerca de una zona de restaurantes campestres, espaciosos y elegantes. (Las fuentes de trabajo.)

Herb trabajaba como lavador de platos en un "dinner", uno de aquellos restaurantes típicos norteamericanos compuestos por una especie de vagón de ferrocarril dividido en dos por el mostrador. Comida rápida: desayuno, almuerzo y cena.

Los dueños eran unos griegos que lo querían mucho por su carisma, sus pilas bien cargadas, su sonrisa permanente de oreja a oreja y porque era un trabajador de gran capacidad. En esa época laboraba desde las seis de la mañana hasta las siete de la noche y ganaba unos ciento veinte dólares semanales.

Desde el momento de llegar allá, uno soñaba con un apartamento, pero resultaba imposible alquilarlo porque había que depositar inicialmente el valor de dos meses de renta, además de una fianza y eso desde luego no estaba al alcance de nadie. Un auto era otra cosa porque se conseguía con doscientos dólares.

Durante la primera semana estuve tratando de adaptarme a la nueva vida y cuando la colonia de colombianos se enteró de que había llegado "uno nuevo" empezaron a buscarme trabajo con tal éxito que en un par de días tenía noticias de cuatro o cinco oportunidades porque cada uno venía y me decía, "en mi restaurante necesitan un lavaplatos, en el de fulano de tal están buscando a alguien...". Para otro tipo de empleos era necesario saber

algo de inglés. Por esto los colombianos siempre estaban metidos
en la cocina que era la dependencia de la alegría, de los gritos, del
movimiento. Generalmente el calor allí es violento y los muchachos se mueven como máquinas separando la comida que va a
unas canecas muy grandes y pasando los platos por el agua, por la
esterilización, por el secado, de mano en mano en una actividad
febril.

La colonia estaba compuesta en estos días por siete colombianos jóvenes. Herb era el menor de todos y antes que una gran
hermandad, existía la necesidad de reunirnos, de estar juntos, así
hubiera categorías de acuerdo con la clase de trabajos que desem-
peñara cada uno en su restaurante.

Los de más abajo, desde luego, eran los lavaplatos. Un poco
más arriba estaban los que se desempeñaban como "bus boy",
una especie de ayudante de mesero que debe saber algunas palabras claves en inglés y que, como consecuencia, gana un poco
más, y en la cúpula los meseros. Todo colombiano que llegaba
tenía solamente esa meta: "el día que seas mesero, estarás hecho
en este país", decían.

En aquel grupo había uno y lo llamábamos "el rey". Fue
quien llegó primero a Westbury y luego de unos cinco años de
lucha logró conseguir un "apartamento" independiente. Se trataba de una habitación con un baño estrecho y oscuro, pero al fin y
al cabo el sueño de todos y eso parecía darle mucho estatus frente
a los demás. El hombre —no recuerdo su nombre—, nos invitaba
allí algunos fines de semana "para que compartamos un refrige-
rio" y no se contentaba con ofrecernos una cerveza o un refresco
sino que preparaba los cocteles más sofisticados según él: un
"Pink Lady" o un "Black Russian" le llenaban la boca y el alma
solamente al pronunciarlos y yo veía cómo en esos momentos él
estaba exteriorizando toda esa mentalidad que va desarrollando
el inmigrante colombiano una vez que cree haberse metido en
aquel país. Es decir que ya había cumplido su ambición y podía
dictar cátedra en cuanto a lo que era la vida en los Estados
Unidos. Pero a la vez yo veía que algunos lo envidiaban. Los de su
misma limitación de ambiciones o de sueños. Sin embargo los
admiraba a todos porque habían logrado romper ese lastre que

significa creer que existen profesiones denigrantes y con el cual nacemos y morimos los colombianos en nuestro país.

Inicialmente no me pude liberar de esto y me sentía mal viendo cómo Herb y los demás habían aceptado sin reticencia esa primera etapa de lavadores de platos. Recuerdo que los visitaba en sus sitios de trabajo y sentía un rechazo muy grande, que trataba de justificar pensando en lo que yo creía que era y en lo que esperaba ser en el futuro. Y no lavé platos nunca.

Como pensaba permanentemente en mi carrera futura busqué algo que tuviera que ver con ella y encontré un trabajo con relativa facilidad: en el pueblo vivía un indio quechua especialista en jardinería y necesitaba un obrero, de manera que me presenté una tarde y sin que mediaran muchas palabras el hombre se quedó mirándome de arriba abajo, revisó mis brazos, la espalda y las manos —posiblemente buscando fortaleza— y luego sacudió la cabeza. Entendí que necesitaba a alguien más duro pero sin embargo aceptó que comenzara al día siguiente.

El tipo tenía un pequeño camión, herramienta, algunas máquinas, y se dedicaba a diseñar, sembrar, construir jardines y además pagaba por el trabajo mejor que en los lavaderos de platos.

Comencé muy temprano, una mañana calurosa en lo alto del verano, esto son treinta y cuatro, treinta y cinco grados centígrados sobre el mediodía, pero la ilusión de producir no me dejó pensar mucho en la temperatura de aquella estación. Mi primera labor consistió en manejar una máquina que vibraba con mucha fuerza, luego debía cargar una serie de vigas, hacer los huecos, sepultarlas en la tierra, terminar, cargar la herramienta en el camión y partir para otro lugar y de allí para otro y para otro. Medio día podando pasto y el resto colocando vigas con las manos plagadas de ampollas. Después fue peor porque se me convirtieron en llagas. La semana siguiente comencé a acostumbrarme y se esfumó el dolor de las manos. Me hice buen amigo del calor y de un negro buena gente que me ayudaba por ratos sin que el indio se diera cuenta. No obstante, la dificultad para comunicarme me angustiaba un poco, pues entendía que la vida estaría de acuerdo con la calidad del idioma que hablara. La libertad misma dependía de la lengua. Era duro llegar de un sitio en el cual te precias de poder escribir más o menos bien, de dominar un idioma que además quieres y del cual dependes totalmente, a sentirte mudo de un momento a otro. Es tensionante.

La amistad con aquel negro me mostró en forma muy clara la injusticia del racismo, que había comenzado a aprender allí —cosa curiosa—, a través de los colombianos, que a su vez lo habían aprendido de sus patrones alemanes, griegos o italianos ignorantes, en los restaurantes del lugar. Aquellos, como mis paisanos, deseaban hacerse gringos pronto y por tanto una manera de lograrlo era odiando al negro. "Estos negros nos van a dañar el país", decían con frecuencia y a mí me sonaba a chiste.

Mi relación con la gente de color siempre fue buena, aun en momentos difíciles. Por ejemplo, varias veces al salir del trabajo en el atardecer me encontraba con grupos de tres o cuatro negros armados de cuchillos que me rodeaban y me decían: "El dinero, venga el dinero" y yo lo único que podía decirles era que no entendía. Inmediatamente me preguntaban de dónde era y yo les explicaba que suramericano.

—Suramérica... Oh, oh, hermano, brother, respondían e inmediatamente guardaban sus armas y estiraban las manos para que nos diéramos palmas y me dejaban continuar. Algunos años después, cuando ya hablaba buen inglés me sucedió lo mismo un par de veces y lo que hice fue fingir que estaba recién llegado y que no entendía nada. El resultado fue el mismo.

La actitud frente a los negros de alguna manera parecía mostrarme la mentalidad estrecha de buena parte de los colombianos, que también se traducía en sus pequeñas metas: una mujer, un automóvil, unos hijos en la escuela pública y la pensión a los sesenta y cinco años. En esto, Herb era bien diferente a todos porque siempre soñó con cosas grandes, con grandes aventuras, con mucho dinero. En sus sueños nunca proyectó poner un negocio para reparar llantas, o en conseguir un restaurantico, por ejemplo. Siempre pensó en negocios inmensos, con derroche. Recuerdo que cuando aún estaba en el "dinner", compró un carro que apenas andaba —le había costado veinticinco dólares—, lo compró para tenerlo allí estacionado porque tampoco podía conducir por su edad —quince años—. Entonces en sus momentos de descanso, quince minutos, media hora, se ponía al timón y daba algunas vueltas en el parqueadero del restaurante.

Con el quechua trabajé hasta un día que me vio las manos llenas de llagas y me despidió. Dijo que no quería problemas con las autoridades.

No había transcurrido una semana, cuando logré entrar a un restaurante, pero no a lavar platos sino como "bus boy" porque ya entendía las palabras suficientes para defenderme. Desde mi llegada había aprovechado el tiempo estudiando y ampliando las bases que ya tenía, de manera que cuando completé el primer mes allí, empecé a ver progresos. El puesto de "bus boy" era realmente bien pago... estoy hablando de unos trescientos dólares a la semana, mil doscientos al mes, frente, por ejemplo, al de un cajero de banco que redondeaba mensualmente unos cuatrocientos ochenta dólares.

Me impactó mucho el tener que ponerme un uniforme de mesero, con chaqueta amarilla, con un corbatín y un pantalón blanco. Aún recuerdo el momento de salir al restaurante y enfrentarme a mi nueva realidad. Inicialmente me creí incapaz. Luego di dos pasos adelante y esperé que todo el mundo se quedara mirándome, mirando a un payaso... Pero lo hice y nadie, absolutamente nadie me volvió a mirar. Entonces me convencí que no era más que un montañero con un lastre inmenso de complejos y que haber sido estudiante de arquitectura en la Universidad, no representaba absolutamente nada en la vida y que allí tenía que comenzar a recorrer un camino nuevo.

Para Herb, tener un auto, —"Pero un auto de verdad, con placas y con matrícula... y que camine de verdad"— era muy importante, entre otras cosas porque representaba una buena porción de independencia. Hasta entonces, ir a la playa durante los días de descanso o realizar cualquier gestión personal nos ataba a los caprichos del resto de los colombianos y nos hacía sentir demasiado dependientes, coartados, así que tres meses después de mi llegada reunimos entre los dos doscientos ochenta dólares y adquirimos un Ford 56 verde, muy regular de máquina, pero, por fuera, sin un rasguño a la vista.

Para mí lo prioritario era el apartamento y después el auto, pero la realidad me convenció muy pronto de lo contrario. Long Island es un área suburbana inmensa donde todo queda muy lejos y no tiene la disposición de una ciudad regular con un punto central y áreas comerciales, de restaurantes, etcétera. No. Es algo muy diferente. Es el suburbio donde, por ejemplo en invierno te paras media hora esperando un bus y te congelas, o donde debes cambiar de bus tres veces para llegar al trabajo... Por eso allí el carro es absolutamente indispensable. Es una herramienta.

Una vez conseguido el auto, tener la licencia de conducción era un paso obligado y urgente, de manera que me encerré tres o cuatro días a consultar las bases para un examen escrito y diccionario en mano me preparé como mejor pude, estudié los códigos de tránsito y otras cosas y me presenté a la oficina correspondiente, con buen éxito: me dieron la licencia.

A su vez, Herb progresaba rápido en el idioma. Tenía facilidad y aún sin poseer bases gramaticales, se defendía perfectamente dejando ver un acento parecido al de los griegos del restaurante en el que trabajaba.

La adquisición de ese auto no me produjo demasiada alegría. En cambio Herb pareció transformado por la felicidad. El auto representaba muchas cosas importantes para él. Recuerdo que siempre lo mantuvo como un espejo. Diariamente se levantaba a las cinco de la mañana, una hora antes de salir para el trabajo y se dedicaba a lavarlo, a encerarlo, a asearle las llantas y sentado al lado mío, viéndome conducir, parecía el ser más orgulloso de la vida. Hoy, tántos años después, me parece que no ha transcurrido el tiempo cuando lo veo en el suyo con la misma felicidad de esa época.

Para entonces Queens, el gran barrio de los colombianos en Nueva York, comenzaba apenas a poblarse y recuerdo que había un solo restaurante de comida típica. Se llamaba El Refugio y era de una señora muy simpática. Allí íbamos generalmente los fines de semana. Yo creo que los primeros emigrantes colombianos comenzaron a llegar al lugar unos cinco años antes, pero aún no se palpaba esa presión, ese gran crecimiento que marcó lo que hoy es Queens, una zona más poblada de paisanos que muchas de las capitales del país. Yo podría decir que en ese momento la colonia cabía toda en El Refugio y que la gran avalancha de colombianos comenzó mucho más tarde, por ahí para el año sesenta y ocho.

En ese momento las relaciones con mi madre eran muy cercanas. Nos escribíamos con alguna frecuencia, nos contábamos hasta las historias más pequeñas y, desde luego, cada semana que transcurría solamente teníamos en la mira una cosa: llevárnosla para los Estados Unidos. Pero para conseguirlo teníamos que estar en condiciones de rentar una casa o un apartamento donde reorganizar nuestro hogar.

Sin embargo, apenas a los seis meses de haber llegado yo y cuando aún nuestra situación era muy estrecha, porque aparte del carro solamente habíamos logrado quedarnos a vivir solos en la pequeña pieza en casa del italiano, recibimos un telegrama de mi mamá que sin preámbulos ni rodeos decía secamente: "Llego esa hoy vuelo Avianca".

Era una decisión cumplida que no admitía nada, que no daba ninguna espera. ¿Qué hicimos? Sonreír por unos segundos prácticamente sin pronunciar palabra y como reacción inmediata salir, lavar muy bien el carro, brillarlo como nunca y partir para el aeropuerto de Nueva York, sin un dólar entre el bolsillo porque justamente esos días habíamos pagado la renta y el resto se lo habíamos enviado, como lo hacíamos cumplidamente en forma periódica.

Seguramente ella traía en la cabeza una imagen de abundancia y prosperidad enorme. Debía haberse dibujado el sueño americano en todo su esplendor porque unas semanas antes, Herb se hizo dos fotografías, una en la cocina del "dinner", sentado en una butaca y rodeado de platos y canecas de basuras, que le envió a mi papá con un par de palabras al respaldo: "Aquí en mi estudio pensando en ti". ¿Qué lo movía a hacerlo? No sé. Un arranque de humor negro, una tomadura de pelo... Así es Herb. Y la segunda

—que le envió a mamá— era bien diferente: posaba al lado del auto, que se podía ver muy brillante en medio de una zona de jardines florecidos.

La espera en el aeropuerto fue eterna. La buscamos en los terminales, arriba, abajo sin poder hallarla y sobre la media noche, desconsolados, regresamos a casa, pensando que tal vez en el fondo era mejor que hubiese aplazado su venida porque no estábamos listos para reunirnos. El sitio donde vivíamos era muy estrecho, el dinero que recibíamos era muy estrecho. La vida, en una palabra, muy estrecha aún. Estábamos hablando de todas estas cosas cuando tocaron a la puerta... Serían las dos de la mañana. Salimos a mirar y claro, mi mamá. Estaba allí de pies, sonriente y detrás una señora amiga de ella que venía a comprar mercancía a Nueva York y un muchachito que había adoptado horas antes. Tres personas con varias maletas, con paquetes, con toda clase de envoltorios que seguramente esperaban llegar a una gran mansión. Conociendo la mente desbordante de mi madre nos la imaginábamos hablándole a la gente de nosotros, invitándola a Nueva York "donde tienen un pent-house espacioso porque uno es diseñador de jardines y el otro, medio dueño de un gran restaurante y si no creen, vean el cheque que me envían cada mes. Les sobra el dinero..."

Para el italiano esto era una cosa de locos. Su casa invadida a la madrugada por una gente que hablaba duro, que se saludaba, que lloraba de la emoción al encontrarse nuevamente. Recuerdo verlo en el segundo piso, en calzoncillos, protestando, diciendo que allí no cabía nadie más, que se fueran inmediatamente. No quería siquiera que Herb y yo subiéramos a explicarle que era cosa de esa noche, que nos diera espera mientras amanecía y nos tratábamos de organizar contra el frío, porque llegaron en pleno invierno, un invierno para el cual ni siquiera nosotros nos habíamos preparado bien porque no podíamos.

¿Y el niño? No había sido una adopción formal. Lo conoció en una pensión donde paró por algunos días en Colombia y resolvió redimirlo de la pobreza y llevárselo "para aquel paraíso donde viven mis hijos y donde hay oportunidades de sobresalir en la vida". El muchacho debía tener unos diez años.

Finalmente terminamos todos acomodados en el pequeño zarzo esperando a que amaneciera para buscar rápidamente dónde irnos a vivir. Creo que el italiano nos dio uno o dos días de plazo para abandonar, pero eso era muy poco tiempo porque para los latinos no es fácil conseguir una vivienda: se necesitan depósitos por lo menos que igualen el valor de tres meses de renta, fianzas, muchos papeles como respaldo y no teníamos en ese momento más de treinta o cuarenta dólares en el bolsillo.

Como es lógico, resultó imposible conseguir un apartamento para albergar tanta gente y terminamos en otro suburbio aledaño a West Bay que se llama Mineola, donde una señora dominicana nos arrendó el segundo piso de su casa compuesto por dos pequeñas piezas, un baño y un sitio para cocinar.

En aquel punto viví sólo una semana, porque tuvimos un roce que me alejó de su lado: Sucede que una noche al salir del restaurante donde trabajaba me tomé algunos tragos y al llegar a la casa alguien me increpó por gastarme los pocos centavos con que contábamos y yo no les di una respuesta amable. No recuerdo las palabras sino una palmada en la boca y el respectivo sabor a sangre. Entonces tomé el auto y terminé durmiendo en casa de algunos amigos.

Abrí tolda aparte y unos días más tarde me cambié para un nuevo empleo, esta vez como mesero en un restaurante de alemanes. El sueldo era bueno, muy bueno para el momento porque lograba redondear unos cuatrocientos dólares y conseguí una magnífica habitación en casa de una señora alemana.

Durante los dos primeros meses me dediqué a la gran vida. Sin embargo, quince días después del incidente estaba en el restaurante preparándome para la hora del almuerzo, cuando se me acercó el gerente y me dijo: "Te necesita un policía. Ve a hablar con él". ¿La policía? ¿Yo? Yo no he hecho nada malo, me dije y fui a buscarlo saliendo por detrás de la cocina. Eran dos policías amables que me dijeron que venían acompañando a mi mamá. (¿Mi mamá?) Miré bien y pude ver tres autos policiales y una limosina detrás de ellos.

Pregunté de qué se trataba y dijeron que ella había llegado a la comandancia alegando que un hijo suyo la había robado y se hallaba desaparecido y que necesitaba localizarlo con su ayuda. Al parecer no le pararon muchas bolas al principio pero insistió tanto que buscaron un puertorriqueño para que hiciera de traductor y finalmente le recibieron una declaración formal. Inmediatamente después el comisario del pueblo la acomodó en su carro oficial y la envió a buscarme con tres patrullas más. Me imaginé cómo debió haber sido el escándalo para que la atendieran en esa forma. Recuerdo que cuando vi aquello comencé a sentir un sudor helado que me corría por la frente pues aún era invierno. Los guardias me dijeron que comprendían que se trataba de una cosa personal pero que, por favor, calmara a la señora porque se encontraba muy excitada. Mi primera reacción fue no hablar con ella y preferí preguntarle a los policías qué era lo que, según ella me había robado, mientras la veía allá, al fondo, muy sentada en la limosina con el muchachito, mirándome de reojo y tal vez diciéndose "yo consigo siempre lo que me propongo, sea al precio que fuere". Así es ella.

—La acusación de su madre es que usted se llevó un equipaje, dijo el agente. Entonces traté de serenarme un poco y pensé que había que cambiar la estrategia porque de lo contrario se agrandaría el problema, y me acerqué a la limosina y la saludé:

—Hola mamá, ¿cómo estás? ¿Qué pasa?, le dije y ella me respondió muy seria.

—Arrodíllate. Arrodíllate.

—¿Cómo? Si vengo a saludarte. ¿Qué pasa? ¿Qué son este escándalo y estas peloteras tuyas?

—¿Peloteras? Hijo malagradecido... Te me robaste unas cosas fuera de todo, ¿no?, decía en forma tan impersonal que yo no aterrizaba, y entonces le volví a preguntar, qué sucedía.

—Tú lo sabes muy bien y no necesito explicarte nada, respondió. Arrodíllate y besa el suelo que estás ante tu madre.

—Déjate de cosas mamá. Yo no me he traído ninguna maleta con ropa, le dije pero ella interrumpió:

—Esta gente dice que te pueden encerrar y yo estoy dispuesta a que te guarden antes que me faltés al respeto. Y además tú no has vuelto a la casa y eso no puede ser, dijo ya abiertamente contrariada.

Continuamos con la discusión sobre si yo me había llevado o no me había llevado una maleta que unas semanas atrás, ella misma había acomodado dentro del baúl del carro. Era un trasto viejo lleno de ropa que no usaba... ropa de verano o algo así, y entonces le dijo a los policías que revisaran el auto. Claro, al abrirlo la hallaron y cuando vi la escena me dije: "La maldita maleta... Ahora sí me tiene en sus manos. Y como está de brava es capaz de hacerme encerrar. Tengo que hacer algo". Entonces me acerqué a la limosina y le dije:

—Claro que ahí estaba la maleta, yo no sabía que la habías guardado, pero perdóname porque mi intención no fue traérmela...

—Yo sé eso, pero arrodíllate de todas maneras o te hago encerrar.

—Mamá, por Dios —le respondí—, cómo te vas a poner en esas, mejor yo voy esta noche y conversamos, te lo prometo, pero no agrandemos esto, por favor...

—Nada mi hijito. La ofensa es pública, el perdón también. Arrodíllate, o...

Pues me arrodillé ahí en el suelo, entre el barro que deja la nieve, porque no estaba dispuesto a hacerme encerrar. Los policías parecían muy serios, como no entendiendo mucho lo que sucedía. Tal vez para ellos era algún ceremonial de locos latinos o algo extraño. Cuando me puse de pies, ella volvió a hablar:

—Ve, dame una platica que necesitamos en la casa. Y... ¿Cuándo vas a ir?

—Es que ya con estas que me has hecho, yo no sé, le respondí, pero ella endureciendo el gesto, insistió:

—¿No sabes? Esta noche vas a ir. Esta noche.

Tomó unos cincuenta dólares que yo tenía entre el bolsillo en ese momento, me miró detenidamente una vez más y sin agregar una sola palabra cerró la puerta de la limosina, levantó la cara y el chofer arrancó siendo seguido por las tres patrullas con sus luces intermitentes y sus sirenas funcionando.

Yo quedé contrariado y no solamente no fui esa noche sino que me demoré más o menos un mes y medio sin verlos, aun cuando pasaba cada semana a dejarles la platica para los gastos de la familia.

Por esos días mi mamá dijo que tenía que trabajar en algo y una mañana se fue con un grupo de señoras latinas para una fábrica de cremalleras, donde había algunas vacantes. Su labor consistía en situarse en medio de la línea de producción en cadena y hacer no sé qué cosa. Como es costumbre, allá se trabaja unas dos horas continuas y luego vienen diez, quince minutos de descanso para tomar café o refresco. Pero sucede que al poco tiempo de comenzar sintió deseos de tomar algo, se fue poniendo de pies y se alejó del sitio, de manera que en la línea se formó un enredo con las cremalleras, los mecánicos debieron detener la producción unos minutos y, como consecuencia vino una supervisora a llamarle la atención.

—Usted siéntese. Solamente se puede mover de aquí a las diez de la mañana, le dijo a mamá.

—¿A las diez? Como así que a las diez —respondió mi madre—. Yo quiero hacerlo ya... ¿No ve que tengo sed?

Pues el trabajo le duró apenas un par de horas. La despidieron inmediatamente.

Donde la dominicana vivieron unos cincuenta días porque, al parecer, la mujer "se les encendió" una mañana que mi mamá empezó a poner la casa en orden sin contar con ella. Debía estar muy descuidada, pero de todas maneras a la mujer no le gustó la cosa y tuvieron que mudarse a un apartamentico en el segundo piso de una discoteca. Recuerdo que fui a ayudarles al traslado y a llevar platica y a ayudar a hacer el mercado y a inaugurar el sitio.

Me parece que lo mejor de la estancia en aquella casa fue que la dominicana se encariñó bastante del muchachito "adoptado" y decidió acogerlo y desde luego, a esa altura mamá no tuvo ninguna objeción. Nosotros volvimos a saber de él más tarde porque al parecer consiguió trabajo y se robó algunos dólares para comprar un par de zapatos, pero la cosa se descubrió y terminó en las dependencias de Inmigración.

Los funcionarios comenzaron a buscar alguien que respondiera por él y llegaron a donde mamá que ya tenía su visa para vencerse —habían pasado seis meses desde su llegada— y a raíz del incidente debió abandonar los Estados Unidos.

No sé qué sucedió con el muchacho en ese momento, pero un tiempo después supe que estaba trabajando aquí y se había traído a su familia.

Por su parte, mamá no quiso regresar a Colombia y se embarcó para Nicaragua donde tenía buenas relaciones sociales, porque años antes y gracias a la ayuda de un embajador colgó una exposición de pintura y logró conectarse con aquella sociedad que giraba en torno de los Somoza.

El diplomático, que para entonces había enviudado, la recibió bien, le ayudó a conseguir vivienda, ella se dedicó a pintar y al poco tiempo realizó otra exposición y vendió todos los cuadros.

Pero pronto surgieron problemas. Los hijos del diplomático montaron en celos porque veían cómo el viejito se enamoraba de ella y calculando un posible matrimonio y como consecuencia la evaporación de parte de su herencia, decidieron declararle la guerra. Esto se volvió un lío tremendo, y los herederos llegaron hasta entablar un juicio legal contra mamá.

Había transcurrido un año desde cuando llegué a los Estados Unidos y sentí que me aburría trabajando como mesero. Me parecía que las cosas se estancaban y aunque ganaba buen dinero, lo único que poseía era un auto convertible rojo que desgraciadamente estrellé quince días después de haberlo comprado. Por su parte, Herb tenía un Volkswagen, también abollado y pensando por una parte en mamá y por otra en cambiar de negocio, surgió la idea de conseguir autos de segunda y llevarlos por tierra hasta Nicaragua, donde nos dijeron que se vendían bien.

Como punto de partida decidimos arreglar los que teníamos y arrancar después. Yo contaba con los dólares que me reconoció el seguro por las averías del convertible y Herb había reunido otra suma. Entonces compramos los repuestos necesarios en un "junk yard", (donde venden piezas de carros estrellados) y durante los días libres nosotros mismos los reparamos.

Cuando decidimos que estábamos listos, recogimos los dolaritos que pudimos, entregamos las habitaciones y empacamos nuestra ropa, unos cuantos libros y partimos. (Más tarde esas pocas pertenencias fueron útiles porque con ellas pagábamos, por ejemplo, la gasolina. Imagínese en México, en Guatemala, una camisa con marca gringa... Pues caramba, con ella uno conseguía un tanque completo.)

Durante las primeras jornadas dentro de Estados Unidos, —de Nueva York a Laredo, Texas— andábamos diez o doce horas prácticamente sin detenernos y ya por las noches mercábamos en cualquier tienda enlatados y comida hecha y buscábamos las áreas de descanso de las autopistas. En ellas tú encuentras café, ducha, mesitas donde se puede cocinar y sitio donde acomodar el auto. Una vez hecha la cena, dormíamos en el convertible que era más grande.

En Laredo nos dimos cuenta que no teníamos dinero suficiente para llegar con los dos autos hasta Nicaragua, porque en adelante debíamos entrar a carreteras duras que exigían mayor consumo de gasolina y por tanto buscamos un parqueadero por meses, dejamos el convertible y continuamos en el otro.

Luego de un año en los Estados Unidos, atravesar la frontera con América Latina es algo que te sacude, porque ya estás acostumbrado al aseo, a la disciplina y al respeto... entonces, llegar al puesto aduanero mexicano donde los mismos uniformes de los guardias denotan otro mundo, donde los funcionarios del gobierno empiezan a asediarte para ver cómo te roban dinero desde cuando pisas la puerta, es regresar al caos que habías dejado con mucho esfuerzo.

En total le regalamos a los guardias unos diez dólares en el primer puesto, pero adelante hay veinte más donde la única función aparente de la autoridad es mirar a ver cómo te tumban, cómo te quitan... Algo muy típico de nuestros países.

Sin embargo logramos pasar sin mayores contratiempos, animados por ese sabor de aventura que te da una energía y una vitalidad enormes porque estás rompiendo las rutinas y viviendo a cada kilómetro algo diferente de lo que habías dejado atrás... Carreteras más angostas, con líneas mal pintadas, sin letreros que anuncian el peligro, ni barandas en las curvas, ni zonas de seguridad a los lados. El norte de México es una estepa desértica donde muy rara vez te topas con un rancho, por allá perdido entre los cactus.

A partir de ese punto dejamos de detenernos a dormir en la vía y preferimos reemplazarnos al timón durante las noches de manera que, cuando uno conducía el otro descansaba. Creo que un par de noches después de ingresar a México tuvimos un pequeño accidente: las luces del Volkswagen no alumbraban a fondo y en un tramo muy oscuro, sin luna, cuando avanzábamos, por fortuna lentamente, hallamos en medio de la autopista una masa oscura contra la cual chocamos. Era una vaca que dormía tranquilamente en la carretera y al sentir el golpe salió corriendo. Pero el auto, reparado con tanto sacrificio, se volvió a abollar. Poco después, en Tuxtla, buscamos un taller donde nos ayudaron a arreglarlo y pagamos el servicio con una herramienta vieja de las

que habíamos comprado para reparar los autos. Esa chatarra no
sirve para nada en los Estados Unidos, pero cruza uno la frontera
y se vuelve valiosa. Inclusive entre el convertible dejamos algunas
baterías, llaves, martillos y un poco de basura que habíamos
acomodado con este fin.

En Guatemala intentábamos viajar mucho más rápido especialmente durante las noches porque nos habían advertido que
allí la situación política era tensa y la guerrilla controlaba parte
del territorio. Según la información se trataba de zonas muy
peligrosas, pero decíamos: "Nosotros no llevamos nada valioso,
no sabemos nada de política... ¿Qué nos van a hacer?". Eso
parecía tranquilizarnos un poco.

Antes de entrar a El Salvador por la Carretera Panamerica-
na, nos advirtieron que debíamos tener cuidado con una curva
que llaman "La Canora" porque era muy cerrada y no tenía
señales de ninguna clase, pero se nos olvidó el dato y nos agarró la
noche en medio de un aguacero. Ibamos cansados y con un deseo
enorme de llegar pronto a San Salvador cuando de un momento a
otro sentimos que el precipicio estaba a pocos centímetros de la
trompa del auto. Herb timoneó, luego frenó pero el carro dio tres
vueltas, siguió patinando en medio de las chispas y finalmente se
detuvo sobre el asfalto, recostado sobre mi lado. Nos habíamos
volcado y ahora Herb descansaba encima de mí.

No sé cuánto tiempo transcurrió mientras nos repusimos del
susto y de la sorpresa, pero lo cierto es que el carro permanecía
con la ignición prendida, y lo primero que hice tan pronto pude
moverme fue apagarlo, salir de él y ayudarle a mi hermano a
abandonarlo.

No recuerdo tampoco de qué hablamos pero estábamos de
pies al borde del abismo viendo una rueda del auto, todavía
moviéndose sobre el vacío. Era una carretera desolada porque
nadie se aventuraba en ella durante la noche por miedo a las
guerrillas y durante todo el trayecto —a partir del atardecer— no
nos habíamos cruzado con nadie. Sin embargo un poco después
aparecieron las luces de un Pontiac viejo en el cual se acomodaban un cura y otras personas que iban para un rancho cercano a

llevarle la extremaunción a un moribundo. Ellos se detuvieron y nos auxiliaron.

Con poco esfuerzo le dimos la vuelta al Volkswagen y logramos ponerle las cuatro llantas sobre la carretera, lo prendimos y arrancamos nuevamente con mucha ansiedad porque calculábamos que mi mamá y la casa estaban a una jornada de aquel sitio. Un par de horas más tarde comenzó a clarear y por fin entramos a El Salvador. Fue la frontera con más problemas porque los guardias no entendían, primero, por qué estábamos viajando de noche y luego por qué no llevábamos dinero. Finalmente, luego de una requisa detenida y de miles de preguntas, nos dejaron pasar, pero quince minutos más tarde, se reventó el cable del "closh" y ahí quedamos. Siete de la mañana, varados, sin un peso, con sueño, con hambre...

Había una aldea cerca y vimos que de allí salían patrullas del ejército que llegaron pronto a donde estábamos nosotros y sin mediar palabra nos rodearon, nos encañonaron y nos sacaron del auto a golpes, mientras otros lo destapaban por todos lados. Abrieron las maletas y lanzaban las cosas lejos. Los que nos vigilaban colocaron los cañones de sus fusiles a milímetros de nuestros ojos y empezaron a inculparnos, no sé si de ser gringos por las placas del carro o de guerrilleros por nuestro aspecto. No sé qué estaba pasando allí pero su actitud era tan hostil que los pocos campesinos que se arrimaron al sitio les decían: "No mi teniente, esa no es gente mala", pero inmediatamente escuché que alguien respondió: "No, qué va. Estos hijueputas no tienen por qué venir a este país a cagarse en todo. Son unos hijueputas y van detenidos".

Pues sí. Detenidos. Nos llevaron a un barranco, tomaron datos, se guardaron nuestros pasaportes y un rato más tarde nos reportaron. Entonces vino un oficial de más alta graduación y ya le contamos que trabajábamos en Nueva York y que íbamos a Nicaragua a visitar a la familia y entonces aceptó llamar una grúa y dejarnos ir con nuestro auto para el taller.

El arreglo costaba doscientos cincuenta dólares y en ese momento sólo teníamos veinte. Sin embargo dijimos que comenzaran a repararlo.

¿Dónde estábamos? En Acajutla, un puerto hermoso, con un mar azul encrespado y un clima tibio por la brisa. Durante el día caminamos por la ciudad, fuimos al mar, nos bañamos, en alguna parte comimos algo y fue llegando la noche. Herb ha sido siempre abstemio pero aceptó tomarse un par de cervezas en un pequeño bar. Cuando lo cerraron vimos que afuera había dos bancas y dijimos: "Aquí nos ganamos la noche" porque sin hablar más, cada uno se acostó en una. Clima delicioso: ni zancudos, ni nada que molestara aparte de la dureza de la cama.

Al día siguiente lo importante era resolver nuestra situación económica pero como no teníamos el teléfono de mamá en Managua, le pusimos un telegrama a San Lázaro —un sufridor profesional que lavaba platos en Nueva York y era amigo de Herb— para que nos enviara un giro de quinientos dólares. San Lázaro era un tipo extraño. Tenía sus pesos ahorrados además de varias casas en Colombia y quería mucho a mi hermano porque era el único que andaba con él, puesto que como lloraba tanto y se quejaba de todo, los demás colombianos le sacaban el cuerpo. Herb no.

La segunda noche tuvimos más suerte porque nos fuimos a buscar un bar y resultó que llegamos a la casita de citas del puerto, conocimos dos muchachas y de salida les contamos la verdad y como estábamos jóvenes y fuertecitos, se armó el romance y allá nos estuvimos quince días muy organizados, muy bien... Claro que nos tocaba dejarlas trabajar en paz, pero bueno, organizados con la comidita, la dormida, bañito en el mar pues la casa estaba situada en la playa... Sufríamos sí un poco durante la noche, porque no nos podíamos acostar a dormir antes de que cerraran el lugar. Entonces nos íbamos a caminar a la playa, mientras tanto. Ellas eran hermosas, fabulosas, querendonas. No recuerdo sus nombres, pero eran muy bellas.

Unos días después llegó el giro por trescientos dólares y a las dos semanas nos entregaron el carro reparado por el daño del "closh", por el golpe de la vaca y por la volcada y quedaron unos pocos dólares para la gasolina y desde luego para un regalito a las novias, de quienes nunca nos despedimos porque así lo habíamos acordado unos días antes cuando a ellas se les ocurrió que decirse adiós en esos casos no tenía razón de ser. Estuvimos de acuerdo y así lo hicimos: una mañana dejamos los regalos sobre las camas, tomamos el auto y partimos.

Veinticuatro horas después estábamos en Managua. Mamá no se hallaba económicamente bien como unos meses atrás —se había gastado el dinero que ganó en la exposición— y compartía la casa con dos muchachos colombianos. Cuando la encontramos nos pareció una gallina protegiendo a sus polluelos. Ellos la llamaban "mamá". Uno de apellido Cuesta, antioqueño, tocaba la guitarra y el otro —no recuerdo su nombre— era muy buena persona. Ocupaban una pieza a la que le hicieron una división y con el dinero del arrendamiento compraban el mercado para todos. Durante el día ellos salían a trabajar y mamá pintaba o se desempeñaba en cuanto podía para poder sobrevivir.

Allí vendimos el auto. No fue un negocio del otro mundo, pero se consiguió un margen que cubría lo que había costado, lo de los arreglos, los gastos del viaje y sobró algo, y a la semana siguiente regresé en avión a Laredo para recoger el segundo carro y traerlo a Nicaragua. Herb enrumbó hacia Nueva York en busca de San Lázaro que era el hombre del capital y se trataba de hacerlo socio en un negocio que ya habíamos visto funcionar.

Mi proyecto era regresar inmediatamente, pero me demoré siete meses en el viaje, porque al llegar a Tuxtla, en una fuente de soda conocí una gente muy querida, entre ellos una muchacha, y me enredé seis meses. Ella era una mujer culta, hija de un ranchero acaudalado del lugar a quien conocí pocas horas más tarde. El viejo era sencillo y amable, igual que su mujer, y tal vez la calidez humana y la descomplicación de aquella familia se me fueron metiendo en la cabeza, de manera que me olvidé por un momento de mi rumbo y resolví hacer una etapa en aquel lugar.

Desde un principio ellos insistieron en que viviera en el rancho, una estancia colonial muy típica del norte, pero no me pareció bien y preferí hospedarme en una pensión del pueblo. Pero el proyecto inicial de quedarme por allí una o dos semanas se fue alargando. Cada día me sentía más cerca de ellos y la relación con la muchacha se hizo cálida, amorosa y antes de completar el primer mes, cedí a la presión de los viejos y me mudé al rancho.

Yo creo que iba a finalizar otoño, un otoño que nunca he olvidado y que en ese mismo momento me sustrajo de todas mis obligaciones porque cuando me di cuenta, parecía haber renunciado a los planes que trazamos seis semanas antes con Herb y a la responsabilidad que creía tener con mi madre. Desde luego la presión que ella podría significar en ese momento había cedido porque escribí a Managua y mamá contestó que me quedara en México. Sus asuntos estaban marchando sin problemas. Herb se hallaba aún en Nueva York, y aunque no había logrado convencer a San Lázaro, ya veía la manera de llevar un super-carro, pues no estaba dispuesto a continuar luchando con cacharros viejos que, a la larga, representaban mal negocio.

Corrieron las semanas en el rancho hasta llegar un momento en el cual me parecía que no debía continuar alimentando una situación falsa y tenía que definir mi relación con la muchacha. Esa definición no era otra que el matrimonio, pero una mañana me puse a pensar que mis planes no eran México, ni un rancho ni un matrimonio prematuro. Fui incapaz de conseguir argumentos para darle una explicación y, debo reconocerlo, al día siguiente, portándome como un abusivo, tomé el auto y desaparecí... Hoy miro atrás y admito que lo hice por irresponsable, pero... ¿Qué les podía decir? ¿Que la quería mucho pero que no deseaba casarme? Y, si era así, ¿por qué me había quedado a su lado todo ese tiempo?

En Nicaragua no fue fácil vender el auto porque tenía un motor de ocho cilindros y consumía mucha gasolina —allí era muy costosa— y por otro lado su caja de cambios era automática y eso no les gustaba. Para completar, tres días después de mi llegada lo estrellé en una esquina de la ciudad y sufrió abolladuras grandes. Como yo tuve la culpa, debíamos pagar el arreglo del taxi con el que choqué y volvimos una vez más a las mismas: se necesita dinero pero no hay dinero. A nosotros nos favorecía que el convertible —sin ser del otro mundo— resultaba un carro raro y elegante en Managua. Por este motivo un mecánico aceptó arreglar los dos vehículos siempre y cuando yo le firmara un documento mediante el cual, una vez lo vendiera, él pudiera cobrar fácilmente su dinero. La reparación tomó un mes, pero se complicaron las cosas porque el mecánico resultó un vivo y quería que se lo vendiésemos a un cliente conseguido por él, a menor precio del que realmente valía. Al saber esto, una amiga de mamá me dio un consejo:

—Mira, aquí la gente es muy despierta. Es mejor que hagas los documentos del auto a mi nombre y te vayas para los Estados Unidos. Déjame que yo arreglo esto como debe ser y luego le doy el dinero correspondiente a Soledad.

Yo creí que esa era la mejor salida porque, además de todo, el mecánico intentó enrolarme en un lío político. Sucede que recién llegué a Managua, conocí una muchacha hija de árabes, jefe del movimiento estudiantil anti-somocista que luego supe, estaba fichada por la policía. A mí me atrajeron su inteligencia, su personalidad recia y luego una convivencia muy íntima: en esos días hubo un temblor de tierra muy fuerte —anterior al terremoto de 1972— que destruyó parte de su casa y entonces tuvo que irse con su familia a vivir en una carpa. Mamá y yo nos solidarizamos mucho con ellos, los ayudamos en la medida de nuestras posibilidades y eso me fue metiendo en su círculo de amigos que ya pensaban en la manera de provocar la caída de Somoza.

A todas estas, el mecánico se dio cuenta de que yo estaba tramitando los papeles de propiedad del vehículo a nombre de la amiga de mi madre y, aprovechando el control que había sobre los extranjeros, parece que se quejó ante la policía y me llamaron para interrogarme y advertirme el problema en que podía meterme en caso de que le fallara al mecánico. Para concluir, me anunciaron que no podía salir del país antes de presentarme previamente a una comandancia para dar aviso de mi posible viaje y obtener un sello especial, como correspondía a todo extranjero.

Como mi amiga la líder conocía bien esas cosas, me dijo inmediatamente: "Wenceslao si te llamaron a la policía puedes tener problemas cerca, de manera que debes salir ya del país. Yo tengo gente en el aeropuerto que te deja pasar sin el sello. Es mejor que te vayas pronto".

—Pero necesito tiempo para conseguir treinta dólares que vale el pasaje, le respondí y me dijo que solucionara las cosas rápido. No tuve más camino que aceptar el dinero de la señora del documento y confiar en que ella negociaría el auto y le daría algún dinero a mamá.

Partí para Nueva York un día más tarde sin equipaje, sin siquiera una camisa extra. Sólo llevaba el pasaporte y veinte dólares, pero iba feliz porque estaba escapando de lo que ya se veía como un problema con la guardia nicaragüense.

* * * * * * *

Nueva York, cinco de la tarde, pleno invierno. Yo estaba en mangas de camisa. La señora alemana abrió la puerta de aquella casa donde viví por última vez y me dio un té caliente: "No importa que no tenga dinero, más adelante me lo paga. Su habitación aún está libre. Quédese", me dijo.

Dos días después, el FBI llegó en mi búsqueda. Debía presentarme a la milicia. Ese año las bajas habían sido grandes y Vietnam esperaba con brazos abiertos a los latinos. Entonces yo tenía únicamente dos caminos: Colombia o la guerra en Asia. Si me negaba a acudir a las filas tendría que devolverme para mi país y esa era una mala propuesta. Preferí la guerra al futuro que podía ofrecerme Colombia.

"Quiero matar
un amarillo"

Base de Parris Island, Carolina del Sur. Enero de 1968.

Habían transcurrido apenas dieciséis días desde mi regreso de Nicaragua y ahora estaba acomodado en uno de los buses que conformaban el convoy con reclutas de la Infantería de Marina. La columna avanzó dentro de la guarnición y redujo su velocidad. Aún sin detenerse totalmente, el chofer abrió la puerta y vimos que penetraba un sargento:

—Mujercitas, mariquitas hijas de puta, ¿a dónde creen que llegaron? ¿A la casa de mamá? Abaaaajoooo todo el mundo. Y sin que mediara una palabra le descargó una cachetada a uno, alzó por los hombros a otro y le acomodó una patada en el trasero y así sucesivamente, mientras íbamos abandonando el bus, nos iba golpeando con fuerza.

En el campo nos esperaban dos instructores más que también nos recibieron a patadas mientras se organizaba una fila de muchachos con cara de terror. El saludo fue media hora al trote con los equipajes al hombro, más insultos y más patadas. Desde ese momento y hasta cuando cumplimos los primeros tres meses, el tratamiento fue similar: Nos hablaban dirigiéndose a mujeres: "A ver, nenas mariconas...". "Putas hijas de perra..."

Toda una filosofía de degradación para lavarnos el cerebro y enseñarnos a odiar al civil, queriendo demostrar además que quien no lleva un uniforme ni tiene pistola al cinto es inferior y que nosotros mismos no éramos nadie porque una vez traspasamos la puerta de la Base, dejamos de ser miembros de una familia y pasamos a ser de propiedad de la Infantería de Marina, sin tener siquiera derecho a un nombre. Ahora éramos "La puta número tal..."

El cuadro se completó al final de una marcha al trote, cuando nos entregaron una caja dentro de la cual debimos acomodar todo lo que llevábamos encima, ropa, papeles, relojes, hasta quedar completamente desnudos. Mañana de invierno, mangueras con desinfectante que te empapan de pies a cabeza, dos patadas más y a la ducha fría. Calzoncillos verde oliva y otra fila. Al fondo hay diez peluqueros, cada uno con su máquina de esquilar que te despachan en cosa de minutos. Luego una tula, después los primeros uniformes de fatiga... En adelante ya no puedes volver a caminar como un civil. Es decir, como una puta, porque de ahora en adelante vamos a tratar de ser machos y lo seremos una vez nos den el arma y sepamos disparar.

Por las mañanas nos levantábamos antes de las cinco y con un salto nos parábamos al lado del catre y quedábamos firmes. A partir de ese momento teníamos dos minutos para ir al sanitario y volver, pero allí no había sino diez inodoros y diez orinales y nosotros éramos cien. El baño no tenía puertas ni divisiones interiores. ¿Usted se imagina el despelote de cien hombres corriendo para solucionar una necesidad apretada —porque era prohibido levantarse durante la noche— tratando de llegar primero y abriéndose paso a codazos y golpes?

Bueno, pues uno llegaba y se apoderaba de un trono de esos, pero una vez se sentaba, ¿te imaginas la presión que significa ver a tres más haciendo cola al frente tuyo, mirándote cagar y contando el tiempo porque ellos también necesitan pasar? Y si no lo hacían en ese momento no iban a tener otro chance porque una vez fuera de las barracas había actividades permanentes que no permitían nada más. Yo recuerdo que los primeros ocho días no pude funcionar... Y estaba comiendo como un animal porque es tal la cantidad de ejercicio (de las cinco de la mañana hasta las nueve de la noche) que el hambre se magnifica.

La tendida de la cama y el arreglo del dormitorio eran muy misteriosos, todo medido en centímetros, todo muy preciso, todo lleno de detallitos ínfimos, pequeños, mezquinos.

Allá no se camina para nada. Todo se hace marchando, deteniéndose para ponerte firme, arrancando nuevamente con un zapatazo contra el suelo... Tres meses sin hablar, sin fumar, mirando siempre al frente. Siempre al frente. Te pescan volteando los ojos hacia algún lado y te rompen la boca de un golpe. "Maricona, los hombres miran al frente, ¿okey?".

El primer trote de la mañana era hasta el comedor. Allí a base de marcha y medias vueltas buscábamos el puesto frente a unas mesas largas y luego, también marchando y zapateando, había que ir a buscar la comida, abundante, bien balanceada, pero con una gran frustración, especialmente al principio —es parte del ataque sicológico a todos tus sistemas— porque después de todo ese ceremonial cada uno se ponía firmes, con la cara alta y su bandeja en la mano. Y una vez estábamos los cien en esa posición, el instructor decía, ¿Bueno? Listaaaas... ¡Siéntense!

—No. Lo hicieron muy despacio manada de putas callejeras... O, ¿están creyendo que son muy ágiles?

—Señor: ¡No señor!, contestábamos en coro.

—¿Quieren intentarlo una vez más, nenas mariconas?

—Señor: ¡Sí señor!

—Todas al tiempo y rápido, ¡Mariconas!

Ensayaba nuevamente, le parecía lento y cuando lográbamos complacerlo, el tiempo para comer estaba a punto de terminar, de manera que salíamos de allí con menos de medio desayuno en el estómago, porque cuando decían "Ya" para anunciar que se había acabado el tiempo, había que parar automáticamente. De lo contrario te partían la mano de un golpe.

Durante los ejercicios hay una permanente evocación del sexo que tratan de asociar con el arma. Para ellos el pene no es un miembro sino un arma. El arma es lo que te hace hombre. Sin arma no eres nadie. El rifle es tu mujer, es tu amor. Encóñate de él. Antes de acostarnos, la oración, gritada, dicha en coro ante la mirada de los instructores, era más o menos así:

"Este es mi rifle / Hay otros parecidos / Pero éste es mío / ...Sin él soy un inútil / Sin fusil no valgo nada / Mi rifle y yo somos defensores del país / Con él dominamos a nuestros enemigos / ...Así será hasta que no haya enemigos /. Amén".

Durante las marchas se cantaban coros como:

No hay nada mejor / Que el sexo de una mujer / Qué bueno / se siente bien / Sabe bien, muy bien / Yo soy el macho / Porque tengo fusil /.

Durante la primera semana sufrí mucho porque tenía los músculos anquilosados y me dolían igual que fracturas en todo el cuerpo. La tercera noche, no se me olvida, lloraba físicamente y aun cuando trataba, no podía dormirme sabiendo que necesitaba hacerlo porque al otro día venía una dosis igual.

Quienes no podían dominar desde un principio los ejercicios, eran enviados al campo "de motivación". Nunca estuve allá pero los que regresaban decían que era horrible: toda una semana con el agua al cuello marchando por entre ciénagas y cantando permanentemente las mismas canciones alusivas al sexo o al fusil o a la sangre que repetíamos todos mientras trotábamos. Cosas como:

—"Voy a matar un amarillo... Voy a ver correr su sangre y entonces seré yo muy feliz. Sangre, sangre de amarillo, un, dos. Un, dos. Un, dos".

Y, desde luego, cuando estás en una fila, que es casi a toda hora, no te puedes mover... La Isla se halla rodeada por una zona cenagosa, y la nube de zancudos es insoportable. Eso tiene una explicación, porque te están preparando para los sitios a donde vas a ir: la Infantería de Marina está compuesta por tropas anfibias que miran hacia el trópico, al Asia... Y desde cuando llegas están tratándote de inmunizar contra estos climas. Por ejemplo, diariamente hay una formación rígida, en calzoncillos bajo el sol para que te piquen los zancudos. Solamente para eso. Si en ese momento inconscientemente levantas una mano para rascarte, antes de que la vuelvas a su posición original ha llegado un sargento que te la agarra con fuerza y va apretándotela poco a poco: "Ahhhh, perra hijueputa, mataste un zancudo. ¿Sabes una cosa? Ese zancudo que mataste es de propiedad de la Infantería de Marina, acabas de destruir propiedad oficial porque todo lo que hay aquí es del gobierno". Y terminas en el suelo porque a medida que te van diciendo eso, te van torciendo el brazo hasta derribarte. Ya en el piso, pues te dan un par de patadas y otra vez a la fila. Más sol y más zancudos.

Por otra parte, el entrenamiento trata de lograr que elimines de la mente la noción de individuo porque allí lo que vale es la cosa colectiva, que todos sean uno, que sean un solo cuerpo y lo que más te castigan es que hagas algo diferente a los demás. Quieren que te muevas al mismo tiempo, que reacciones simultáneamente. "Y no puedes usar la cabeza como los civiles que son unas putas indisciplinadas. Tú no puedes pensar, mariquita. Tú tienes que obedecer. Si piensas te demoras en obedecer. La orden se da y debe ser acatada inmediatamente. Ustedes están aquí sólo para obedecer", nos repetían.

Y no se puede hablar en primera persona sino en tercera. Y siempre que hables tienes que comenzar y terminar la frase con la palabra "¡Señor!".

Hay varios campos con obstáculos. Diariamente asistes a entrenamientos muy duros y a medida que progresas físicamente, aumenta la dificultad del campo. Allí se busca, desde luego adquirir fuerza y destreza física, y cosas como desafiar el vértigo, lograr buen equilibrio, reflejos, etcétera. Como complemento sale uno de allí extenuado y empieza largas sesiones de lucha cuerpo a cuerpo.

En aquella isla, totalmente rodeada de ciénagas, no entra nadie, ni prensa, ni policía, ni nada de lo que existe en el mundo exterior, de manera que cuando uno cruza la puerta solamente va a tener contacto con los instructores, y con nadie más. Ellos son Dios y pueden hacer contigo lo que les dé la gana. Porque... Si crees que están abusando mucho de ti, puedes quejarte, pero mientras esa queja llega a los canales normales, te acaban. Te destrozan.

Los instructores saben muy bien que abusan y que el recluta vive bajo una presión enorme. Por eso en sitios como el polígono se mantienen a la defensiva (allí han matado a uno que otro) y durante las prácticas de tiro nadie puede intentar siquiera volver la cabeza porque ellos están encima para evitarlo.

Bueno, pues se aprenden infinidad de cosas y al cabo de noventa días todo se hace casi perfecto. Uno se vuelve una máquina, rápida, exacta y convencida de que realmente es superior a los demás.

Iba a terminar la primavera cuando salimos a vacaciones. En San Francisco me reuní con un grupo de amigos, estudiantes unos, profesionales otros, pero en general, personas intelectualmente inquietas. Para ellos era absurdo que yo aceptara ir a la guerra —algo contra lo cual estaba parte de la juventud norteamericana— y ninguno parecía comprender que si no aceptaba ese camino, tendría que regresar a Colombia... Y aquello me parecía peor.

Desde luego, hasta ese momento nadie había dicho que me mandarían para el Vietnam, pero yo estaba seguro porque los latinos ocupábamos la primera fila. Ahora: cuando tomé esa determinación, sabía que estaba corriendo un riesgo inminente y que era posible que nunca regresara. Pero, ¿qué alternativa tenía?

Al fin y al cabo si regresaba, iba a conseguir mi visa de residente y una oportunidad para estudiar y trabajar y vivir en un país en paz. Vietnam estaba en guerra, era cierto, pero esa era una guerra donde uno sabía a qué se enfrentaba y una guerra donde, a lo mejor tenía posibilidades de defenderse y donde sabía a qué atenerse. Y eso no sucedía en Colombia donde podías morir... hombre, a la salida de un cine sin que nadie te lo anunciara y sin que nadie te hiciera justicia. Para mí era mejor Vietnam.

Después de las vacaciones fui destinado a la escuela de choferes donde debía especializarme en dos cosas diferentes: la primera, reparación, mantenimiento y conducción de toda clase de vehículos y, la segunda, manejo de gasolina de aviación: tanqueo de aviones y helicópteros en cualquier tipo de condiciones... No era complicado. Se trataba de clases de mecánica y muchas horas de manejo de camiones y carrotanques de noche, sin luces, en caravanas, metidos por el monte, guiándose por la escasa luz de los cocuyos algunas veces, otras por la silueta de los demás si había luna, o por el ruido de los carros que marchaban adelante. También había pruebas milimétricas al mando de vehículos pesados marchando hacia atrás y describiendo eses muy cerradas por entre estacas o señales. Hablo de carros de dieciocho llantas y cinco mil galones de gasolina encima, pero de todas maneras eran cosas para las cuales solamente se necesitaba una capacidad mecánica que cualquiera aprendía sin dificultad.

En cuanto a la gasolina había que conocer el octanaje de todos los tipos de combustible, aprender a mantenerlos en su punto de calor de acuerdo con las diferentes estaciones y desde luego se necesitaba un buen conocimiento de los aviones y helicópteros, tanto de transporte como de combate, especialmente sus áreas de abastecimiento: manera de colocar mangueras, forma y velocidad del bombeo, cantidades, mezclas si eran necesarias, tiempo disponible para la operación según las situaciones de combate, seguridad de vehículos y depósitos bajo el fuego enemigo... En este último caso, por ejemplo, todos podían correr a las trincheras menos uno, porque la misión era alejar de los aviones el peligro que representa el combustible. En total fue un curso de unos sesenta días pero sin aquella presión de los tres primeros meses.

Camp Pendleton, California, fue mi segunda base. A los diez meses de servicio me ascendieron a algo que llaman "Lance Corporal" y veinte días después partí para el Vietnam.

El sonido de la guerra

Da Nang, madrugada del 12 de mayo de 1969.

El avión entró muy alto y cuando estuvo cerca de la base, prácticamente se tiró en picada y aterrizó con violencia. Unos minutos antes habían apagado las luces interiores y exteriores de la nave y alguien anunció que la evacuación sería de emergencia. Tropa acomodada al lado izquierdo saldría por la puerta delantera y tropa del derecho por la de atrás. Una vez en tierra buscaríamos la izquierda del avión, donde nos esperaba una serie de trincheras cavadas a pocos metros de la pista.

Afuera todo estaba oscuro y cuando el jet desaceleró las turbinas pude ver que a lo lejos, tal vez sobre algunas colinas, estallaban los proyectiles disparados desde la Base: fuego de artillería para responder el ataque del Viet Cong cuando advirtió la proximidad de nuestro 707. Luego supimos que esto era normal. Los vietnamitas buscaban siempre cobrar este tipo de blancos con morterazos en el momento del aterrizaje.

Yo creo que el cambio de disparos duró media hora, al cabo de la cual sonaron tres toques de sirena para anunciar calma. Durante el entrenamiento yo había escuchado el sonido de la artillería, pero ahora los golpes tenían otro sentido. Era la guerra de verdad y todos estábamos asustados.

Amaneció en calma y así permaneció todo el día, pero en la noche, cuando empezaron a aproximarse aviones grandes, volvieron a sentirse las cargas de mortero y cohete sobre el aeropuerto. La Base respondió y salieron patrullas para batir la zona, pero regresaron con el calor impresionante del mediodía sin haber hecho contacto con el enemigo. Así transcurrieron quince días hasta cuando abordé un transporte liviano que me llevó a mi verdadera guarnición, la Base de Chu Lai, a una hora de allí.

Inmediatamente decolamos le pregunté al piloto cómo era Chu Lai pero, sin siquiera voltear la cabeza dijo: "Mi orden es llevarlo allá" y continuó mirando al frente. Volábamos muy alto y durante todo el tiempo pude ver una selva espesa, que se abría algunas veces al lado de pequeñas quebradas brillantes por el sol.

Finalmente apareció el mar plateado por el verano y aterrizamos en una pista desierta, sin casas, ni gente. Una zona árida, compuesta por dunas sobre las que no se movía nada. No se movía una sola hoja. No se movía una rama de pasto. Hacía mucho calor. Lo único que se veía al frente era una caseta pequeña, también desolada y le pregunté al piloto, qué tenía que hacer ahora. Esta vez me volvió a mirar y dijo: "Yo no sé, ese es su problema" y movió la cabeza para indicarme que debía bajar ya. Cuando puse los pies en el suelo aceleró a fondo e inició el decolaje. Avancé hasta la caseta y encontré un teléfono con un letrero que decía: "Personal entrando levante el auricular y repórtese para que lo transporten".

—Aló, sí, estoy aquí en el aeropuerto. Favor recogerme.

—¿En cuál aeropuerto?

—En el aeropuerto, aquí.

—¿En cuál aeropuerto?

—Bueno, me acaban de traer de Da Nang y estoy aquí en la caseta.

—¿En cuál aeropuerto?

—No sé, donde está la caseta...

—Pues mire el número del cartel gran cabrón.

—Setenta y siete raya tres.

—Ahhh. Espere ahí.

(Luego supe que cuando la gente llevaba algún tiempo allá se volvía así, seca, peleando contra un almanaque, pensando que nunca iba a regresar).

Esperé una hora y finalmente llegó un campero descapotado y el conductor me preguntó para dónde iba. Le dije que no sabía. (Es que realmente no lo sabía).

—¿Cómo así que no sabe? ¿Acaso no tiene una orden?, respondió.

—No. Me dijeron que fuera a Chu Lai y aquí estoy... ¿Aquí no es Chu Lai?

—Vamos al cerco y allá le dicen cuál es su puesto.

El cerco era una oficina. Adentro un sargento sudoroso, barbado y lleno de cadenas en el cuello. Afuera vi los primeros infantes con las botas sin amarrar, otros sin camisa y buena parte con el pelo largo y pequeñas pañueletas de colores líadas en la frente. Algo distinto a las costumbres en bases en los Estados Unidos y en el mismo Da Nang, porque aquí ya se respiraba de cerca el ambiente de la guerra y desaparecía esa disciplina limpia de las guarniciones normales.

—Yo acabo de llegar...

—Y, ¿qué? Qué es lo que va a hacer o qué, respondió el sargento y ya sin ganas de hablar, le estiré el papel que me habían entregado esa mañana en Da Nang. Sólo en ese momento me di cuenta que era una orden cifrada y por eso yo no entendía ni un carajo de lo que estaba pasando. El hombre la leyó y me dijo: "Usted ha sido asignado a MAG-12 (una unidad de aviación) pero tenemos mucha gente en su clasificación. Hay que esperar unos días a ver qué le ponemos a hacer". Llamó a un soldado y le dijo que me llevara a mi alojamiento, un bohío rodeado por trincheras y levantado sobre postes, muy cerca al mar. Los vietnamitas les decían "hooths" y en cada uno se acomodaban cuatro hombres, pero como yo no tenía puesto asignado, me tocó solo.

Dejé allí la tula que llevaba como equipaje y salí a buscar quién me diera arma y ropa de fatiga, pero no encontré ninguna oficina... Bueno, era que los bohíos también servían como oficinas pero no tenían ninguna distinción, de manera que lo tomé olímpicamente. Me acerqué a una y pregunté: "¿Aquí es donde dan fusiles?".

—No joda, váyase p'a la mierda.

—Otra casita: "¿Dónde dan los rifles?".

—Vaya busque.

Es la historia del ejército. A mí me la hicieron antes y tengo que desquitarme con los que vienen atrás. Entonces a uno se le van los primeros días viendo cómo se lo gozan. Sin embargo me tomé todo mi tiempo y al final conseguí un M-16, munición abundante, chaqueta antigranada, field jacket, casco, ropa, me registré en la oficina de pagos (250 dólares al mes), en la dentistería...

Estando en estas vueltas, una noche conocí a un muchacho de Ohio y hablando de todo le conté que aún no tenía ocupación fija y me dijo: "Hay dos unidades diezmadas y aunque usted no tiene entrenamiento para infantería, corre el riesgo de que pronto lo metan a la selva. Es remoto pero no imposible. El trabajo de los comandos es fuerte allá adentro... Dos meses en el

monte, sales unos días y luego otra vez: adentro. A matar amarillos o a que te maten ellos. Mira, tú debes ubicarte rápido. Yo
estuve en las 'Medevac Units', algo así como unidades paramédi-
cas de rescate de heridos y sé que ahora hay vacantes para
voluntarios. A ratos se trabaja duro, a ratos no. Como todo aquí,
pues tienen su riesgo, pero, amigo, nunca tan grande como el de la
infantería allá adentro. Ahí te matan rápido".

Al día siguiente me presenté a esa unidad pero me dijeron
que debía esperar. ¿Cuánto tiempo? Tal vez tres meses, tal vez
cuatro. Las vacantes habían sido ocupadas con rapidez. De todas
maneras fui inscrito en una lista de aspirantes.

Por este motivo regresé a mi cabaña y me dediqué a trabajar
en la trinchera que la rodeaba, con el fin de ganarme el derecho de
usarla... Es que, mire: al lado de cada casa hay un hueco para dos
personas. Del nivel del piso hacia arriba se levanta unos cuantos
centímetros a base de sacos llenos de arena y encima se cubre
también con sacos y objetos de metal, cosas resistentes, de manera
que durante el bombardeo te arrastras y te cuelas allí rápidamente. Cuando alguien se va, los que quedan agarran los sacos y el que
llega nuevo debe hacer su trabajo... Es una labor permanente
porque los costales se deterioran con las esquirlas de mortero o
por los balazos. La simple lluvia y el paso del tiempo dañan las
cosas y como la trinchera es parte de la vida, pues tú estás
cuidándola permanentemente.

Esto lo aprendí mejor veinticuatro horas después: debía ser
la una y media de la mañana. Yo acababa de dormirme porque el
día y el comienzo de la noche fueron muy calientes, y de golpe
empezaron a caer morterazos que alumbraban el campo. Eso
aterroriza, asusta mucho porque te sientes impotente. Inicialmente caen más o menos lejos y luego los impactos van barriendo el
objetivo, se van acercando, se van acercando, pero después de los
dos primeros ya estás a salvo allá abajo... con el tiempo aprendes
a calcular a qué distancia pegan y, aunque uno no se acostumbra
nunca a esa sensación de peligro, sí va tomando las cosas con un
poco de calma y entonces mete la carrera cuando ya los siente
muy cerca. En Chu Lai podía pasar un mes sin que cayera uno y
épocas durante las cuales nos mantenían quince, veinte días
continuos dándonos todas las noches sin faltar una sola.

Para estos ataques los guerrilleros del Viet Cong utilizaban un mortero de 81 milímetros fabricado en Vietnam del Norte que realmente era una copia del M-1 norteamericano. Como se trataba de un aparato muy portátil porque lo podían desarmar en tres piezas separadas para que lo transportara un solo hombre, se convirtió tal vez en el arma más popular entre los comunistas. Pero ellos usaban también un lanzacohetes portátil, el RPG-7 de fabricación soviética, pequeño, ligero y con gran "golpe". Este artefacto dispara la granada mediante percusión y cuando ella ha recorrido unos diez metros, se activa un motor que la impulsa con gran velocidad unas cinco cuadras. El proyectil es capaz de perforar una plancha de blindaje de cuarenta centímetros de gruesa.

En total permanecí inactivo cuatro días, al cabo de los cuales fui llamado a trabajar en la pista de aviación haciendo lo que me habían enseñado: tanqueo de aviones.

Allí la primera semana transcurrió normalmente tal vez por la novedad, pero el octavo día comencé a sentir un tremendo aislamiento por falta de información sobre lo que estaba sucediendo, no sólo en el mismo Vietnam sino en los Estados Unidos y eso me llevó a trabar amistad con los periodistas del mismo Cuerpo de Marines y con cuantos corresponsales de guerra llegaban de diferentes partes del mundo. En esta forma —y a partir de aquel momento— logré mantenerme más o menos al tanto de los acontecimientos.

Esto era muy importante para mí, porque justamente en enero de ese año, había subido al poder el presidente Nixon, aparentemente partidario de acabar con la guerra.

Desde luego yo no estaba esperando que de un momento a otro dijeran "nos vamos a casa ya" sino que de acuerdo con los sucesos políticos y con la presión de la opinión pública norteamericana para que el presidente pusiera fin a la intervención, pensaba que el conflicto podría hacerse cada vez menos intenso. Entonces era asunto de dejar que transcurrieran los once meses en el frente para regresar a casa.

A finales de mayo me enteré que efectivamente, Nixon estaba hablando de "la vietnamización", es decir, que los Estados Unidos irían saliendo de allí poco a poco, mientras se dejaba el peso de las acciones al ejército survietnamita.

En ese momento, millones de norteamericanos veían diariamente a través de la televisión la crueldad del conflicto. Miles de madres, padres, hermanos, hijos, parientes y amigos de los combatientes palpaban en forma real y para ellos sobrecogedora, la manera como sus seres queridos caían en el frente y eso produjo aquella tremenda corriente de opinión en contra de la guerra. Parte de la estrategia del gobierno para reducir las bajas era la "vietnamización".

Justamente dos días después de mi llegada, el 14 de mayo, había comenzado algo importante dentro de todo este ajedrez político: el ataque de "Hamburguer Hill", conocida allí como la colina 937, a una milla de la frontera con Laos.

Esa mañana, unidades del ejército vietnamita y tropas norteamericanas de la División 101 de Transporte Aéreo, asaltaron la colina. Los ataques iniciales fueron repelidos por grupos de guerrilleros Viet Cong que se hallaban atrincherados y luego vino una batalla entre los cuerpos de infantería de ambos lados. Finalmente, luego de nueve asaltos (seis días), bajo un fuego muy nutrido que ocasionó gran número de bajas, los nuestros se tomaron aquella posición... Pero sucedió algo inesperado: la abandonaron muy poco después.

En ese momento el ataque de la infantería norteamericana fue catalogado como un imperdonable error táctico, muy costoso en vidas y en esfuerzos. Según los críticos, la situación debía haberse sorteado con el uso de artillería o de los bombarderos B-52.

Para la prensa norteamericana, la manera como se abandonó esta colina después de una lucha tan salvaje, fue un ejemplo típico de la inutilidad de la guerra y de allí se agarraron los políticos y luego la opinión pública para arreciar la protesta en contra del gobierno de Nixon. La toma de "Hamburguer Hill", que fue una de las mayores operaciones durante 1969, recibió en los Estados Unidos un enorme despliegue de publicidad.

A mi manera de ver, esto aceleraba las cosas y, por primera vez, empecé a pensar en serio que sería posible regresar a casa. Yo no sé si estaba exagerando pero lo cierto es que sentí inmediatamente que las noticias comenzaban a actuar en mi estado de ánimo, generalmente indiferente aun al mismo miedo, porque mi presupuesto no contemplaba con mucha ilusión aquella posibilidad.

Tal vez por esos días recibí un par de cartas de California en las cuales, gente de la universidad de Berkeley a las que ahora me unían buenos lazos de amistad, me contaban que un debate público por "la matanza de My Lai" estaba atizando aún más la hostilidad contra la participación norteamericana en Vietnam y que el gobierno aparentemente se hallaba contra la pared.

La historia de My Lai comenzó en abril de ese mismo año cuando un veterano llamado Ronald L. Ridenhour le escribió una carta al presidente Nixon y a otros personajes del gobierno y del Congreso, en la que relataba las atrocidades cometidas por tropas de la Compañía "C", Primer Batallón, 20º de Infantería, en mayo del año anterior:

Según él, la tarde del día 16 una compañía de soldados norteamericanos llegó en helicópteros cerca a My Lai, una aldea situada en la zona de fuego y poco distante de la capital de la provincia de Quang Ngai. La mayoría de ellos eran jóvenes inexpertos que habían sido heridos por las balas o por trampas cavadas en el suelo y se encontraban desmoralizados, pero esperaban atrapar allí al Viet Cong. Sin embargo, lo que encontraron fue ancianos, mujeres y niños, y los asesinaron y después quemaron sus ranchos. La investigación iniciada esos días hablaba de la muerte de 347 personas inocentes.

Más tarde, el teniente William L. Calley Jr. fue culpado por el asesinato de un centenar de estas personas y se abrieron cargos contra otros quince oficiales, incluyendo al entonces comandante de la división, el Mayor General Samuel Koster que en ese momento ocupaba el cargo de Superintendente de la Academia Militar de West Point.

Estos resultados dejaron aturdida a la opinión pública norteamericana mientras alguien en el ejército insinuaba que se trataba de "un ardid de la prensa sensacionalista".

Pero lo que escandalizó más al país fue la decisión del ejército de retirar los cargos a los oficiales más antiguos, mientras el teniente Calley era condenado a cadena perpetua. Claro que cuando amainó el escándalo su pena fue reducida a 20 años y un poco después pasada "a revisión".

Los reportes que nos llegaban a Vietnam decían que este par de episodios y los consecuentes escándalos, estaban disminuyendo las acciones, pero la verdad es que en nuestra Base el movimiento seguía siendo igual durante las veinticuatro horas del día. Por ejemplo, la actividad nocturna de la pista continuaba demandando mucho trabajo porque siempre había aviones entrando o saliendo, a medida que las unidades de infantería pedían apoyo desde la selva. Y como esto era permanente, durante el primer mes dormía poco, así estuviera descansando en la cabaña. Pero el ruido del combate es algo a lo que uno se acostumbra tarde o temprano y llega el momento en que no le importa un pepino que tiemble o que no tiemble la tierra. Por ejemplo, en Chu Lai el ambiente estaba generalmente muy congestionado porque si no nos encontrábamos bajo el fuego del enemigo, la gente hacía polígono o nuestros mismos aviones descargaban una cantidad enorme de bombas cerca de la base.

Sucede que una vez decolaban armados, no podían aterrizar con los explosivos encima y, por tanto, los soltaban en una zona especial antes de encontrar la cabecera de la pista. Usted queda loco si mira una guerra como esa, solamente desde el punto de vista de las cifras: un Phantom F-4 —de los cuales había trescientos solamente allí— partía con 18 bombas de 340 kilos cada una, 11 bombas de "Napalm" de 150 galones cada una, 4 misiles aire-superficie o algunas veces 15 cohetes aire-superficie.

Cada una de las bombas de 340 kilos costaba en ese momento aproximadamente 15 mil dólares, o sea que estamos hablando de 270 mil dólares por vuelo, sin incluir el costo del "Napalm" —gasolina gelatinosa que al explotar impregna e incendia lo que agarra— ni de los cohetes, ni del combustible, traído de enormes distancias en buques que atracaban allí mismo.

Según cada misión, el F-4 era cargado con diferentes tipos de armas muy costosas. Muchas veces salían veinte o treinta con todo ese poder destructor y diez o quince más, equipados con seis misiles "Sparrow III" y cuatro "Sidewinder" (aire-aire) en previsión de posibles combates con aviones enemigos. Algunos llevaban ametralladoras de 20 milímetros que para aquel año habían demostrado mayor efectividad tumbando Migs soviéticos (al servicio de la Fuerza Aérea de Vietnam del Norte), que los mismos misiles.

El F-4 era utilizado por nuestro Cuerpo de Marines como bombardero y como caza a la vez, pues se desempeña maravillosamente en cualquier tipo de clima. Para la época en que estuve allí, este mismo avión ya había diezmado considerablemente a la aviación comunista y sucedían pocos combates aéreos. Entonces lo utilizaban especialmente para bombardear posiciones en tierra o como nave de reconocimiento.

En este campo el avión era impresionante. Recuerdo que estaba dotado de computadores que no solamente le facilitaban navegar y bombardear sino que determinaban automáticamente el momento de disparar las ametralladoras en todas las formas de ataque: en picada, a nivel, de noche o con mal clima. Algunos de ellos lanzaban misiles teledirigidos y bombas guiadas por rayos láser. Y no era un aparato gigantesco: sólo diecisiete metros de largo, pero con tal capacidad de destrucción que se convirtió en el héroe del aire en Vietnam (derribó 108 de los 137 Mig norvietnamitas puestos fuera de combate por la Fuerza Aérea norteamericana) y, claro, todos sentíamos cariño por él, no tanto desde el punto de vista técnico sino porque representaba algo así como nuestra seguridad más próxima.

La actividad de la Base era tan intensa que, por decir algo, decolaban ochenta, noventa vuelos diariamente en misiones de este tipo, además de cantidades de operaciones con helicópteros o con naves como el Corsario, un avión de líneas muy aerodinámicas y de los cuales allí había muchísimos. Pero, además de todo ese despliegue de cazas, permanentemente teníamos encima dos o tres B-52, unos monstruos pertenecientes al Comando Aéreo Estratégico que operaban desde la base Andersen en la isla de Guam, lejos del alcance del Viet Cong.

El "Luz de Arco" —así era su nombre en clave— es un bombardero pesado de cincuenta metros de largo. (Eso es media cuadra). Para volar utiliza ocho turbinas —el doble que un jumbo— y generalmente decolaba con 27 toneladas de bombas debajo de las alas y en un "gran estómago", acondicionado para carga adicional.

Según la misión que fuera a cumplir, afuera le acomodaban, unas veces 24 bombas de 227 kilos, y otras, el mismo número de bombas pero de 340 kilos cada una.

Entre la cantidad de cosas que posee, recuerdo un sistema por medio del cual las unidades de radar en tierra no solamente lo dirigían sobre el blanco enemigo sino que le indicaban el momento exacto para lanzar las bombas. Dentro de la tropa era famosa la campaña de 1966 cuando resultó derrotada la Novena División del Viet Cong. Esa vez los B-52 volaron con su carga máxima de explosivos en 225 misiones de apoyo y más tarde participaron en golpes como la batalla de Dak To, en la cual cumplieron la bobada de dos mil misiones.

Todas estas cosas se conversaban con frecuencia y uno iba grabando en su cabeza una especie de itinerario de la guerra así no le gustara el tema ni lo atrajeran los recuentos de la destrucción causada, pero formaba parte, digamos de una "cultura" bélica de la que no te podías escapar porque era lo que estabas viviendo día y noche. En ese sentido y especialmente al comienzo, uno sólo podía tomar referencias de las proporciones de la guerra escuchando a algunos oficiales. De lo contrario resultaba imposible imaginarse lo que estaba ocurriendo allá puesto que cada unidad se mantenía aislada del resto y, por otro lado, pues éramos soldados rasos que nos limitábamos a realizar una rutina diaria, sin acceso a alguna información oficial. Nuestra misión era cumplir órdenes.

Solamente pude imaginarme las proporciones de aquella cosa cuando supe que a finales de 1965 los B-52 habían realizado 300 misiones mensuales. Esta cantidad —que ya parece gigantesca—subió a 800 en enero de 1967 y a 1.200 durante las primeras semanas de febrero. En 1969, el año que yo llegué, operaban 1.600, un poco menos que doce meses antes, cuando se dio una batalla famosa, la de Keh Sahn (enero a marzo del 68). Allí tuvieron lugar aproximadamente 2.700 misiones mensuales. En ellas, los B-52 depositaron 110 mil toneladas, oígame bien: ciento diez mil toneladas de bombas en territorio vietnamita.

La manera de operar era característica: durante los momentos críticos de la batalla, cada media hora hacía su aparición una célula de tres bombarderos de este tipo y descargaba cerca de noventa toneladas de explosivos. En esa forma destruyeron fortines enemigos, volaron depósitos de municiones y de provisiones e inclusive lograron excavar tan profundo que acabaron con muchos kilómetros de túneles localizados cerca del perímetro de Keh Sahn. Se reportó que sólo durante un ataque sencillo de los B-52 había sido diezmado el setenta y cinco por ciento de un regimiento norvietnamita compuesto por mil ochocientos hombres.

Aquello me pareció increíble en ese momento. Sin embargo era pequeño junto a acciones como la "Linebaker II" ocurrida entre el 18 y el 29 de diciembre de 1972, (once días, descontando una tregua durante la Navidad). En ella se efectuaron 740 misiones del bombardero en un ataque masivo contra blancos en el área de Hanoy-Haiphong. Los objetivos eran líneas de ferrocarril, plantas de energía, redes de comunicación, radares de defensa aérea, puertos, embarcaciones, arsenales y las principales bases de aviones Mig de la Fuerza Aérea norvietnamita.

El enemigo respondió con todo lo que tenía: unos mil misiles tierra-aire y una cortina de fuego muy nutrida lanzada por su artillería antiaérea que logró derribar quince B-52. Para el 26 ó 27 de diciembre las defensas del enemigo estaban muy apaleadas y se les habían agotado prácticamente todos los misiles, de manera que durante los últimos dos días, los bombarderos sobrevolaban la zona "como Pedro por su casa". En esa batalla los norvietnamitas sólo pudieron reunir 32 aviones Mig, de los cuales les derribaron diez. Dos de ellos cayeron por el fuego de las ametralladoras que tienen en la cola los B-52.

Hasta 1973, sólo los aviones de la Fuerza Aérea de los Estados Unidos arrojaron en el sur del Asia, seis millones de toneladas de bombas. Eso es tres veces más de lo que cayó durante la Segunda Guerra Mundial. Allí, habían explotado dos millones de toneladas, según las estadísticas.

Tanquear aviones y helicópteros resultaba un trabajo, yo no diría agotador. Era pesado pero no agotador. En la pista lo que lo cansaba a uno era la rutina permanente, y aprender acerca de cada nave resultaba interesante porque permitía que uno se asomara a la verdadera tecnología bélica de la que seguramente había escuchado hablar en la vida civil, pero en forma elemental, fraccionada... Y allí había oportunidad de conocerla teniendo los aviones y los helicópteros en la punta de la nariz, decenas, centenares de veces al día.

Tal vez la operación más espectacular que se podía ver en algunas bases era el despegue de las fuerzas de asalto, que se transportaban con sus materiales en una flota compuesta por cincuenta o sesenta helicópteros de seis clases diferentes, de tamaños y características distintas y con los más variados armamentos.

Cuando sucedía esto, se elevaban primero los Iraquois, de tamaño mediano, llevando cada uno trece o catorce hombres que conformaban lo que se llamaba "el grupo de control" de la zona de aterrizaje que era una vanguardia cuya misión consistía en despejar de enemigos el área, o de mantenerlos alejados mientras llegaba el resto. Estos recibían el apoyo de una flotilla de "Dragones Voladores", aviones subsónicos pequeños pero muy versátiles y bien armados.

Posteriormente partían los "Chinooks", unos helicópteros gigantescos dotados con dos rotores o hélices, que transportaban hasta 44 infantes con sus equipos y armamentos y detrás de ellos

los CH-47, muy parecidos a los anteriores, pero encargados de transportar cañones livianos, ametralladoras de buen tamaño y bultos muy voluminosos con municiones de todo calibre. Esta carga nunca iba dentro sino colgando de la barriga del helicóptero con el fin de que fuera descargada en cosa de segundos, luego de lo cual abandonaban el área —en la mayoría de los casos sin siquiera tocar tierra— pues por su tamaño y por la clase de misión que cumplían, ofrecían un blanco fácil.

Durante la operación de desembarco, el "grupo de control" estaba en comunicación radial permanente con el comandante de la fuerza que sobrevolaba en un Iraquois más pequeño que los que habían transportado a la vanguardia y también con los "mosquitos", del "Equipo Rosado", compuesto por una cantidad de helicópteros marca Hughes que volaban rasantes y a gran velocidad hostigando posiciones enemigas o rastreando huellas.

Simultáneamente con los "mosquitos" partían flotillas de "Cobras", encargados de guardarles las espaldas, a la vez que los "Sky Crane" hacían lo propio llevando artillería pesada. Finalmente iban los "Bell Kiowa" cuya misión era observar visualmente el área y detectar los blancos sobre los cuales caerían más tarde hombres y helicópteros artillados.

El comandante controlaba las operaciones desde su Iraquois, equipado con una consola de radio que le permitía comunicación por tres cadenas diferentes, de manera que no había el menor riesgo de aislamiento con su tropa. En ese helicóptero se acomodaban además, un oficial del Estado Mayor, un oficial de enlace aéreo que controlaba la ayuda aérea durante los ataques y el oficial de enlace de artillería, cuyo trabajo era solicitar el apoyo necesario a las bases más cercanas. Toda una pesadilla de ruidos, viento, gritos, sudor y nubes de tierra que precisamente utilizó Francis Ford Coppola para realizar "Apocalypsis Now", la mejor película que yo he visto posteriormente sobre el Vietnam.

De todos esos helicópteros me acuerdo en particular del "Cobra", una nave mediana que cargaba dos mini ametralladoras de cuatro mil proyectiles por minuto cada una, dos lanzadores de granadas de 40 milímetros con 300 proyectiles cada uno, otra mini ametralladora y un lanzador de granadas adicionales y, por si esto fuera poco, llevaba bajo las alas entre setenta y setenta y seis cohetes de 2,75 pulgadas. Era muy veloz. Como estábamos a nivel del mar podía volar a una velocidad de 300 kilómetros por hora, llevando su cupo máximo de combustible y armamento. En la operación de Cambodia y la combinada que tuvo lugar en Laos, los "Cobras" utilizaron cohetes y ametralladoras para dispersar las formaciones enemigas e incluso para destruir tanques que operaban cobijados por la baja visibilidad que ofrecía el clima en la época de lluvias. Como tenían un magnífico acorazamiento, muchos de ellos fueron alcanzados por el fuego enemigo pero regresaban a sus bases y generalmente volvían al combate. Mire una cosa: para saber qué es esa máquina, le puedo decir que, volando a trescientos kilómetros por hora, puede pasar sobre un campo de fútbol y colocar una bala cada metro cuadrado.

Los helicópteros jugaron un papel bien importante en Vietnam porque con su movilidad permitieron afrontar una guerra de guerrillas de tantas proporciones. Yo escuchaba inicialmente la descripción de cada batalla y encontraba que las operaciones estaban llenas de imaginación, llenas de audacia desde el punto de vista táctico porque, por ejemplo, era posible trasladar las fuerzas en cosa de segundos de un lugar a otro, teniendo en cuenta que las órdenes llegaban sobre la marcha. Allí el helicóptero fue la caballería moderna y reemplazó a las columnas de carros ligeros, con la ventaja de que podían realizar un ataque fulminante y desaparecer con la misma rapidez que habían entrado en combate.

En Chu Lai abastecíamos también aviones de transporte de diferentes tipos, porque las condiciones de la guerra impusieron que la gran movilización de tropas y de todo tipo de provisiones se hicieran por el aire, en vista de que los caminos estaban trazados por la selva y esto facilitaba las emboscadas y las trampas permanentes y mortíferas del Viet Cong. Tal vez el que más conocí fue el Hércules que, si no me traiciona la memoria, podía lanzar la carga en paracaídas, volando tan alto como para ponerse fuera del alcance de las armas antiaéreas livianas. Esta carga era tirada según las instrucciones de los operadores de radares en tierra.

Cuando lo que se transportaba era muy pesado para que lo dejaran caer desde esas alturas, las tripulaciones lo colocaban al borde de la portezuela trasera que iba abierta y le colgaban una cuerda con un gancho en la punta. Así, al llegar al sitio requerido, el piloto volaba prácticamente tocando el piso y el gancho se engarzaba en una cuerda que había atravesado la infantería, de manera que la carga caía amortiguada por un paracaídas. Era una operación escalofriante porque algunas veces se realizaba bajo el fuego del enemigo.

Ese avión era tan, tan versátil, que lo utilizaban también en operaciones especiales como la de lanzar bengalas para iluminar el blanco de las naves de combate que iban a descargar sus bombas, o de las patrullas de infantería que estaban abajo, entre la selva. También eran empleados para esparcir una serie de sustancias químicas que producían barro o lluvia, o rociaban herbicidas para quemar la jungla y millares de hectáreas de arroz que se presumía, servían de abastecimiento al Viet Cong. Pero, además de todo, decolaban llenos de combustible, se elevaban a alturas considerables y allí, en pleno vuelo, reabastecían a los aviones de combate que habían partido de sus bases bien cargados de armamento pero con poca gasolina, porque las condiciones de calor y humedad del Vietnam limitaban mucho su operación.

El tiempo corría lentamente pero en cambio los sucesos que determinaban el futuro de la guerra, sucedían ahora con más dinamismo que antes de venirme. El 8 de junio Radio Hanoi informó que Nixon se había reunido con el presidente de Vietnam del Sur en la isla Midway y allí dijo que estaban siendo retirados veinticinco mil soldados norteamericanos. Más tarde, el 16 de septiembre, anunció la salida de otros treinta y cinco mil de Vietnam y seis mil con base en Tailandia, de los cuales la mayoría eran aviadores que debían pertenecer a tripulaciones de bombarderos estratégicos.

No sé si sería por causa de mi ansiedad o porque allí había tanta gente —550 mil efectivos norteamericanos cuando llegué en mayo— pero me costaba trabajo creer lo que escuchaba puesto que en Chu Lai, más bien parecía intensificarse la guerra.

Durante un largo período de tiempo dejé de recibir correspondencia de California y a mi vez escribí poco. No sabía qué sucedía con mi familia pues nunca les avisé que venía para Vietnam con el fin de evitarle molestias a mamá y recuerdo que pasaron varias semanas durante las cuales me asaltó una especie de apatía por los sucesos políticos en torno a la guerra. Eso creo que me sirvió porque olvidé el calendario.

En tanto, los aviones y helicópteros parecían estar jugando permanentemente con el enemigo, a "quién se esconde mejor y cuál encuentra primero al otro". Los comunistas poseían buenas defensas contra el espionaje aéreo que se realizaba mediante cámaras y radares ubicados en nuestras naves y por eso, muy temprano en la guerra, empezaron a hacer sus acercamientos, a montar emboscadas y a trasladar provisiones durante la noche. Esto condujo a la utilización de equipos sofisticados para la vigilancia.

Por ejemplo, llegaron los "censores" que fueron instalados en naves de reconocimiento y búsqueda. Uno de ellos era el detector infrarrojo, un aparato capaz de localizar allá abajo fuentes de calor, es decir hogueras, fogatas pequeñas cerca de sus madrigueras y aun incendios provocados por el mismo Viet Cong como señuelo de las tropas norteamericanas. Una vez localizado el foco, una película —también infrarroja— grababa variaciones de calor como las causadas por un convoy de camiones. Esto se complementaba con cámaras de televisión especiales para ver a bajos niveles de luz y con intensificadores de imagen, pero el invento más curioso de todos era el olfateador de personas que reaccionaba por el olor del cuerpo humano. Con su ayuda fueron localizados centenares de pequeños grupos guerrilleros mientras se desplazaban en la selva.

Todos estos equipos, más los sistemas que los hacían funcionar fueron montados en un programa llamado "Iglú Blanco" que costó alrededor de mil setecientos millones de dólares entre 1966 y 1971. A mí me tocó cuando estaba en su furor.

Dentro de todo ese andamiaje, el instrumento principal para la vigilancia del enemigo era un tubo de 90 centímetros de largo con forma de cohete, (el "Adsid"), que lanzaban desde el F-4. El aparato caía con una violencia única y al llegar abajo se enterraba totalmente entre el barro de la selva, y por tanto lo único que sobresalía era una antena pequeña perdida entre el follaje y comenzaba a enviar señales continuas durante un mes y medio, tiempo que duraban sus baterías.

Como el aparato registraba cualquier vibración en el piso dentro de un radio más o menos amplio, se comenzaron a detectar rápidamente movimientos de vehículos, gente llevando cargamentos y almacenándolos cerca, o movimientos de columnas con bastante personal.

El "Adsid" transmitía sus señales a un avión que volaba permanentemente. Este las pasaba a otra aeronave que se encontraba aún más alta y de allí la retransmitían al Centro de Infiltración y Vigilancia —ubicado a bastante distancia del área de operaciones— donde era analizada por un computador que suministraba, en cosa de minutos, información clave para coordinar los ataques aéreos.

Había también aeroplanos dirigidos mediante un sistema de control remoto —desde tierra o desde el aire— en los cuales acomodaban cámaras fotográficas y equipos de televisión que transmitían continuamente sus informaciones a aviones operando a grandes distancias de ellos. Digamos que el radio de acción de estos aparatos era, máximo 240 kilómetros. Las grabaciones y las fotografías se tomaban a bajas alturas, (unos mil quinientos pies) y el avión que recibía la señal estaba encumbrado a cincuenta mil, mucho más alto que un jet de pasajeros convencional, (éstos vuelan a treinta mil). Los datos pasaban de allí al mismo Centro de Infiltración y Vigilancia.

Pero además de todo, la selva estaba sembrada con centenares de radares pequeños, ocultos y bien camuflados que podían identificar vehículos a una distancia de diez kilómetros y personas a cinco kilómetros. Un operador ubicado a cierta distancia, interpretaba la información emitida y podía señalar blancos de artillería con márgenes de error que nunca pasaban de quince metros.

Generalmente las patrullas de infantería llevaban una lente especial, capaz de detectar al enemigo a un kilómetro de distancia en plena selva y de noche, gracias a un dispositivo que intensificaba la luz cuarenta mil veces. También equiparon miles de fusiles con miras que le daban al soldado la posibilidad de ver en la noche a una distancia de cuatrocientos metros (un poco más de cuatro cuadras).

Oigame bien: es que esta guerra vista desde el punto de la tecnología era de locos, porque para donde uno mirara, veía cosas nuevas, unas aparentemente absurdas pero la mayoría realmente inconcebibles hasta ese momento.

Como era "de bola a bola", al principio utilizaron helicópteros dotados con reflectores y equipos infrarrojos para patrullar en las noches, pero no dieron resultado por el ruido de sus motores. Entonces por encargo de la Fuerza Aérea, la fábrica Lockheed inventó y construyó un avión de reconocimiento, (el YO-3A), que era prácticamente silencioso. Los estrategas decían que volando a sólo 400 pies de altura (unos 120 metros sobre la tierra), no hacía más ruido que las hojas secas de los árboles cuando había viento. Yo lo vi volar y era increíble: totalmente silencioso después de despegar.

Bueno, pero volviendo al hilo de la historia, a comienzos de diciembre recibí la orden de presentarme en el comando de las "Medevac Units", aquellos cuerpos de rescate de heridos cuya solicitud había olvidado por completo y el día nueve ingresé a uno de los equipos que operaba entre la base y el campo de batalla. Con las primeras instrucciones pude darme cuenta que el trabajo era aparentemente sencillo aunque con riesgo, pero eso no me importó. En aquel momento continuaba desconectado del mundo exterior, había suspendido el diario, no hablaba con periodistas ni corresponsales de guerra y el deseo por conservarme vivo mientras se cumplían los once meses del servicio en el frente, parecía haberse perdido en medio de la rutina de la pista.

Para entonces y contando desde 1962, las unidades de rescate habían sacado de la selva 373 mil soldados heridos, cifra aterradora que dejaba ver, desde un ángulo diferente, las dimensiones de esa guerra.

Según los instructores, la proporción de muertes por armas pequeñas era cerca de un 32 por ciento más grande que en la Segunda Guerra Mundial y 33 por ciento mayor que en la de Corea. Esto lo atribuían, principalmente a la aparición del AK-47 soviético, un fusil ligero cuyo proyectil alcanzaba velocidades impresionantes, dejando grandes heridas de entrada y de salida con daños severos en los músculos y en las venas por donde pasaba.

Según nos lo advirtieron, el otro tipo de heridas que íbamos a hallar con más frecuencia eran aquellas producidas por minas y trampas explosivas, con frecuencia grandes y sucias ya que normalmente la víctima se encontraba cerca del artefacto cuando hacía explosión.

Nuestra misión consistía en rescatar a los heridos y trasladarlos inmediatamente a hospitales en zonas de retaguardia donde eran atendidos por equipos de personal médico y paramédico, pero se encontraban casos en los cuales las lesiones eran tan graves que se ordenaba su evacuación a bordo de los aviones de la Fuerza Aérea que mantenían un puente continuo con Norteamérica. En estos casos, los instructores se mostraban orgullosos porque decían que dentro de aquellos que alcanzaban a llegar con vida a los hospitales en los Estados Unidos, se salvaban noventa y siete de cada cien, mucho más que durante la Segunda Guerra Mundial.

Ellos atribuían el éxito a la utilización del helicóptero, que en adelante sería la principal herramienta en mi trabajo, porque en él eran rescatados prácticamente todos los heridos. En Vietnam yo nunca vi aquellas imágenes del cine en que los camilleros van corriendo grandes trechos para auxiliar a un soldado caído. No. Allí llegábamos, muchas veces sin haberse acabado el combate y el helicóptero aterrizaba cerca del enfermo, de manera que la evacuación se realizaba en cosa de segundos porque sabíamos que una vida puede perderse con la misma rapidez. En esos casos esperábamos las instrucciones del comandante de la nave y si la situación no era muy clara abajo, saltábamos dos, disparando el M-16 para proteger el helicóptero, mientras los otros dos acomodaban al herido en la máquina.

Allí cada división tenía un batallón médico que contaba con
helicópteros-ambulancia en los que podíamos acomodar hasta
seis pacientes, pero cuando no era posible aterrizar en la zona, nos
avisaban por radio y decolábamos en helicópteros grúa, dotados
de un cable que penetraba por entre los árboles sin enredarse con
las ramas. Abajo ataban técnicamente al soldado y partíamos con
él izado hasta el primer punto descubierto, donde se realizaba una
operación para meterlo dentro. Durante estos rescates el helicóptero se mantenía en vuelo estacionario, convirtiéndose, desde
luego, en un blanco fácil para el enemigo. El año anterior a mi
llegada habían sido derribados 35 y en éste llevábamos 39.

Cuando había más de un hombre esperando ayuda, o en caso
de no haber terminado el enfrentamiento, partíamos en helicópteros Bell "Dust Off" y aterrizábamos en sitios que habían sido
despejados previamente con explosivos y sierras eléctricas o de
gasolina y la operación era un poco más complicada porque
siempre quedaban troncos de árboles y en general obstáculos no
siempre visibles que podían perforar el fuselaje. La tripulación
constaba de dos pilotos, un oficial de vuelo y cuatro de nosotros
más un auxiliar de medicina que proporcionaba tratamiento de
emergencia durante el vuelo. Esa era generalmente mi labor.

En Vietnam, los helicópteros cambiaron mucho los sistemas
de atención médica de urgencia porque como la evacuación era
tan rápida, los hospitales ya no tenían que ser tan móviles y todo
eso ayudaba a salvar vidas de gente muy joven. Es que allá fueron
a luchar, yo diría que niños.

En las "Medevac Units", generalmente el trabajo era fácil.
Creo que los dos meses que permanecí en ese grupo, pasé la mayor
parte del tiempo jugando cartas y esperando las llamadas de
emergencia y me sorprendió el final del año cuando parecía haber
perdido casi por completo la noción del tiempo. Por allá el 24 de
enero volví a tener algún contacto con las cifras de la guerra pues
se nos informó que la evacuación de tropas avanzaba.

En ese momento quedaban todavía en Vietnam 474 mil
soldados norteamericanos, es decir, 76 mil menos que cuando
llegué, pero al día siguiente dijeron que el presidente Nixon había

anunciado la salida de cincuenta mil hombres más, en abril. Yo tenía que ser uno de ellos porque el 15 de ese mes cumplía mi tiempo de servicio y el solo hecho de ver que había pasado lo más difícil acompañado por la suerte, me hizo renacer la idea del regreso. En ese momento se estaba dando a conocer el balance de 1969 y las cifras eran atortolantes: 9.249 soldados norteamericanos muertos, 70 mil heridos y 112 desaparecidos, contra 132 mil comunistas dados de baja.

Se calcula que los norvietnamitas tenían un pie de fuerza de 365 mil hombres, de los cuales 50 mil eran guerrilleros Viet Cong.

Pues bien. En el nuevo trabajo, rutinariamente recogíamos infantes con heridas de fusil, algunos en muy mal estado por las minas y las trampas, pero no recuerdo haberme impresionado con ninguno más de lo normal. Sin embargo, ya sobre mediados de febrero y cuando sentía cerca el mes de abril, me sacudió la evacuación de un muchacho con el vientre abierto. En el momento de recogerlo, sus compañeros ya le habían inyectado morfina para el dolor y estaba muy callado, con la mirada perdida y las dos manos sobre el estómago. Estaba "zombie", como decíamos allá... Pero se le salían porciones de intestino por entre los dedos y él se daba cuenta de lo que sucedía.

Ya había visto algo similar y me sorprendió sentir que esta vez la presencia de la sangre me estaba sacudiendo. No obstante, cuando lo descargamos en la pista olvidé el asunto y no volví a pensar más en ello, porque las cosas sucedían tan rápido que no había tiempo de pensar en nada. Es que todo pasaba como un "flash": estábamos jugando cartas, llamaban, recogíamos al herido y a los diez minutos nos encontrábamos otra vez allí sentados jugando a las cartas y si llegaba a recordar algo, me decía: ¿Eso lo soñé? O sucedió de verdad... Y continuaba.

Hasta ese momento creía haber manejado la cabeza bien, pero un día me desperté y dije inconscientemente: "¡Quince!". Efectivamente era 15... de febrero y yo lo estaba asociando con el 15 de abril. Lo cierto es que me vestí y una hora después estaba en mi puesto, fresco, listo para trabajar, pero cuando dijeron "al helicóptero", sentí miedo y eso no me había sucedido ni cuando nos bajaron, lo que se dice, bajados a plomo.

En esa oportunidad hacíamos aproximación para descender y rescatar a alguien, cuando de pronto el rotor empezó a perder potencia y el helicóptero a menearse y a bajar y a bajar hasta que caímos entre el barro de un pequeño arrozal, distante del punto protegido sobre el que teníamos que caer. Una vez en el suelo escuchamos un tableteo nutrido y tomamos posiciones de defensa mientras el piloto pedía otro helicóptero. Dijeron que sí y procedimos a incendiar el nuestro porque el área estaba plagada de guerrilleros. Al cabo de pocos minutos vinieron dos por nosotros: un Iraquois artillado y otro de transporte.

Antes y después de esto, recuerdo que regresábamos y generalmente contábamos los huecos de bala en el fuselaje del aparato sin darles mayor importancia. Pero ahora sentía miedo. Cuando llegamos al área rescatamos un infante con una pierna quemada por la explosión de una mina. Era una herida fea. Lo encaramamos y durante el viaje de regreso ya lo que experimentaba no era miedo sino pánico, acompañado de náuseas. No tenía malaria, no sufría de nada físico, no conocía el mareo durante el vuelo, ¿qué era? Esa noche encontré la explicación fácilmente: el almanaque me había trastornado. Una cosa era estar allí al comienzo del servicio, pensando que tal vez iba a ocurrir algo y otra diferente cuando se sabía que faltaban sesenta miserables días y que sería muy cruel caer en ese momento, cuando ya uno tenía un pie en los Estados Unidos.

Al día siguiente visité al médico y sin haberle confesado nada me dijo: "Hombre, usted ya lleva un tiempo prudencial aquí y lo que lo está afectando es el amor a la vida. Eso le pasa a mucha gente al final y es explicable".

Me dio una recomendación y fui trasladado a la columna de transportes a donde llegué como veterano. Con esto quiero decir que era tranquilo, no jodía a nadie, nadie se metía conmigo y estaba familiarizado con esa nueva "disciplina" de la guerra. Como los demás, algunas veces me afeitaba, otras permanecía barbado y mechudo y no se hablaba del asunto porque eso era natural en grupos como aquel con gente dura que había estado entre el monte varios meses y a quienes ya no les importaba nada que no fuera el regreso. En las bases los oficiales se cuidaban mucho de abusar de la gente porque en cualquier momento les tocaba salir con la tropa a campo abierto y ahí les podían pegar un balazo. Eso era famoso allá.

Pero un día llegó un teniente nuevecito, recién desempacado, afeitadito, oliendo a loción, con su cuello almidonado. Yo estaba en una oficina revisando algún papel y tenía una lata de cerveza en la mano. Cuando él entró tal vez se sintió aún en la academia y aunque le respondimos el saludo, nadie interrumpió su labor: seguramente esperaba ver una columna bien cuadrada diciendo: "Señor: ¡Sí señor!" y al verse ignorado gritó:

—Todo el mundo al frente. Pasen a saludar al oficial..., ante lo cual yo dije con toda naturalidad,

—Mi teniente, estamos ocupados ahora, y seguí escribiendo pero sentí que él se vino hasta la mesa y me gritó, ordenándome que me cuadrara y lo saludara. Le dije: "No me grite y no joda más que estoy ocupado" y continué escribiendo. Pero él se acomodó y me pegó un berrido en la cara y yo saqué la mano, le acomodé un golpe y vi que trastabillaba. Luego tropezó contra un asiento, rodó la gorra... Bueno.

Nunca había tenido ese temperamento pero ahí se me salieron cosas que tal vez llevaba guardadas y prendí en ira mientras escuchaba que él decía: "Podía llevármelo ya para los talleres y volverlo mierda a golpes, pero no. Me voy a cagar en usted: le voy a meter una Corte Marcial".

Me detuvieron, perdí los dos ascensos que había conseguido y para evitar la Corte acepté culpabilidad. Entonces fui trasladado a la cárcel que era una serie de carpas dentro de un área cerrada con alambre de púas en la que no reinaba una disciplina para delincuentes sino más bien cierta camaradería.

Yo sabía que me quedaba menos de un mes de servicio y tomé las cosas como había que tomarlas a esa altura: "En la cárcel voy a estar seguro, allá no hay combates, ni carros llenos de gasolina que pueden explotar de un momento a otro por un morterazo, ni me van a sacar para mandarme a echar plomo a la selva. Entonces es buena suerte estar allá guardado", me dije y afronté la detención.

Durante el día, el castigo consistía en cumplir con una serie de trabajos forzados, duros y sucios (recoger la porquería de los tanques-letrinas y depositarla en huecos en la playa) y de noche permanecer encerrado.

Cuando no había mierda para recoger teníamos que llenar bolsas con arena para las trincheras de todo el mundo o nos llevaban a la playa a rastrillar la arena durante tres o cuatro horas bajo un sol espectacular. La arena quedaba muy linda pero cada minuto subía el mar y borraba la obra de arte y nosotros debíamos repetir la rutina hasta que nos veían agotados y nos ponían otra labor. Se trataba de jodernos pero como ya me quedaban trece días, doce, once, diez, nueve... Me reía del castigo y me reía de cada historia que escuchaba por las noches. Conmigo estaba detenido el que le pegó a otro oficial, el que le había metido una granada debajo de la cama a un sargento, el que rehusaba pelear porque acababa de convertirse a una religión especial, el poeta que había abandonado el fusil porque perdía tiempo "para tañir la lira frente a la epopeya", otro que de día se hacía el esquizofrénico pero no había podido convencer al siquiatra... Una manada de locos deliciosos, gente diferente al resto.

El 15 de abril salí de allí. Estaba vivo, iba de regreso a California y no lo podía creer: yo era uno de los cincuenta mil hombres que había prometido evacuar el gobierno ese mes. Antes de zarpar, en el muelle una banda naval tocó la despedida clásica: "My beautiful balloon" y sentí una emoción enorme. Luego partimos.

Diecisiete días más tarde llegué a San Diego, me dieron la baja y luego la visa de residente. Por fin la había conseguido. Por fin era un habitante legal en este país, por fin tenía derechos claros y definidos y, además, podía quedarme a estudiar y a vivir aquí el resto de mi vida.

Cita en Tijuana

Cuando cruzó la puerta me pareció una mujer elegante. Es rubia, de mediana estatura y aunque no vestía ropa de la Quinta Avenida, lucía aquello que las señoras bogotanas llaman "porte".

Debían ser las once de la mañana, hora en que Ana, el cocinero y el encargado de la despensa disponen los últimos detalles antes de comenzar a atender al público. Yo estaba tras la barra buscando un vaso para llenarlo con limonada pero cuando se dio cuenta que la observaba, se acercó y me preguntó por Rubén. Le dije que regresaría en media hora y mientras lo esperaba se dedicó a mirar detenidamente la serie de fotografías de Félix Tisnés que adornan las paredes del restaurante.

—Son muy buenas, comentó.

—¿Fotógrafa?

—No. Negocié un tiempo con algo similar.

—¿Aquí?

—No.

—Pero... ¿Conoce esos sitios en Colombia?

—Algunos.

Tomó asiento en una mesa distante, Ana se acercó a atenderla y después de un saludo caluroso, vino a servirle un café y me miró sonriente:

—A ver, sicólogo: ¿Cómo es ésta?

—Déjame ver... de pocas palabras, apacible, introvertida, dominante, tal vez separada de su esposo, honrada...

—¿De qué parte?

—Antioqueña, indocumentada.

Le llevó una gran taza de café con crema y como aparentemente la había atendido antes, se quedó hablando con ella varios minutos, al cabo de los cuales regresó y mientras abría un cartón de cigarrillos, movió la cabeza hacia los lados y desembuchó:

—No es de pocas palabras sino desconfiada. Impresionantemente desconfiada. ¿Apacible?, sí. ¿Introvertida? Hhh, yo creo que más bien poco sociable. ¿Dominante?, no. Digamos, con personalidad. ¿Antioqueña?, sí. Y además indocumentada. Correcto. ¿Separada?, ja, ja: ¡Recién casada!... ¿Honrada?, creo que sí... y fumadora: me pidió una caja de Winston.

—¿Nueva York?

—No. Miami y Los Angeles, pero dentro de dos días regresa del todo a Colombia. Lo demás lo tienes que averiguar tú. Me parece que puede ser una buena historia.

Era el dos de diciembre de 1988, un viernes. Rubén llegó tan puntualmente como siempre y luego de darle la bienvenida me la presentó: se llamaba Astrid, vino a Nueva York prácticamente en luna de miel y en ese momento regresaba del aeropuerto de despedir a su esposo que había viajado a Miami: un adiós lacrimógeno porque los esperaban ocho meses de separación.

Rubén los conocía por referencias y habló con ellos varias veces durante su viaje a Nueva York, porque venían o lo llamaban frecuentemente para consultarle acerca de algunos secretos de la ciudad: zonas comerciales donde se pudiera comprar más barato, líneas del "subway", determinados sitios para conocer y en esta forma nació cierta amistad, detrás de la cual esa mañana afloraron pequeñas intimidades que aparentemente ella quería confiarle, y por tanto anuncié que me retiraba.

—Quédese. Usted es amigo de Rubén y eso me basta, dijo secamente y continuó hablando.

Le preocupaba saber si la ley de amnistía para los indocumentados sería efectiva, pues de eso dependía que Alfredo, su esposo, consiguiera visa de residente. Ambos habían entrado por "el hueco" hacía algo más de tres años jugándose una aventura cinematográfica y esa visa parecía determinar buena parte de su futuro.

—Y, ¿qué piensa Alfredo?, preguntó Rubén.

—Hoy parecía no pensar nada. Lo dejé nervioso y muy golpeado por mi viaje. Creo que se nos olvidó vivir solos.

Alfredo es un hombre de treinta y uno, dos años menor que ella. Cuando se conocieron en Medellín, en abril de 1985, él le habló de los Estados Unidos. Había permanecido cuatro años en la Florida en plan de estudiante de inglés, pero llegó un diciembre y resolvió volver para saludar a sus padres, a sabiendas de que no podría regresar libremente por falta de visa. De todas maneras —pensó—, me cuelo por "el hueco" y sigo viviendo aquí.

En marzo probó cruzar de México a California. Caminó siete horas a través de una montaña, quedándose rezagado del grupo en que marchaba y en las proximidades de San Isidro uno de los "coyotes" —guías mexicanos— lo auxilió. Avanzaron penosamente a causa de su gordura pero sobre las tres de la mañana, cuando estaban a punto de reunirse con los demás, cayó en manos de la policía. Cinco días más tarde fue deportado a Colombia.

Astrid le hizo repetir la historia con pelos y señales una y otra vez porque la apasionaba. Es que ella siempre había soñado no solamente con los Estados Unidos sino con una vida de aventuras, acaso como respuesta a su soledad. En ese momento estaba bien acomodada en un cargo oficial, poseía un auto y un pequeño apartamento alquilado, donde por fin logró reunirse con su madre en forma estable. Pero le faltaban aún muchas cosas: tal vez un compañero, el calor de una familia... Cuando cumplió un año quedó huérfana de padre y un tiempo después su madre contrajo matrimonio por tercera vez. Entonces la envió a un internado en Bogotá y comenzó una vida nómada, solitaria, aislada, procurándose lo que necesitaba sin mayor ayuda. Ese mes de abril de 1985 había estudiado tres semestres en la escuela de delineantes de arquitectura, un curso de inglés y secretariado bilingüe y finalmente se graduó en hotelería y turismo: gama de profesiones disímiles y una búsqueda insatisfecha que tal vez correspondía a la trashumancia que en ese momento marcaba treinta años de su vida.

Desde un principio la impresionó la nobleza de Alfredo y empezó a acostumbrarse a su trato amable, a su sentido del humor y terminaron por gustarse.

El mismo día que él le contó su aventura, ella le confesó que también había soñado con viajar desde hacía varios años. Primero solicitó dos veces la visa de turista pero se la negaron. Y después escuchó hablar de "el hueco", pero "nunca tuve un apoyo moral para medírmele a ese riesgo, nunca tuve una compañía, alguien que me empujara y a mí me daba temor hacerlo sola. El me escuchó y dijo que nos fuéramos. Si teníamos una sola salchicha la partiríamos para los dos, si sólo había un pan sería para ambos y eso me gustó. Era como sentir realizado algo que se me había metido en la cabeza y si se me había metido ahí, tarde o temprano lo iba a hacer. Así soy yo".

Al día siguiente la situación parecía haber cambiado un tanto. Ahora Alfredo era quien se sentía temeroso por su experiencia del mes anterior en San Isidro y Astrid se hallaba a la ofensiva:

—Mira, pero si yo no siento temor, ¿por qué te va a dar miedo a ti? —le dijo—. Ya acordamos ser uno solo, entonces démosle adelante. ¿Sabes qué voy a hacer esta misma noche? Visitar a unos amigos y pedirles que me den una buena conexión con "el hueco". Y hecho. El asunto está en que la conexión sea seria. Nada más.

"Ahí —dice— sentí por primera vez que Alfredo... funcionaba con un ritmo vital más lento que el mío (por decirlo de alguna manera) y había que empujarlo. Entonces comprendí que en adelante yo era quien debía tomar buena parte de las decisiones. Pero eso no me parecía un defecto. Era una manera de ser. En cambio él tenía cosas extraordinarias. Por ejemplo, esos días pude conocer a parte de su familia, una linda familia, una familia unida y empecé a ver que encontraba en ella el calor que yo nunca había tenido y eso empezó a llenar un vacío enorme en mi vida. En ese momento vi que entraba a una familia y, mire una cosa: yo en treinta años era la primera vez que sabía lo que significaba eso, porque nunca conocí la de mi padre. Y por parte de mi madre hemos sido... muy independientes: tres hermanos de tres matrimonios diferentes que no se ven casi nunca. Al conocer la familia de Alfredo supe que eso me había hecho mucha falta y me sentí feliz. Así comencé a atarme a él desde el primer momento".

La mañana siguiente lo llamó temprano y le contó que tenía la dirección de una agencia de turismo que se encargaba del paso y a la hora del almuerzo fueron para inscribirse. Quedaron en que los llamarían tan pronto se formara un grupo. Eso ocurrió antes de que terminara la semana: el lunes siguiente debían acudir a una reunión preparatoria en la misma agencia.

"En aquella oportunidad éramos pocos: el gerente de la agencia, una 'vendedora', Alfredo, una muchacha que también quería pasar y yo.

"Nos informaron que aparte de pasajes a México, costo de hoteles y gastos personales durante el viaje —que correrían por nuestra cuenta— debíamos pagar 650 dólares por el paso de la frontera. El destino era Santa Ana, California.

"También teníamos que comprar, en la misma agencia, un pasaje Bogotá-México-Bogotá. Cuando llegáramos a México, las instrucciones eran devolver el cupón de regreso y la agencia reconocería treinta y cinco por ciento del valor, una vez que algún familiar lo presentara.

"De allí debíamos remitir también a Colombia cédulas de ciudadanía, libretas de teléfonos locales y, en general, cuanto pudiera señalarnos como colombianos y luego teníamos que revisar muy bien las pocas ropas que lleváramos para quitarle marquillas y señales que pudieran indicar que habían sido adquiridas en Colombia. Se trataba de sortear cualquier problema diciendo que éramos mexicanos, porque para ellos hay un tratamiento diferente en la frontera.

"Algunos días después tuvo lugar otra reunión en la cual nos presentaron a nuestra conexión. Era una mexicana casada con antioqueño llamada Chabela y según dijo, vivía en Los Angeles pero nos iba a recibir en Tijuana.

"En ese momento ya éramos un grupo de diecisiete personas: tres mujeres y los demás hombres. Como pareja viajábamos nosotros y otra más. No había niños. Era gente de clase social muy baja pero la otra parejita y dos hombres más correspondían a la clase media. Nos dimos cuenta —porque no todos traban amistad con uno— que algunos ya habían vivido varios años en los Estados Unidos y fueron deportados. Es decir, la pareja y un hombre delgado, de unos treinta años, que anteriormente había alineado en la reserva del Cúcuta Deportivo. Ellos se veían diferentes al resto.

"En esa reunión nos hablaron de los riesgos que podían presentarse y la manera de sortearlos. Comenzaron por la llegada a México donde nos apartarían en una cola especial por ser colombianos. Era posible que allí la policía preguntara cuánto dinero llevábamos. Teníamos que decirles una cifra muy inferior a la real. Posteriormente a lo mejor exigirían dinero para dejarnos ingresar al país y se trataba de negociar, pero invariablemente era necesario darles algo o de lo contrario se correría el peligro de que nos hicieran cargos por coca, o nos cargaran con ella, ante lo cual seríamos apresados y seguramente condenados.

"Al abandonar el aeropuerto —dijo Chabela— el taxista puede estar en contacto con la policía para continuar pidiendo dinero. Hay que tener cuidado porque algunas veces los colombianos son interceptados en el trayecto que hay entre el aeropuerto y la ciudad". En ese momento nos dio los nombres de tres hoteles en Ciudad de México, con la advertencia de que cuando estuviéramos instalados en la habitación, podía llegar la policía con cualquier pretexto. En caso de ser así, había que darles 'lana'.

—Y, ¿qué es lana?, preguntó alguien.

—Qué oportuno, respondió Chabela. "Lana" es dinero. Cuando se dirijan a alguna autoridad mexicana deben tener en cuenta esa palabra.

"Pero además, teníamos que llevar la mínima ropa, algo así como una muda guardada en un maletín que posiblemente habría que abandonar antes de cruzar la frontera y como cosa especial, prendas de color negro para utilizar durante la noche de la travesía con el fin de mimetizarnos en caso de emergencia.

"Cada uno señaló la fecha en que podía viajar —alrededor del 9 de junio— y quedamos de reportarnos en Tijuana. Allí la organización reunía personas de diferentes nacionalidades y de acuerdo con la cantidad de los que fueran llegando, ellos iban despachando grupos a través de la frontera.

"Finalmente nos explicaron que al llegar al aeropuerto de Tijuana era necesario meter doscientos dólares entre el pasaporte antes de presentárselo a la autoridad. Según el gerente, así podríamos abrir las puertas de la zona fronteriza sin siquiera mover la boca. Esto es muy importante, subrayó repitiendo la cifra:

—Dos-cien-tos verdes.

"Para terminar, nos entregaron el nombre de un hotel allí mismo en Tijuana, un número telefónico en Los Angeles y una clave que sería la misma que tendría que dar quien tocara a nuestra puerta antes de que le abriéramos: "Chabela 85". Si esa no era la respuesta, no podíamos atender a nadie. Ah: dijeron también que cuando estuviéramos instalados, debíamos hacer desaparecer el pasaporte colombiano.

—¿Qué hacemos con él?, preguntó una mujer.

—No sé. Pueden quemarlo o romperlo, o si lo prefieren, métanlo al correo y se lo envían a algún familiar en Colombia. De todas maneras, de Tijuana en adelante no les servirá de nada porque ustedes no llevan visa para los Estados Unidos, contestó Chabela.

"Inmediatamente después de la reunión nos dedicamos a organizar hasta los más pequeños detalles, pero hicimos todo lo contrario de como nos lo habían propuesto. Creíamos ser diferentes al resto y resolvimos viajar como un par de recién casados para evitar tantos riesgos. Luego definimos la fecha de partida. Yo había logrado reunir —aparte de lo del pasaje a México— tres mil quinientos dólares, pues vendí ropa, muebles y el automóvil. Alfredo contaba con algo más de tres mil.

"Lo primero fue tomar un vuelo diferente. La mayoría viajó el día 9 y nosotros el 13. En lugar de maletín llevamos una maleta grandísima en la cual acomodamos toda clase de ropa vieja que podía ser tirada a la basura en el momento indicado. Después la ropa con que íbamos a atravesar la frontera. Encima de ésta desplegué con cuidado parte de mi 'ajuar', o sea algunas prendas interiores finas y más encima, para que se vieran bien, un par de pequeños muñequitos arrancados de un ponqué de boda.

"El día de partir, un viernes a las diez de la mañana, nos vestimos lo más elegantemente posible y en Ciudad de México contestamos el interrogatorio en inmigración y luego nos dirigimos a un hotel de cuatro estrellas (cincuenta y cinco dólares diarios), que desde luego no figuraba en la lista de Chabela.

"Esa misma tarde intentamos reservar cupos aéreos y habitaciones en Tijuana pero coincidimos con la temporada alta y no había una sola silla de avión libre hasta ocho días después, pero averiguando en las compañías de turismo encontramos una serie de planes que encajaban perfectamente dentro de nuestra situación. Uno de ellos era un paquete turístico para viajar a Cancún o Ixtapan —dos puertos turísticos de moda— y como costaba ciento cincuenta dólares por cabeza, incluyendo pasajes, hotel y desayuno durante cinco días y cinco noches, lo tomamos para Ixtapan. (Aquello era más barato que permanecer en la capital y tenía el atrayente de podernos broncear bien y así llegar a Tijuana con verdadero aspecto de turistas).

"Seis días después regresamos bronceados, con gafas oscuras y tomamos sin pérdida de tiempo nuestra conexión a Tijuana. En el avión era fácil distinguir aquellos que se disponían a pasar a los Estados Unidos, no solamente por su equipaje (un pequeño maletín), sino por su ropa y su aspecto de latinos.

"Llegamos allí sobre las tres de la tarde e inmediatamente bajamos del avión un guardia preguntaba la nacionalidad y posteriormente ordenaba dos filas: una para norteamericanos y otra para el resto. Yo descendí detrás de unos gringos y estuve a punto de presentarme como norteamericana pero como Alfredo se fue por otra línea, dije, 'no me arriesgo'. Además íbamos juntos y debíamos realizar cada paso juntos.

"Bueno, pues todo marchó bien hasta cuando respondí 'colombiana'. En ese momento el guardia abrió los ojos y me hizo pasar a una fila especial. Adentro nos debíamos enfrentar a las autoridades de migración.

"Confiado en la apariencia que nos daban la maleta y la piel bronceada, Alfredo dijo que no metiéramos los doscientos dólares entre cada pasaporte porque le parecía una suma muy alta. Yo no estaba muy de acuerdo pero hice lo que él dijo y, claro, cuando el guardia abrió el mío y no encontró nada, me hicieron entrar en un cuartico.

—¿Usted qué viene a hacer en Tijuana?, preguntó un tipo y yo le expliqué lo de la luna de miel.

—¿Luna de miel? Y eso dónde va a ser, dijo con cara de sorna.

—En Rosarito. Pensamos permanecer dos días y regresar, contesté, y entonces averiguó por mi esposo. Salimos a la puerta, lo señalé en la banda de equipajes esperando nuestra maleta y mandaron a dos detectives por él. (Después supe que los hombres le dijeron que yo ya había "cantado" lo del paso por el hueco).

"Alfredo se rebotó y dijo el cuento que habíamos acordado pero de todas maneras nos requisaron minuciosamente. A mí una mujer policía me hizo desnudar para revisarme de pies a cabeza, argumentando que la víspera habían capturado a una mujer con droga en la vagina. Cuando escuché esto sentí una desmoralización total pero por fortuna el examen no llegó hasta allá. No obstante, viéndome en esa situación, desnuda, hasta cierto punto ultrajada, comencé a preguntarme interiormente: '¿Por qué me vine? ¿Yo por qué me vine? ¿Por qué estoy aquí? Yo no tengo necesidad de pasar por todo esto...' Sentí tristeza, humillación pero aún así soporté los minutos que duró aquello y después me vestí.

"Cuando terminé, regresé donde Alfredo y escuché que los guardias estaban exigiendo ochocientos dólares por dejarnos ingresar a Tijuana. (Eso era el doble de lo que teníamos que haber colocado entre los pasaportes en el momento de llegar), pero al final se contentaron con setecientos, en efectivo, unos sobre otros. Y no había nada qué hacer porque ya estaban diciendo que si no pagábamos nos devolverían a Ciudad de México, quedando desde ese momento en poder de la policía. Para hacer más dramático el anuncio nos mostraron un bus estacionado afuera, de manera que no había nada para escoger. Pagamos.

"Una vez libres le propuse a Alfredo que reclamáramos la maleta y él dijo que no valía la pena. Y realmente era así. Antes de abordar el avión en Ixtapan, yo había acomodado la ropa útil en un pequeño maletín, de manera que la dejamos rodando en la banda de equipajes y abandonamos el aeropuerto en busca de una buseta porque queríamos evitar los taxis del lugar. Más o menos media hora después bajamos en un sitio convulsionado. Allí sí agarramos auto de servicio público y nos dirigimos al hotel indicado por la agencia de Medellín.

"Ese día anocheció tarde pero a las seis Alfredo salió en busca de un teléfono para llamar a Los Angeles y anunciar que habíamos llegado. Mientras tanto yo me comuniqué desde la habitación con Elisabeth, una amiga que también vive en Los Angeles y le anuncié que esa misma noche estaríamos allí.

"Alfredo regresó pronto y contó que alguien de la organización de Chabela con quien logró hablar le había dicho que debíamos esperar hasta el lunes siguiente, puesto que no trabajaban los fines de semana. Teníamos que comunicarnos nuevamente el lunes a primera hora.

"Al escuchar esto decidí llamar otra vez a Elisabeth desde el hotel para decirle que arribaríamos tres días más tarde. Fue una conversación más o menos larga durante la cual, ella —que también había cruzado la frontera con la ayuda de Chabela— dijo que le iba a hablar para que hiciera una excepción con nosotros. En esta forma realizamos varias conferencias pero como sus gestiones no dieron resultado, vimos que era necesario permanecer en Tijuana.

"El día siguiente fue sábado. Estuvimos encerrados en el hotel y solamente salimos hasta la oficina de correos para despachar nuestros pasaportes a Colombia. A las diez de la noche, antes de dormir, empezamos a rezar la novena de María Auxiliadora, pero tuvimos que interrumpirla porque llamaron a la puerta. Nos miramos, permanecimos un par de segundos en silencio y, finalmente, alguien explicó que nos necesitaban. Alfredo decidió abrir: se trataba de un muchacho de unos dieciséis años, vacilante y nervioso que decía venir de parte de Chabela.

—¿De parte de Chabela?... Y, ¿qué más?, preguntó.

—Nada más. Que se vengan conmigo.

—¿Usted sabe de números?

—De... ¿números?

—Sí, de números. ¿Sabe de alguno?

—Este... No. Han dado varios y no recuerdo cuál es el mío. De todas maneras, vístanse que ya nos vamos. Esta es la hora buena para pasar.

"Empecé a vestirme y cuando me había puesto el tercer pantalón y la segunda blusa para llevar todo encima y dejar allí mismo el maletín, escuché que Alfredo le preguntaba al muchacho por qué estaba nervioso.

—Parece que me vienen siguiendo "Los Feos" (los federales), respondió.

—Ah. Y si te vienen siguiendo Los Feos, ¿cómo vamos a salir de aquí contigo?

—No, pues el hotel tiene una puerta atrás para sacar a la gente que va para el hueco. Salimos por allí pero, apúrense, ordenó el muchacho. En ese momento llegué a la puerta calzando unas sandalias recortadas en la punta y él se quedó mirándome los pies y agregó:

—Con esas chanclas no puede ir porque va a tener que caminar mucho y las piedras le van a herir los dedos.

—¿Caminar? —le pregunté—. Si no vamos a caminar. Usted es la primera persona que habla de eso y para nosotros está muy claro que el recorrido se hará en auto. ¿Caminar dijo usted?

"Miré a Alfredo y pude ver la desconfianza en su cara. Yo estaba igual y le hice un gesto. Entonces le dijo al muchacho:

—¿Sabe qué? Que no nos vamos a ir ahora. ¿Está claro? No nos vamos a ir.

—No, mano, caminen ahora. Caminen que el paso está libre, insistió y yo le repetí que definitivamente no íbamos a salir y lo despaché de cualquier forma.

"Inmediatamente Alfredo salió tomando todas las precauciones y se dirigió al teléfono público desde donde llamó a Los Angeles. Allí un señor le dijo que tuviéramos mucho cuidado porque ellos no habían mandado a nadie a recogernos.

—Les dije que no se movieran de ese hotel durante el fin de semana y deben hacerlo así. Cierren bien su puerta, tomen medidas de seguridad y esperen a que nuestra gente aparezca el lunes después de que volvamos a hablar, ordenó, despidiéndose sin decir más.

"(A partir de esa fecha nunca nos ha faltado la novena a María Auxiliadora, que rezamos todos los martes, así no estemos juntos).

"Esa noche, pues, pasamos el susto pero el domingo fue un día tranquilo y el lunes temprano volvimos a llamar a Los Angeles desde el teléfono público.

Efectivamente, a las nueve de la mañana sonó la puerta y dijeron "Chabela 85, vengo por ustedes". Era otro joven de la misma edad que el anterior pero se veía tranquilo. Le regalé el maletín luego de ponerme toda la ropa y una vez estuve lista, el muchacho dijo que saldría adelante, caminando media cuadra distanciado de nosotros.

—Y, ¿tendremos que caminar?, pregunté.

—No. Sólo dos calles, hasta donde está el auto, respondió.

"Como cada noche debíamos pagar la cuenta del hotel por anticipado, salimos sin pasar la recepción y buscamos la puerta trasera destinada a los emigrantes clandestinos. Una vez en la calle hicimos lo que él nos había dicho. A las dos cuadras había un carro esperándonos y nos llevaron hasta la casa del muchacho, algo muy humilde donde nos quedamos mientras él recogía al resto del grupo.

"Alrededor de la una de la tarde nos habíamos reunido veinte personas: nueve colombianos —entre los cuales distinguimos a las parejita de Medellín y al futbolista del Cúcuta Deportivo, un hombre blanco, de unos treinta años, alto, delgado y fibroso, pero ante todo muy agradable— y el resto mexicanos. El 'coyote' dijo que estábamos completos y pidió diez dólares por persona para pagar el alquiler de un rancho cerca de la frontera, donde deberíamos permanecer mientras llegaba la noche. Se los dimos.

"Sobre las dos de la tarde empezamos a salir en pequeños grupos y desde ese momento pudimos ver que los colombianos teníamos prioridad, acaso porque pagábamos mejor que los demás, y por eso fuimos los primeros en abandonar el sitio y trasladarnos a las afueras de la ciudad en varios autos. Cuando llegamos al sitio escogido por 'el coyote' nos dimos cuenta que no había ningún rancho. Se trataba de una porqueriza donde también alimentaban caballos y gallinas y al lado de ella vimos una gran caja de triplex a manera de habitación, oscura y maloliente, piso de tierra, una puerta pequeña y en la parte trasera dos huecos por los cuales se veía el aeropuerto de Tijuana y allí nos dijeron que debíamos entrar. Estábamos exactamente a dos millas de la pista y podíamos ver las luces de la torre de control.

"Adentro el ambiente se sentía pesado. Hacía un calor bárbaro y cuando cerraron la puerta comencé a sentir que sudaba copiosamente. Debían ser las tres y media de la tarde y conté mentalmente las horas que faltaban para el anochecer, que en verano debe calcularse sobre las nueve de la noche. Faltaban cinco y media... ¿Cinco y media?, pensé. Es una eternidad.

"Una vez me acostumbré a la penumbra miré bien lo que nos rodeaba y vi algunas llantas, buena cantidad de ropa sucia —tal vez dejada por la gente que pasaba en busca de la frontera— y un pequeño catre con un colchón sucio que olía tan feo como la porqueriza. Me senté sobre una llanta y empezó a llegar la gente hasta que se completó el grupo.

"Cuando fueron las cinco sentí sed y mucha hambre... y luego ganas de pasar al inodoro pero no había dónde. Alguien dijo que en la parte de atrás, pero la parte de atrás era una manga angosta más allá de la cual corría una autopista desde donde lo veían a uno perfectamente. Pero, ¿qué más hacer? Agacharse y dejar que el cuerpo descansara.

"Sobre las seis el hambre no dio más espera y le dimos al coyote un dinero para que comprara algo de comer. Media hora más tarde apareció con una bolsa llena de "tacos" cargados de grasa.

"A las siete llegó otro mexicano y el coyote principal nos lo presentó como su ayudante. Era un hombre más maduro y tan silencioso como aquél y una vez se incorporó al grupo el joven nos pidió un favor:

—Si algo llega a salir mal —dijo— lo único que les rogamos es que no nos vayan a señalar como guías. Digan cualquier cosa, digan que los guías que los traían se perdieron y los dejaron abandonados, pero no nos delaten. Nosotros tenemos castigo por esto.

"En general la gente estaba silenciosa, tensionada y nosotros solamente hablábamos algunas cosas en voz baja con la parejita y con el futbolista, un tipo amable y de buen sentido del humor. El había sido deportado de los Estados Unidos cuatro meses atrás y luego de llegar a Colombia comenzó a conseguir dinero para regresar una vez más por esta vía.

"Por su parte el esposo de la muchacha contó que tenía un restaurante en Nueva York y como carecía de visa cubría esta travesía unas tres veces al año, pues viajaba en plan de negocios y de visitar a sus familiares. 'Esto —dijo con toda naturalidad— más que una experiencia se me ha vuelto una rutina'.

"La tarde fue muy larga por el calor y la ansiedad y cuando comenzó a oscurecer apareció el coyote y dijo que nos alistáramos para salir. Afuera la temperatura era más fresca y el cielo comenzaba a ponerse azul oscuro. Más allá de la porqueriza se divisaban las siluetas del campo que durante el día y a través de los huecos del cajón, vimos formado por unas praderas pardas, quemadas por el verano. La maleza tenía más o menos un metro de altura pero no había brisa. Solamente rastrojos quietos y achicharrados y unos pocos árboles pequeños. No me había ubicado totalmente y pregunté dónde estaba la línea fronteriza.

—Muy cerca. Sólo necesitamos caminar unas pocas cuadras y llegamos al otro lado, me explicaron.

—¿Caminar? —dijo Alfredo, tal vez temeroso por su obesidad y por la experiencia anterior— y le respondieron que sí pero que se trataba de un trecho muy corto.

—Pero si al hacer el negocio me aseguraron que todo el trayecto se haría en carro —insistió— y el coyote le prometió que al otro lado nos esperaba un auto y que el sendero que había que recorrer a pie no presentaba ningún problema. No lo creímos del todo pero, en fin, ya estábamos metidos y no podíamos echar pie atrás. Debíamos aceptar lo que hicieran con nosotros.

"En ese momento creí que me había acostumbrado a llevar encima tres pantalones, camisetas, varios interiores uno sobre otro y antes de comenzar a andar me toqué el vientre y comprobé que allí, muy cerca del sexo, tenía bien acomodada una bolsita con el dinero que nos quedaba. Alfredo se dio cuenta y también revisó la bota del pantalón donde reposaba un papel minúsculo con teléfonos importantes para nosotros, tanto en Los Angeles como en Miami.

"Por fin nos pusimos en movimiento. Lo primero que había que hacer era atravesar por parejas la autopista que conduce de Tijuana al aeropuerto, pero para cruzar debíamos esperar el momento en que no circulara nadie por allí y una vez al otro lado esperaríamos a los demás para reunirnos nuevamente. El coyote dijo que los colombianos debíamos avanzar primero y luego nos explicó que más adelante se encontraba una pequeña colina y detrás de ella un sendero cubierto por la maleza.

"Pasamos graneados y al llegar allá encontré que no podía levantar los pies más de unos centímetros y la loma se me volvió un obstáculo enorme. Me trabé, me enredé y cuando creí que me dejaban atrás, alguien se devolvió, me empujó y me lanzó por encima, seguí rodando hacia adelante y como llevaba las sandalias descubiertas, me herí los dedos de los pies. Una vez abajo, sentí que me había raspado también la cara, creo que con la maleza seca... Era una maleza quemada que huele a chamuscado, a ceniza. Ese es un olor que se me quedó mucho tiempo impregnado en la punta de la nariz y que durante los días siguientes me pareció asociar con la angustia y la fatiga de aquella noche.

"Sin embargo me puse de pies. Más allá vi las sombras del grupo y escuché que el coyote decía que camináramos 'en bola', es decir, agrupándonos lo mejor posible unos contra otros y haciendo una rueda similar a la que forma el ganado, para que no se notaran las siluetas de la fila, que desde luego podía delatarnos con mayor facilidad.

"Así lo hicimos y unos segundos después, cuando ya estábamos en movimiento, escuchamos el ruido de un helicóptero que se acercaba describiendo círculos muy amplios a juzgar por el par de chorros de luz que salían de dos reflectores potentes en su barriga. Inmediatamente lo divisamos, el coyote se asustó y empezó a preguntarle al ayudante por qué sobrevolaban esa zona que, según él, nunca había sido patrullada desde el aire. El hombre no supo explicárselo y nos advirtieron que si 'el mosco' se acercaba nos debíamos tirar al suelo y permanecer inmóviles mientras barría el área con la luz. Yo había llevado un blusón negro pero Alfredo usaba ropa clara y por lo tanto me coloqué muy cerca de él y continuamos caminando pero unos metros adelante el coyote principal gritó: '¡Al suelo!' Inmediatamente brincamos entre la maleza, que era altísima y olía a paja quemada, y me acosté encima de Alfredo para cubrirlo. Sentí que el helicóptero se acercaba dando circunferencias amplias pero no llegó a pasar encima de nosotros que permanecíamos silenciosos y muy quietos. En ese momento comenzaron a cruzarme por la cabeza cosas fatales: por ejemplo, pensaba en serpientes, en arañas, en lo que había leído sobre la fauna del desierto del sur de los Estados Unidos y sentí una sensación de miedo y de indefensión, que nunca antes había experimentado con tanta intensidad en toda mi vida.

"Pues bien: esperamos allí algunos minutos y cuando el aparato se alejó un poco, nos pusimos de pies y corrimos —esta

vez cada uno por su lado— unos metros más, detrás del coyote
principal hasta cuando vimos que el helicóptero viró para regresar. En este momento todo el mundo se lanzó al suelo y volvió a
esperar a que se alejara nuevamente.

"La noche era, yo diría, demasiado clara. O me parecía así,
tal vez porque en esos momentos uno sueña con oscuridad total
que lo proteja. Sea lo que fuere, siempre he tenido la idea de que
era muy clara y que yo marchaba al final del grupo, al lado de
Alfredo que avanzaba con dificultad por el peso de su cuerpo.
Para mí la cosa tampoco era fácil, no solamente porque fumo
mucho sino por aquella cantidad de ropa y por los frenillos sobre
los dientes que me impedían aún más la respiración. Todavía
recuerdo cómo a pesar de estar sobre Alfredo, me escurrí un poco
y sentí que la cara daba contra el piso. Había un silencio completo
y solamente escuchaba el motor del helicóptero allá arriba y la
respiración agitada, difícil, de los dos entre la maleza. ('María
Auxiliadora —dije en mi interior— ayúdanos' y pensé en algo que
me resultara difícil: pues dejar el cigarrillo. Entonces, 'te ofrezco
dejar el cigarrillo por dos meses, pero ayúdanos'). En ese momento sentí un vacío y luego de sentarme para agarrar un poco de aire,
les confesé que estaba reventada. 'Sigan ustedes porque yo me
quedo, no puedo más, repetí y el futbolista se dio cuenta que nos
habíamos quedado de los demás. Yo vi que se devolvía y al vernos
allí clavados tiró su maletín, se agachó, me alzó sobre los hombros y empezó a correr. Pero Alfredo también se rezagó. Entonces
el muchacho volvió a retroceder, lo agarró de la mano y empezó a
avanzar conmigo encima y Alfredo a remolque, diez, cien metros,
dos cuadras hasta que encontró un árbol pequeño y nos descargó
debajo. Ahora mismo me parece estar escuchando su respiración
fuerte de deportista y sus dientes chocando al tiempo con cada
zancada. (No recuerdo su nombre. Es que nunca se me grabó
bien, ¿sabe?). Pues bueno: la carrera de aquel hombre fue tan
rápida que después de estar de últimos, llegamos de primeros al
árbol y luego fueron apareciendo los demás, fatigados y especialmente muy nerviosos.

"Cinco minutos de descanso. El coyote señaló a la distancia
y dijo que en el trecho siguiente encontraríamos una zona plana y
al final un rancho pequeño hasta donde debíamos llegar lo más

rápido que pudiéramos para ponernos a salvo. En ese momento aparecieron ya no uno sino dos helicópteros con cuatro chorros de una luz azulosa y tuvimos que esperar más o menos media hora mientras se alejaban. En esa oportunidad pasaron varias veces por encima del árbol pero no nos vieron porque muchos de nosotros teníamos ropa oscura y eso nos permitía hacernos un poco invisibles, pienso yo. Al cabo del tiempo empezaron a hacer sus círculos más lejos, más lejos y alguien dijo que podíamos continuar, pero esta vez en grupos pequeños, avanzando un trecho, parando y agachándonos entre la maleza uno, dos minutos para luego avanzar otro poco y repetir el ejercicio. El coyote principal avanzaba adelante, situándose en el punto donde teníamos que parar y desde allí nos llamaba. Una vez lo hacíamos, partía otra vez y nos marcaba la etapa siguiente.

"El ayudante se quedó de último para auxiliar a los rezagados y en esta forma llegamos a un rancho pequeño y semiabandonado. Frente a él pude distinguir la carrocería de un camión y debajo de ella empecé a sentir las voces de una cantidad de gente que nos pedía ayuda. No sé cuántos eran, pero la impresión que tengo es que se trataba de muchas personas suplicando que las lleváramos con nosotros. Según dijeron, habían sido abandonadas allí dos días atrás y tenían hambre y sed y como se hallaban con niños estaban desesperados: unos nos pedían agua, otros algo de comer, otros un cigarrillo. Nunca vi a nadie. Solamente escuché sus voces en la oscuridad y por un momento tuve la fantasía de imaginármelos atados con cadenas, pero luego entendí que no salían de allí por miedo a la cercanía de los helicópteros que en ese momento se fueron acercando poco a poco mientras nosotros nos pegamos contra la pared para buscar la sombra de los aleros del techo. Allí la sensación era, 'sálvese quien pueda' porque unos minutos antes el coyote había dicho que todo estaba por terminar: detrás de la casa esperaban dos carros con placas norteamericanas. (En ellos teníamos que caber los veinte, y uno más lo echaría todo a perder).

"Cuando se alejaron por última vez los helicópteros, cerramos los oídos a las súplicas de aquella gente y nos fuimos, uno a uno, en busca de los vehículos que efectivamente estaban aguardándonos. Eran dos automóviles grandes y viejos y como siempre, llamaron primero a los colombianos y cuando fuimos llegando, los coyotes se dedicaron a embutir gente haciendo que la mayoría se acostara no solamente en el asiento de atrás sino en el piso y también en el baúl. El dueño del restaurante, como experto en este tipo de aventuras, dijo que generalmente los vehículos estaban acondicionados para ese trabajo, pues los 'coyotes' les ponían resortes dobles. Así no se agachaban con el peso de la gente y lograban pasar inadvertidos ante los ojos de las autoridades norteamericanas. A Alfredo lo acomodaron sentado al lado del chofer, mientras yo me acurruqué a sus pies encorvándome en una posición muy incómoda. Los coyotes terminaron su trabajo y se despidieron. Arrancamos.

"Según nos habían dicho antes de salir de la porqueriza, la distancia hasta el rancho era de unos quince minutos 'a paso de señora' pero por toda esta serie de incidentes se nos convirtió en unas tres horas de miedo y de una fatiga increíble, y ahora eran las doce y quince minutos de la noche. En ese momento pregunté para dónde íbamos y el chofer respondió secamente, 'San Isidro, California. Son apenas quince minutos de camino si las autopistas están libres. Pienso que sí'.

"En ese trayecto, el riesgo era hallar nuevamente patrullas de la policía de migración de los Estados Unidos, pero según nos explicaron, antes de cada recorrido con gente, alguien de la organización iba adelante observando y eso pareció tranquilizarme al principio, pero un par de millas adelante, Alfredo —que estaba viendo hacia afuera— divisó la primera y le dijo al chofer: 'Hermano, ahí hay una patrulla. Nos van a parar. Nos van a agarrar'. El coyote tosió y luego le dijo:

—Por favor, nosotros sabemos lo que estamos haciendo. Tranquilícese porque me va a poner nervioso y, si además usted anda con esas ideas, pues de verdad vamos a caer. Tranquilícese, ¿eh?

"En adelante aparecieron tres más y entonces él ya no hablaba sino que me halaba el pelo con fuerza, de manera que yo recibía toda la carga de su inseguridad y eso empezó a atemorizarme aún más porque yo no sabía en realidad qué estaba sucediendo allá afuera. (Luego supe que frente a la segunda había una cola de autos, pero como los guardias se hallaban atareados, nos permitieron seguir de largo). Todo eso me produjo mucho cansancio y desde luego el trayecto pareció interminable hasta que por fin sentí que el hombre disminuyó la velocidad y mientras giraba a su izquierda, tomó un aparato pequeño, lo estiró hacia adelante y oprimió un botón. 'Es el control remoto para abrir un garaje' comentó y cuando se detuvo unos segundos, sentí que realmente se estaba corriendo una puerta.

"Habíamos llegado a un garaje doble, pero en un principio no vi que hubiera casa alguna a su lado. Era una construcción independiente ubicada en un barrio residencial y una vez apareció el segundo auto, los choferes dijeron que podíamos salir y se despidieron. Allí nos esperaba un hombre que inmediatamente señaló una pequeña puerta a través de la cual debíamos comenzar a desfilar uno por uno, desde luego, encabezados por los colombianos.

"Detrás de ella descubrí un túnel estrecho y de unos ochenta centímetros de alto, comunicado con una casa, distante del garaje siete metros, que me parecieron interminables porque una vez introduje la cabeza, sentí aquella sensación de inseguridad que se tiene cuando uno no sabe bien qué va a suceder adelante, ni para dónde lo llevan ni qué van a hacer con uno. Avancé lentamente y al final me encontré en un salón aireado por ventiladores y totalmente desnudo, sin muebles, cubierto por cortinas pesadas y alfombrado para que no se escucharan las pisadas.

"Nos recibió un norteamericano de unos cincuenta años, rubio y corpulento que hablaba muy bien el español y que por sus modales parecía un militar: era seco e impositivo y a juzgar por la manera como manejaba la situación, debía llevar algún tiempo realizando este trabajo.

"Inicialmente nos dijo que durante el tiempo que permaneciéramos allí no podíamos hablar ni hacer ruidos. Más tarde nos prestaría el sanitario pero nadie podía tomar una ducha: 'Esta no es hora de bañarse el cuerpo. Hacerlo resultaría sospechoso ante los vecinos', subrayó y empezó a disponer las cosas para que

pasáramos el resto de la noche en el lugar. Desde luego, repitió
que todo debía hacerse en silencio, mientras aclaraba que ese no
era un hotel y que para pasar al sanitario teníamos que hacer una
fila, encabezada por las mujeres. Luego ordenó otra fila para
colombianos y una tercera para gentes de otras nacionalidades y
averiguó si había matrimonios a bordo. Alguien dijo que sí y él
abrió los ojos:

—¿Quiénes son?

"Estos y estos, les dijimos y él explicó que entonces dormiríamos
en otro lado. Su esposa, una mujer bonita de unos treinta y
cinco, nos llevó limonada —la más deliciosa de mi vida porque
me sentía deshidratada— y como vio que teníamos hambre,
(íbamos a completar veinticuatro horas, prácticamente sin comer),
calentó algunas latas de fríjoles, los revolvió con huevo y
nos dio una porción a cada uno. Mientras comíamos, el hombre
recordó que era necesario dormir pronto porque dentro de tres
horas y media (es decir, a las cinco de la mañana), debíamos levantarnos
para salir de allí. En ese momento me di cuenta que los
mexicanos y algunos centroamericanos que completaban el grupo
habían desaparecido. No sé en qué momento salieron de allí, pero
lo cierto es que solamente quedábamos en aquel salón los nueve
colombianos. Seguramente ellos terminaron de comer primero y
se marcharon, porque yo estaba distraída hablando en voz baja y
dándole agradecimientos al futbolista que sonreía y nos explicaba
que hubiera sido incapaz de dejarnos entre la maleza después de
semejante día de angustia. Luego contó un par de chistes para
bajar la tensión del grupo, pero el gringo se molestó y ordenó que
nos calláramos. 'Ya es hora de dormir', dijo y ordenó que los
casados hiciéramos una fila más y pasáramos ordenadamente a
una sala, ésta sí bien amoblada y dispuesta con un orden parecido
a su manera de ser. 'No pueden acostarse sobre los muebles, ni
utilizar los cojines como almohadas. Tírense en el tapete', ordenó
y se retiró luego de refregar por décima vez que no se podía hablar
más. Allí no había aire acondicionado ni ventiladores y la temperatura
fue haciéndose cada vez más sofocante, de manera que me
quité toda esa ropa extra que llevaba puesta y la envolví entre una
camisa. Eso me refrescó y nos estiramos en el suelo pero no pude
dormir bien. El cansancio, el mismo olor a sudor, esa sensación de

tamo quemado en las narices y la ansiedad por lo que sucedería en las horas de la mañana, me mantuvieron despierta al lado de Alfredo.

"A las cinco regresamos por el túnel, pero esta vez encontramos en el garaje una pequeña camioneta carpada solamente en la parte alta del 'platón' y descubierta a los lados, y un automóvil. El dueño de casa y otro norteamericano hicieron acostar a los hombres en el platón y luego templaron sobre ellos un hule que ajustaron con cuerdas por las esquinas y a mí —por ser la única rubia del paseo— el gringo me hizo a un lado sin dar ninguna explicación. Me asusté porque veía que los iban subiendo uno a uno, mientras yo permanecía en un rincón del garaje. Cuando terminaron de atar el hule me hizo señas para que ocupara asiento en el automóvil al lado de una muchacha peruana que lo iba a conducir, pero eso no me tranquilizó y tan pronto arrancamos le pregunté qué iban a hacer conmigo y ella sonrió:

—Pues nada —dijo—. Como tú eres rubia el patrón cree que puedes pasar por norteamericana en el retén de San Clemente que es el último en esta ruta.

—¿Está muy lejos de aquí?

—Unas dos horas, respondió, explicándome que todo estaba calculado: debemos cruzar por allí tipo siete y media de la mañana. Es una hora de congestión y eso nos favorece. La cantidad de autos en la carretera obliga a los guardias a trabajar menos cuidadosamente, pensando en los trancones que se formarían si detuvieran a todos los que cruzan.

"La camioneta marchaba adelante de nosotras y en un par de oportunidades noté que ella hizo un esfuerzo por impedir que alguien se metiera en la mitad. Le pregunté por qué lo hacía y dijo:

—Parte de mi trabajo es marchar detrás de la camioneta para cubrirla porque un movimiento de la gente que va acostada allá o por ejemplo, que se levante el hule por accidente o que alguien saque la cabeza para tratar de respirar mejor o algo así, los deja al descubierto y estando nosotras cerca, impedimos la vista de quien marche al lado.

"Pregunté por el retén y simplemente me dijo que si ocurría cualquier cosa yo no debía hablar absolutamente nada pues ella se encargaba de todo y empezó a contarme algo de su historia. Ahora era residente pero tres años atrás pasó por las mismas de nosotros, trabajó en una serie de cosas y, finalmente llegó a la organización de Chabela, que para ella era una de las más serias que operaban a lado y lado de la frontera.

—Nunca hemos tenido problemas, nunca hemos dejado caer a nadie —señaló— y conste que semanalmente cruzamos llevando muchísimas personas de toda América Latina, especialmente centroamericanos, mexicanos y colombianos.

"Más o menos a la hora indicada llegamos al retén de San Clemente y tal como lo tenían calculado, una cantidad enorme de autos llenaban las tres calzadas de la vía, pero a medida que nos acercábamos noté que el trancón crecía y crecía. La marcha se hizo insoportable y cuando estuvimos cerca de las tres casetas de la policía de migración, pude ver que un auto se había varado dos metros antes de la del centro y era lo que estaba formando el nudo que entorpecía el flujo de vehículos. Una vez llegamos allí ella sonrió y me dijo: 'Mira, ese carro es nuestro y venía un poco adelante. Su misión era esa: simular que se descomponía exactamente ahí para facilitarnos las cosas. Debe estar en el sitio hace solamente unos cuatro o cinco minutos porque si llega con mayor anticipación, viene la grúa y lo quita del lado'.

"Me acuerdo que antes de cruzar repitió que debía comportarme con mucha naturalidad y, por tanto, empecé a revisarme las uñas pero vi de reojo que el policía medio miró la camioneta, nos miró a nosotras y señaló con la mano para que nos moviéramos más rápido pues el trancón había aumentado y ya se arremolinaban detrás centenares de autos.

"Una vez cruzamos, la niña me puso cariñosamente la mano en la rodilla y dijo: 'Bienvenida a los Estados Unidos. Que tengas mucha suerte'.

"Simultáneamente los de la camioneta levantaron un poco la carpa y gritaron de emoción. Entonces pensé que en ese momento

cristalizaban tantos años de sueños y tanto esfuerzo y tanta
aventura durante las últimas, que sé yo, treinta horas, que la miré
como para darle las gracias pero se me escurrieron las lágrimas.
Adelante no quedaban más retenes.

"Un poco después de las nueve y media de esa mañana
llegamos a Santa Ana, una bonita ciudad de California, y nos
dirigimos a la casa de un colombiano. Yo estaba feliz y lo único
que encontré a mano para celebrarlo fue un cigarrillo ('María
Auxiliadora, dame veinticuatro horas de espera que yo te cumplo
tu promesa'), y le pegué tres bocanadas que parecieron las primeras de mi vida.

"Allí pudimos por fin tomar una ducha, nos dieron refrescos
y una vez desaparecieron el gringo y la peruana, la gente de la casa
empezó a preguntar por nuestros planes. Nos permitieron utilizar
el teléfono para comunicarnos con los amigos o los familiares que
nos esperaban y posteriormente se dedicaron a conseguir cupos y
pasajes de avión a Nueva York, Miami, Chicago, según el destino
de cada uno. Para facilitarnos las cosas llamaron a una serie de
amigos suyos y éstos se encargaron de llevar gente al aeropuerto o
a la terminal de buses. Nosotros partimos hacia Los Angeles en
busca de Elisabeth, pero Alfredo le dijo al conductor —un
colombiano— que se detuviera en el primer teléfono público.
Quería llamar a su familia para contarle que nos encontrábamos
al otro lado y dos millas adelante entramos al parqueadero de un
centro comercial. Yo estaba emocionada, feliz. Había dejado la
tensión de tantas horas y sentí por primera vez que realmente
vivía en los Estados Unidos. Era increíble.

"Alfredo tomó el teléfono y tal vez cuando escuchó que le
contestaban lo vi sonreír pero inmediatamente comenzó a palidecer, a palidecer, colgó y se llevó la mano a la frente:

—¿Qué sucede? ¿Pasó algo malo?, le pregunté y vi que estaba
llorando.

—Lo maté. Yo lo maté, dijo.

—¿A quién? ¿Qué sucede?, le volví a preguntar.

—A mi papá. Le acaba de dar un infarto y fue por culpa mía. Yo lo maté.

"Indudablemente él creía que era culpable pues su padre fue la única persona de la familia a quien se le contó la verdad del viaje y como unos pocos meses antes Alfredo fue detenido y deportado, pensó que la angustia por falta de noticias durante diez días le afectó el corazón.

—No, tú no lo mataste. Eso no es así, le dije, pero él continuaba llorando.

—¿Quién contestó allá? ¿Qué dijeron?, insistí.

—La empleada porque todos los demás salieron para la clínica a llevarlo. Dice que el infarto fue hace diez minutos, me contó aparentemente más calmado mientras avanzábamos hacia Los Angeles y él repetía en voz baja, 'Dios mío, si muere es por culpa mía, ¿Cómo fue que le dije la verdad al viejo? He debido callar, he debido callar...

(Esa misma tarde y gracias a otra llamada nos enteramos que su padre estaba fuera de peligro).

"El apartamento de Elisabeth en Los Angeles era reducido y ella ocupaba una de las habitaciones con dos amigas. En la otra dormían un par de muchachos y los fines de semana se acomodaban en la sala dos chicas —también manizalitas— que trabajaban como domésticas en casas de familia. Todos pagaban la renta, los servicios y la comida, pero durante la semana no era raro que alguien estuviera durmiendo en los corredores puesto que iban sus amigos y para todos había un talego de dormir y un bocado de comida. Generalmente vivían allí entre diez y doce personas.

"Ella era un gran apoyo para mí: hermana de la mejor amiga que tuve desde niña, nos recibió esa noche en la sala de su casa (era martes y estaba vacía). Alfredo viajaba al día siguiente a Miami donde tenía su apartamento, su coche y su vida organizada con una muchacha caleña con quien había vivido los últimos años. Pero nos conocimos, nos gustamos y acordamos organizar nuestras vidas, y por tanto él iba a arreglar sus cosas con ella. Yo me quedaba allí no solamente por eso, sino porque de todas mis amigas en Estados Unidos, Elisabeth fue quien me animó, quien un buen día me dijo por carta, 'vente que yo te ayudo', quien nos consiguió la conexión con Chabela y, en fin, pues en esos días era algo así como mi sostén principal.

"Cinco días después y gracias a la ayuda de Elisabeth y sus amigos conseguí mi primer empleo en una estación de gasolina manejada por latinos. Ellos contrataban preferiblemente personas sin papeles porque les podían pagar menos de lo que ordenaba la ley. La mayoría de los habitantes del apartamento trabajaba con ellos y así inicié un entrenamiento previo en la estación de Riverside, a una hora y media de la casa de Elisabeth, pensando que en el futuro quedaría una vacante cerca.

"Yo recuerdo que fueron días de mucha soledad: me correspondía el segundo turno, de tres de la tarde a doce de la noche. Por tanto, cuando estaba en el apartamento permanecía sola y durante el trabajo también. Se trataba de sitios muy automatizados que uno manejaba desde una pequeña cabina y solamente tenía la compañía de un instructor con quien hablaba únicamente lo del trabajo: era totalmente ajeno a mi vida y no le podía contar mis expectativas ni mis preocupaciones, nada. Es cierto que siempre había vivido sola y luchado sola, pero esta era una soledad diferente. En Colombia tenía el calor de la gente por extraña que fuera y eso tal vez me hacía olvidar la orfandad y la lejanía de mi madre. Yo soy la única que la apoya, la única que la comprende y tal vez me acostumbré mucho a ella. Ahora me hacía falta.

"Pero, simultáneamente, Alfredo me llamaba todas las mañanas. Yo le hacía falta, él también me hacía mucha falta, y veinte días después, cuando dijo que se había separado de su compañera, viajé a Miami y al llegar lo encontré viviendo con un tío, pues le dejó todo a la muchacha: los muebles, el carro, el apartamento. Sentía por ella gratitud porque le ayudó a luchar y a mí me gustó eso. Al fin y al cabo íbamos a comenzar una vida nueva y debíamos construirla a partir de la primera cuchara y de la primera sábana, ¿verdad? Alfredo comprendía muy bien eso y esperaba mi llegada para rentar un apartamentico a mi gusto y en un par de días lo tomamos con el resto de los dólares que habíamos llevado. Estaba ubicado en un buen edificio del 'Down Town', —la parte vieja de la ciudad— administrado por cubanos y como los colombianos no son bien recibidos, dijimos que éramos venezolanos. Tenía una alcoba pequeña con cocineta y allí acomodamos una cama y frente a ella un televisor. La caja hacía las veces de mesa de noche y en ella guardábamos dos platos hondos, dos pandos, un par de juegos de cubiertos, y en la misma caja del televisor comíamos y en la misma caja escribíamos... Era todo. Era poco, pero era nuestro. Y me parecía bello porque sentía que por primera vez tenía un hogar. Es que siempre me la había pasado de un lugar a otro y lo que tenía no era mío. Pero ese pequeño apartamento era algo real. Era un espacio propio... En cambio —pensaba— lo que poseía y lo que aún quedaba en Colombia era de mi mamá. Aquí lo de Alfredo también era mío: ambos aportábamos. Se trataba de una lucha de los dos.

"Al poco tiempo conseguimos nuestro primer trabajo gracias a un fotógrafo caleño que nos entregó doscientas cincuenta ampliaciones con motivos colombianos. Eran fotos a todo color de las que prácticamente se había olvidado porque quien las recibió antes no puso empeño en venderlas. El las recuperó y fueron a parar a nuestras manos. Debíamos tratar de colocarlas en supermercados, restaurantes, cafeterías... básicamente lugares colombianos y comenzamos a ofrecerlas con mucho entusiasmo. Caminábamos horas y horas y nos ganábamos diez dólares por cada una. Pero no era tan fácil. Algunas veces las dejábamos en consignación, otras las vendíamos directamente pero cada vez la labor parecía más difícil por las distancias, por la incomodidad para cargarlas, por la subida y la bajada de los buses, hasta que un día un amigo nos regaló un automóvil viejo que llevaba cerca de un año sin moverse. El nos dijo, 'Si son capaces de prenderlo, llévenselo. Es suyo'.

—Pero no tengo dinero, respondió Alfredo.

—A cambio dame una canasta con seis cervezas, ese es el valor, propuso el muchacho. Se la dimos y fuimos capaces de prenderlo.

"Era un Buick Continental grandísimo que a partir de allí nos solucionó muchos problemas porque, por ejemplo, lo situábamos a la salida de los restaurantes y extendíamos las fotografías encima del 'capot'. Cuando la gente llegaba le mostrábamos 'aquellos recuerdos inolvidables de su país'. Muchos compraban a la salida una que otra y cuando estábamos de suerte llegaba alguien con traje blanco, camisa negra y corbata blanca y sin escoger ni preguntar el precio, ordenaba que le entregáramos, cinco, siete, diez, según el séquito de acompañantes con que andara.

"Esos días podíamos almorzar bien, pero generalmente pasábamos de largo esperando que alguien se acercara al auto, mientras los olores que salían del restaurante nos atizaban el hambre en una forma tenaz. Y, ¿qué íbamos a hacer? Aguantar. Teníamos que vender por lo menos una para poder comernos un plato entre los dos porque allí la comida colombiana es muy cara. Nuestra meta era vender un par para alimentarnos durante el día, más otro resto que nos permitiera acumular los trescientos cincuenta dólares mensuales que costaba la renta del apartamento.

"Esto nos ayudó a sobrevivir tres meses, al cabo de los cuales no solamente saturamos lós lugares colombianos, sino que ocurrió algo que es común allí y que, aunque nos tocó sólo de lado, terminó por hacernos desistir del negocio:

"Sucede que nosotros dejábamos nuestra dirección en cada lugar, pensando en nuevos pedidos de fotografías y una tarde se presentó al apartamento la policía para investigarnos. Un colombiano había sido asesinado y los detectives hallaron en su poder un papel con nuestras señas y eso nos hizo sentir pánico. Imagínese: nosotros sin documentos, sin residencia legal, desprotegidos... Afortunadamente la cosa no pasó a mayores, porque la habitación estaba decorada con aquellas fotografías. Además ellos pudieron ver que había una buena cantidad arrumada allí mismo y como éramos organizados, les mostramos la contabilidad que íbamos llevando casi minuciosamente, y al parecer se convencieron de lo que les decíamos. Luego mencionaron el nombre de la persona muerta y les dije que no la conocía pero que de todas maneras manteníamos una lista de compradores y podíamos enseñársela. Revisaron, no localizaron nada y luego de pedirle a Alfredo que les mostrara su licencia de conducción —es el documento de identificación más común— y de preguntar si poseíamos 'vipper', (algo que caracteriza a la gente de vestido blanco y camisa negra), se marcharon.

"Eso desde luego nos desanimó bastante y contribuyó a que creciera —por lo menos en mí— aquel temor, aquel miedo permanente, aquel complejo, que lo asalta a uno día y noche por ser colombiano, pues estábamos viendo como, sin quererlo, allí uno puede meterse en problemas así respete la legalidad. Para ello solamente basta ser colombiano y moverse en ambientes colombianos. Todo eso revivió en mí aquellas ideas que me asaltaron en el aeropuerto de Tijuana cuando tuve que desnudarme, y comencé a repetirme, '¿qué hago aquí? En Colombia yo puedo hacer mucho más por mí y por mi madre que está sola en una pieza'. Antes de viajar yo le había dicho, 'tranquila que no me voy a quedar más que un año, consigo algunos dólares y cuando regrese compramos un apartamentico y nos organizamos bien', pero la realidad era otra. Yo creo que, en el fondo, la soledad de mi madre era una buena disculpa que me estaba dando a mí misma para planear el regreso.

"Después del incidente, la administradora del edificio donde vivíamos me consiguió puesto como cajera en un supermercado cubano, pero como el sueldo era muy modesto, un amigo de Alfredo que tenía su oficina de importaciones y exportaciones me colocó también. Trabajaba de ocho de la mañana a doce de la noche, entre semana, y los sábados y domingos hacía de mesera en un restaurante colombiano. Y a la vez que tenía tres puestos, tenía también más de una personalidad: en el supermercado me conocían por otro nombre —porque una amiga me envió de Tallahassee una tarjeta del Seguro Social, buena pero que correspondía a alguien que nunca conocí— en el edificio era venezolana y en la oficina me llamaba Astrid.

"Desde luego este ritmo de trabajo termina por agotar a cualquiera y cuatro meses después renuncié al supermercado y me quedé con los otros dos. Sobrevivía. Yo creo que sobrevivía y trataba de guardar centavos y al cabo de unos diez meses conseguí algo que para mí era muy lindo: abrir una pequeña cuenta con los primeros ahorros. Esto me parecía un sueño: una cuenta en los Estados Unidos, en dólares ganados segundo a segundo. Es posible que esa chequera representara un símbolo de mi independencia. Es posible. Por eso me pareció tan bello salir una tarde del banco y saber que si bien eran centavos, representaban una fortuna en cuanto a... no sé: digamos que en cuanto a algo que uno llama seguridad.

"Por su parte Alfredo trabajaba también muy duro desde las cuatro de la mañana repartiendo periódicos y durante el día manejaba una pequeña oficina de su tío, así que al completar un año había desaparecido la caja del televisor y en su lugar colocamos algunos muebles, ya teníamos una vajilla, un reloj de mesa, un perchero, varias cosas que yo amaba.

"Una mañana miré para atrás y pensé que ese primer año había sido bello aunque supremamente difícil, entre otras cosas porque la anterior compañera de Alfredo me hizo la guerra continuamente, frente a lo cual yo sabía que llevaría las de ganar si me armaba primero de prudencia y luego de mucho valor para soportar una serie de momentos angustiosos que, pensándolo bien, significaban un reto similar a lo que había sido toda mi vida y yo decía, 'si he vencido lo que he vencido, caramba, no me voy a quedar en este'. Y no me quedé.

"Sin embargo había algo que me agobiaba más que aquella guerra sin sentido y que terminó por aislarme casi completamente de todo y fue el terrorismo que se vive entre los colombianos, porque uno no sabe quién está metido en qué, ni cómo se gana la vida cada cual. Allí uno cuenta con que es honrado, con que le resulta imposible hacer algo fuera de la ley y con que tiene sus principios, pero no llega más allá. Entonces, como es arriesgado relacionarse con cualquiera que vaya apareciendo, uno se cohíbe... hombre, hasta de hacer una visita porque ya le dicen, 'mira, esa gente vive bien. Cuídate porque en su casa puede haber una caleta de lo que sabemos', o se abstiene de subirse al auto de éste o de aquella, 'porque fulanita me dijo que esa chica transporta droga y no sabemos si la está siguiendo la policía'. O, 'no camine sola porque de pronto la policía la para pensando que usted es una prostituta...' Y en realidad por donde nosotros vivíamos —cerca de Biscayne Boulevard— una zona más o menos deprimida, inicialmente me sucedió que salí en busca de un trabajo y vi que los carros se detenían y quienes iban dentro me decían cosas, pero sólo con el tiempo caí en cuenta del porqué.

"Todo esto me produjo nuevamente una gran soledad y además, mucho agobio porque para algunas cosas me volví como una niña que tenía que andar al lado de alguien y yo no estoy acostumbrada a eso. Es que ni siquiera me podía dar el lujo de ir al supermercado porque entonces, si no te para la policía o te escapas de que te lo pidan desde un auto, te salen al paso los marielitos cubanos y te pueden atracar o te violan. Era angustiante. Tenía que hacerlo todo con la ayuda de Alfredo, todo. Estaba atada de pies y manos y además me sentía como si fuera prófuga de alguna cárcel o como si hubiera cometido el peor pecado del mundo y me repetía continuamente, 'pero, ¿yo qué estoy haciendo aquí? Si lo poquito que tenía en Colombia que era mi carro, mis muebles, mi apartamento organizado, lo vendí para invertirlo en esta experiencia y, ¿qué? Si aquí estoy sufriendo... Caramba, Elvira y Carmen, (mis amigas de Nueva York) tenían razón cuando me escribían pidiéndome que no saliera de Medellín'.

"No recuerdo haber llorado anteriormente como lo hice aquel año, entre otras cosas porque tuve una niñez dura y esa soledad de la infancia me hizo... ¿Dura?, ¿Dura será la palabra? No, yo creo que es resistente... Resistente y luchadora. Me gustan los retos. Precisamente por eso viajé: cuando tomé esa decisión me partía el alma dejar a mi mamá, pero me vine. Ahora, me partía el alma dejar a Alfredo, pero sabía que tarde o temprano iba a regresar. Lloraba mucho y me resistía a tener el hijo que él quería porque estaba angustiada y decía, 'no es lógico crear ahora un problema más'. Es que por primera vez en mi vida llegué a sentirme insegura, cuando he sido todo lo contrario y llegué también a volverme débil y sentimental.

"Yo creo que todo esto terminó por unirme más a Alfredo que al mismo país y veía que no lo podía dejar solo, porque él me necesitaba, pero también yo lo necesitaba físicamente, sentimental, moralmente. El llenaba todos los espacios de mi vida y no era capaz de regresar sola, hasta que un día el tío le pidió que se fuera a Los Angeles a conseguir una serie de equipos para mandar a Colombia a través de su oficina de comercio exterior y como Alfredo me dijo que lo acompañara, regresé a donde Elisabeth que era la única verdadera amiga que tenía, el único desahogo porque yo no podía llamar a nadie más para contarle mis cosas, y volverla a ver fue algo que me devolvió la tranquilidad, la estabilidad emocional, la alegría, y cuando culminaron las gestiones le dije a Alfredo que no regresaba a la Florida. Y lo comprendió muy bien porque sabía que después de él, ella era la única persona a quien yo quería.

"Long Beach, al sur de Los Angeles, es una ciudad bohemia en la que creía ver parte de la excentricidad y el derroche de Hollywood y Las Vegas y tal vez por la felicidad de haber escapado de la Florida, inicialmente me pareció un sitio ideal para vivir. Sin embargo, a los pocos días comencé a darme cuenta que el vecindario donde habíamos rentado una habitación era tan peligroso como el 'Down Town' de Miami, por la cantidad de borrachos, lesbianas, drogadictos y homosexuales que encontraba a cada paso y que más tarde empecé a descubrir en muchos sitios de la ciudad... ¿Sicosis? Eso creí al principio y traté de meterme en la cabeza lo contrario, pero poco a poco fui convenciéndome que no, que esa era una realidad pero que no podía permitir que me golpeara porque entonces iba a regresar a lo que había quedado atrás y me prometí tratar de cerrar los ojos. A cambio —pensaba— hay algo tan lindo como nuestra relación con Alfredo.

"Así, los primeros meses fueron estupendos. Habíamos conocido dos parejas de jóvenes de Medellín con quienes congeniamos bastante —entre otras cosas porque tenían un nivel de educación parecido al de nosotros— y aceptaron que hiciéramos una especie de sociedad para trabajar. Alfredo y los muchachos se dedicaron a pintar, limpiar y reparar viviendas recién desocupadas y nosotras a asear oficinas, restaurantes después de cada jornada diaria y algunas veces hoteles y residencias turísticas. Yo diría que no nos iba mal, pero... (Y esto tampoco es sicosis), pronto apareció eso que tenemos tan metido los colombianos y que se nota mucho, especialmente cuando estamos allá: la intriga y una mentalidad reducida, estrecha. Definitivamente somos cositeros. ¿Qué pasó? Que ellos comenzaron a dudar de Alfredo: que si es esto o aquello, que si trafica con 'eso', que si compró una camisa nueva, que si van a abrir una cuenta de ahorros. Inicialmente lo sospechamos y nos previnimos —porque para los que no estamos metidos en cosas clandestinas esa es una cruz muy grande—, pero luego supimos que hablaban mal de nosotros y resolvimos distanciarnos.

"Así las cosas, ahora se trataba de ponernos un poco a salvo de esa agresión continuada, permanente, que uno recibe en los Estados Unidos cuando se enteran de dónde viene. Por ejemplo, siempre que usted diga, 'colombiano' le responden, 'coca' y eso cada día, cada hora, cada semana, es agobiante y termina por transformarlo a uno. A mí los Estados Unidos me cambiaron una barbaridad. Antes de venir yo era extrovertida pero esta experiencia me obligó a encerrarme en mí misma y me volví cautelosa, desconfiada. Tres veces desconfiada.

"Unos días después, nos acercamos a Los Angeles con el apoyo de Elisabeth que para entonces era la señora Connell porque se había casado con un norteamericano, Thomas Connell, un tipo familiar y buena persona que nos invitó a vivir en su casa mientras conseguíamos dónde meternos.

"Tom era camionero y viajaba dos semanas del mes. Mientras tanto, nosotros acompañábamos a Elisabeth que, desde luego ya no trabajaba porque tenía a su esposo y yo conseguí empleo en el supermercado de otros cubanos. Alfredo continuaba en el rebusque haciendo lo que saliera, levantándose a la madrugada o a la media noche con un nuevo grupo de muchachos colombianos, hasta que repuntó su tío y le dio la oportunidad de colocar en el mercado una serie de manufacturas colombianas de muy buena calidad. Y eso le ligó porque, hubiera o no hubiera trabajo, su tío le enviaba mensualmente unos mil dólares que nos permitían vivir sin apremio, por primera vez en un área buena de la ciudad. No obstante, desde hacía un año yo le decía, 'mira, esta lucha no tiene sentido. Nosotros no estamos haciendo nada aquí, no progresamos humanamente ni conseguimos nada importante. ¿Por qué no nos vamos para Colombia?', pero él no se convencía.

"Continué atacando y ya para finalizar el año, Alfredo había podido guardar unos ahorros pequeños. Un día le insinué que con eso podríamos comenzar en Colombia pero lo vi inseguro y me dije, 'el asunto es continuar martillando'. Es que los dos nos complementamos. Por ejemplo, volviendo con los ahorros, en ese momento él los tenía porque trabajó y se los ganó, pero también porque yo se los cuidé. Nunca conocí en estos años una discoteca, ni conocí un cine. Nunca permití que entráramos a un buen restaurante. Nuestros paseos consistían en ir a acampar a un parque con algún grupo de amigos porque eso era económico. Entrar a un hotel y pagar por dormir no era lógico... Pero a cambio de eso, Alfredo me da tantas cosas bellas. Tantas.

"Entonces llegó 1988, el año de la ley de amnistía para los indocumentados de todo el mundo. Como a partir de este momento quienes contraten gente sin papeles son castigados, se me cerraron todas las puertas y acordamos que yo me iría para Medellín, pero Alfredo empezó a darle largas al viaje y a aplazarlo y aplazarlo hasta que yo fijé una fecha y finalmente tomé la decisión. El por su parte vio la oportunidad de obtener residencia y pasar de paria —digámoslo así— a ciudadano legal y presentó su documentación por haber vivido allí desde 1981.

"Además nos casamos luego de haber vivido todo ese tiempo, yo diría que solamente por oficializar nuestra relación, pues se acercaba mi viaje y él no quería que me vieran como su amante sino como su esposa... Yo digo que fue formulismo porque nos amamos mucho, muchísimo, nos necesitamos, y cuando hay de eso, sobra lo demás.

"Desde luego, esta coyuntura de la ley de amnistía me cae muy bien porque no deseo permanecer más tiempo aquí. Mire: es que definitivamente mi vida está en Colombia. Uno en Estados Unidos aprende mucho, cambia, tal vez se vuelve más serio, pero lo de uno está allá. ¡Olvídese!

—¿Se van a separar?

—No. Que va. El tratará de obtener la residencia —ese es su reto— pero los planes son volvernos del todo, conservándola porque es necesaria, pero, le repito: lo nuestro está allá... ¿Quiere que le dé un argumento?

—Démelo.

—Me vine, lo dejé todo, trabajé tres años y ocho meses, honradamente, duramente y ahora me llevo tres mil doscientos dólares. Y, ¿recuerda con cuánto llegué? ¡Con tres mil quinientos!

Broadway es una guayaba madura

Su firma se llama "Moniboy Productions" porque él nació en Moniquirá, Boyacá.

Allí, a la edad de catorce años comprendió que lo que aquella tarde llenaba la pantalla del Teatro Libia era una revista musical realizada en Broadway y regresó a vespertina. Cuando esta terminó, pensó que debía ver la película nuevamente. Entonces se escondió debajo de una butaca y salió una vez apagaron las luces para que empezara la función de nocturna. Pero finalizó el espectáculo y se fue la gente y dejó de sonar el disco que llenaba de música el lugar y comenzaron a barrer y como continuaba clavado al asiento, vino Pompilio —el dueño— a pedirle que se marchara. Cerca de la media noche atravesó las calles solitarias del pueblo y en la esquina de su casa miró hacia atrás y dijo, "Yo tengo que llegar allá".

Y llegó. No ha actuado nunca, pero vive en el corazón de Broadway, en un viejo edificio aprisionado a manera de sánduche por dos moles de cincuenta pisos cada una y a menos de doscientos pasos de las salas donde en ese momento triunfaban Anthonny Quinn (Zorba), Liza Minelli (The Rink) y Engelbert Humperdinck (The other man and the other woman).

Dos tardes de cada semana se cuelga la bufanda blanca de seda, camina hasta el Hotel Anzonia —una mole de imponente rococó ubicada en Broadway con la 73— sube por uno de los seis ascensores y frente al número 15-65 hace sonar un timbre. La puerta se abre silenciosamente y como es su costumbre desde hace ocho años, simula una venia leve ante Lucile, el ama de llaves y toma asiento. La mujer desaparece con pasos menudos, sin hacer el más leve ruido, regresa unos minutos después y deteniéndose al lado del piano le dice, "Monsieur, madame lo está espegando".

Madame Gardel, Catherine Gardel, su profesora de canto, es una vieja luminaria de Broadway que cruza hoy por los setenta y vive justamente en el apartamento que hace muchos años ocupó Caruso. Pero en el mismo edificio él acude a otras escuelas donde estudia arte dramático, expresión, un poco de danza y un poco de música.

Antes de que se acabara el Hotel, los pisos construidos a prueba de ruido e inaugurados en 1902, comenzaron a ser ocupados por directores, maestros, escritores, músicos, guionistas, coreógrafos, que como la señora Gardel, establecieron sus academias de enseñanza privada de canto, danza y actuación en unos cincuenta apartamentos que conservan aquel aire aristocrático que caracterizó al Anzonia cuando, a principios del siglo, era el más elegante de Nueva York.

La zona es conocida como el Lincoln Center y cubre unos diez bloques en los cuales funcionan, por ejemplo, el Avery Fisher Hall, sede de la Orquesta Filarmónica de Nueva York, la Metropolitan Opera House, el New York City Ballet, la escuela de música Juylliard, una de las más célebres de los Estados Unidos, el Alice Tully Hall, pequeña sala para música de cámara, y el Lillian Beaumont, un teatro para arte dramático.

En las noches, cuando el reloj de pared de su antiguo apartamento da las nueve, lava los platos en que se ha servido la cena, brilla los zapatos, se viste, baja hasta la estación de Times Square —a dos cuadras de allí— y toma un tren que lo lleva a Queens: El Chibcha, Añoranzas, El Esmeralda, Los Años Locos, el Golden Palace, Ilusiones, toda una serie de salas de fiesta en las que realiza cada año una temporada de ocho a diez meses, actuando como cantante.

Este hombre de cuarenta y siete años, un metro con noventa centímetros de estatura, traje adusto y portafolios repleto de papeles, se llama Noé Castro. Fue ayudante de carpintero, seminarista, soldado, torero, empresario, bailarín de flamenco, cantador y emigrante.

Yo asistí a su debut en la Plaza de Santamaría, en diciembre de 1965. Vestía un traje perla y oro de Luis Miguel Domínguín y nos llamó la atención su estatura que según el maestro Alberto Corredor no le beneficiaba, porque frente a él cualquier toro se veía pequeño. Ese día actuaba como sobresaliente de espadas de Gabriel Díaz, uno de los novilleros más finos de la época.

La tarde fue desapacible porque el viento sopló desde el paseíllo y al ejecutar un lance, la brisa descubrió al matador y el toro lo engarzó suspendiéndolo en el aire una eternidad, tras lo cual fue conducido a la enfermería con una pierna perforada. Eso significaba que el de Moniquirá debía enfrentarse a aquel novillo gordo y astifino que esperaba desafiante en el centro del ruedo. Desde el tendido lo vimos palidecer, pero una vez escupió el buche de agua que le dieron en el callejón, caminó hacia el enemigo y lo lidió con más valor que experiencia en medio de algunas protestas del público.

A partir de ese domingo, leí varias veces su nombre en los carteles de las plazas de provincia, pero más tarde se me perdió del todo y sólo lo volví a ver aquel martes en Queens, al lado de Roberto Ledesma.

Curiosamente, esa noche también llevaba un traje blanco pero el balance fue bien diferente al de la Santamaría: un aplauso largo, el coro del público diciendo "otra, otra, otra...", y cuando terminó bajé hasta el camerino a saludarlo picado por una enorme curiosidad: ¿Cómo diablos había ido a parar a un escenario en Nueva York?

La respuesta fue sencilla: Broadway, las películas en el teatro de Pompilio Martínez en Moniquirá y finalmente la necesidad de curarse del cáncer que significa la afición a los toros, por cuyo camino no hubiera llegado lejos.

—El encuentro amerita un vinillo, dijo y subimos a ver el show de Ledesma pero el sitio se hallaba a reventar pese a estar comenzando la semana.

—Yo creo que este es el mejor negocio latino de Nueva York —me explicó— porque abre siete días a la semana y son siete llenos. Desde luego en Queens hay otros nueve o diez lugares que también halan mucho público, pero nunca como éste.

El Chibcha es una sala bien montada con capacidad para trescientas personas. Jorge Alarcón, su propietario, es un antioqueño de Montebello que se formó en Europa y a principios de la década de los setentas apareció en Estados Unidos lleno de ideas y con la suficiente capacidad para convertirse en un hombre importante dentro del "show business" latino en Nueva York —como lo es ahora— porque además de El Chibcha posee otros negocios similares aquí y en Miami.

Por ellos desfilan semanalmente cantantes colombianos, alternando con las mejores voces hispanoamericanas y las más cotizadas orquestas del Caribe, desde la Billo's y la Sonora Matancera, hasta Eddie Palmieri y Larry Harlow, los ídolos de la salsa (aquel año).

Hablando de estas cosas fuimos llegando poco a poco hasta el bar, donde finalmente encontramos un pequeño espacio en medio de la muchedumbre, pero resultó imposible conversar detenidamente. En cambio dijo que tenía toda una semana libre a partir del lunes siguiente y le propuse que me dejara asomar a su pequeño mundo. Respondió que aceptaba irrevocablemente.

El pequeño edificio de seis pisos queda en la 44, a escasos
metros de donde se cruzan la Séptima Avenida y Broadway, calle
famosa en donde funcionan más de doscientos teatros de variedades. En el último piso, subiendo por una escalera cuyos maderos
crujen bajo el tapete —añejo como ellos— escuché su voz a través
de la única puerta que daba al pasillo: solfeo, luego el run-run de
una melodía y un "carajo" a voz en cuello, simultáneamente con
mi anuncio en el timbre. Abrió frotándose la mano quemada y
antes de pronunciar palabra, dio un salto y retiró la plancha del
cuello de la camisa que estaba desarrugando para ponerse esa
noche.

Más abajo de la bata que le llegaba hasta las rodillas podían
advertirse un par de cicatrices profundas color café que indudablemente representaban el recuerdo más patético de sus años
como novillero en Colombia, afición que empezó a carcomerle
los huesos siendo aún seminarista.

Sucede que cuando terminó quinto año de primaria se sintió
acorralado porque en el colegio de su pueblo no había bachillerato y como quería continuar con los estudios, se armó de valor
y fue hasta la casa cural a hablar con el Padre Guerra, un párroco
cuya posición correspondía exactamente a su apellido. Eran
años de violencia política y él se contaba entre los instigadores
efectivos de la contienda liberal-conservadora —así ocurría
en la mayoría de los municipios colombianos— pero eso no le
importaba a Noé, entonces obsesionado por los libros.

—Padre, le dijo aquella mañana, aquí el único camino son
los colegios de Tunja o de Vélez, pero usted sabe que nosotros
somos parte de la gente pobre de este pueblo y mi papá no puede
mandarme a estudiar afuera... ¿Por qué no me ayuda?

Para fortuna del muchacho, aquella fue una de las pocas
veces en que el cura Guerra no preguntó la filiación política de la

familia antes de ofrecer su colaboración, y tres meses después ingresaba como novicio, nada menos que al seminario de Monseñor Builes, en Yarumal.

Monseñor Miguel Angel Builes fue famoso durante "la época de la violencia", por su actuación fogosa y decidida en favor del gobierno y Noé aún recuerda cómo "al lado de los salmos aprendimos también que los liberales eran ateos y pecadores, y por eso Dios no estaba de su parte".

A los dos años fue trasladado a un seminario ubicado en Mosquera —un pueblo cercano de Bogotá—, donde han tenido asiento las ganaderías de toros de lidia más antiguas del país y allí vio de lejos las labores del campo en torno al toro de lidia y más tarde los tentaderos de becerras y empezó a soñar con un traje de luces, frente al cual la sotana y el roquete le parecieron anacrónicos.

Una vez abandonó el seminario, volvió al pueblo y lo encontró más pequeño y menos alegre de como lo había idealizado durante los últimos cuatro años y decidió marcharse en busca de la gloria. Pero no tenía la menor idea de dónde empezaba la profesión de los toreros, y por tanto sintió necesidad de abrirse al mundo para descubrirlo. Pero, ¿con qué dinero lo hacía?

Estando sumido en esos pensamientos, cruzó por frente a su casa un carro del ejército que llamaba a los jóvenes para que se presentaran al servicio militar y aun cuando él sabía que eran épocas de plomo, no se detuvo en esa pequeñez y dijo, "ese es el tranvía que me va a llevar al mundo".

Ya en las filas fue destinado a lo que llaman en Colombia hace más de medio siglo las "zonas de orden público", que en cualquier otro país no son más que las áreas de combate: Antioquia, el sur del Tolima, Caldas, Boyacá... El olor de la pólvora y el desafío a la muerte esos dos años, no fueron para él nada diferente de un buen ejercicio mediante el cual podía templar los nervios y poner el valor en nivel óptimo, pues más tarde quería vestir con decoro el traje de luces...

A través de la pequeña ventana de la sala bloqueada afuera por la silueta de la escalera de emergencia, vimos que comenzaba a anochecer y sobre la cara de Noé se proyectaba el reflejo de una luz roja intermitente que despedía un aviso de McDonalds en la acera de enfrente. No sé cuánto tiempo había transcurrido desde cuando comenzó el relato pero él ya estaba metido entre un traje oscuro y cuando advirtió la hora, sacó un papel del cajón del escritorio, se colgó la bufanda blanca de seda y me dijo, "aprovechando las noches libres, hice reservaciones para toda esta semana en algunos teatros porque estoy desactualizándome. Son dos sillas por función pensando en usted. ¿Me acompaña?".

Recorrimos siete cuadras por Broadway en busca del Palace, donde presentaban "La cage aux folles", una revista musical que se desarrolla en el Sur de Francia y cuando llegamos a la puerta del local se apresuró en busca de la taquilla donde dio su nombre y le entregaron las boletas.

—Yo sé que esta obra le va a gustar porque el director goza de prestigio y además ha contado hasta ahora con una estupenda crítica... Lástima que nos hubiéramos visto apenas la semana pasada —dijo mientras caminábamos— porque aquí mismo, en el Palace, terminó hace poco "La mujer del año", una pieza que tiene que ver con su profesión de periodista. Fue un éxito taquillero: imagínese, con Raquel Welch encabezando el reparto...

Me sorprendió ver cómo vibraba hablando de la comedia musical norteamericana que definitivamente es su sueño. Un sueño que, a pesar de la edad por la que cruza (48), en lugar de desvanecerse se transforma con el tiempo en una ilusión mayor para él. Actuar algún día en Broadway es casi un imposible, pero piensa que ese "casi" puede ser derrotado en cualquier momento si trabaja cada vez más duro en las academias del viejo Hotel Anzonia. Y, desde luego, si cuenta con mejor suerte de la que ha tenido hasta ahora.

—¿Por qué sigo insistiendo? Hombre, se pone uno a pensar en la historia de los grandes coreógrafos norteamericanos y encuentra que generalmente tuvieron una vida precaria, pero eso precisamente los llevó a triunfar... Y no solamente a triunfar sino

que la señora De Mille fue la primera que utilizó la danza para
leído más de una vez la biografía de personas como Jerome
Robbins, Agnes de Mille, Michael Kidd, Robert Fosse y me
anima ver que no salieron del clásico, montado con todos los
medios económicos posibles, sino del teatro que era más pobre. Y
triunfaron gracias a sus grandes esfuerzos. Por eso, al mirar lo que
hicieron, uno encuentra todo un reflejo de lo que vivieron: un
alarde de verraquera y de vitalidad. Y más que eso, la creación de
un arte que no ha copiado nada sino que tiene una enorme
personalidad. En todo esto, lo que más me apasiona es que las
cosas se han hecho con las uñas, venciendo problemas enormes
como la pobreza. Pero esos señores en lugar de quejarse, trabajaron y trabajaron y trabajaron cada día más...

—Es increíble —continuó— pero, por ejemplo esa pobreza
llevó a los mejores coreógrafos a emplearse en los teatros comerciales y no les importó un carajo porque ellos sabían para dónde
iban... Si eso le hubiera tocado a cualquier europeo, lo habría
considerado como la prostitución de su vida. Pero los gringos no.
Estos no. Por eso hicieron algo tan grande en la historia del teatro
musical. Yo estoy seguro de que ahora mismo —hablo de
danza— usted puede encontrar en Broadway algunos espectáculos con un dramatismo y con una técnica que no le envidian nada
a las mejores compañías de ballet del mundo... Y, en cuanto a la
manera como hacen la obra cómica, eso sí no le quepa la menor
duda: los coreógrafos gringos no tienen rival. Es que no lo tienen... ¿Sabe por qué? Porque en ella la danza es la reina. Es una
reina que obligó al arte a adaptarse al gusto de hoy, le quitó toda
esa afectación y esa pendejada preciosista y lo volvió muy di-
námico...

Para él, esta historia tomó forma hacia 1943 en manos de
una coreógrafa llamada Agnes de Mille, en cuya biografía
parece encontrarse a sí mismo con su lucha y su ilusión de más de
treinta años, desde aquella tarde y aquella noche clavado a una
butaca del teatro Libia de Moniquirá. No lo dice así, abiertamente, pero cuando habla de estas cosas uno lo puede descubrir sin
dificultad.

—Ese año se estrenó aquí "Oklahoma" y, ¿qué pasó? —pro-
siguió—. Que se formó toda una revolución en el mundo por-

que la señora De Mille fue la primera que utilizó la danza para perfilar un personaje, para, digamos, pintar el ambiente dramático y como dicen los albañiles en Colombia, para "apuntalar" el argumento. A partir de esa pieza su innovación se volvió un elemento obligado en la comedia musical.

Cerca de la media noche, en Broadway como en cualquiera de las grandes ciudades del mundo, apenas comienza la vida. Cuando abandonamos el teatro había llovido y sobre el pavimento se dibujaban las luces de los letreros que inundan la avenida formando un extraordinario cuadro impresionista.

El espectáculo había sido bueno y mientras buscábamos un restaurante para cenar, Noé trató de abrir más los ojos diminutos que contrastan con su nariz grande y afilada y a la vez que señalaba un sitio italiano, dijo:

—Andar metido en este mundo y leer la historia de cómo se fue formando, me han hecho ver lo importante que fue tener una infancia llena de restricciones, porque eso me obligó a luchar y a poner a trabajar la imaginación cada vez con más ganas. Hoy le encuentro mucha razón a una cosa que nos repetía mi padre cuando éramos muy niños: "Nunca esperen a que las guayabas les caigan en la cabeza —Moniquirá es tierra de guayabas—. Levanten los brazos para arrancarlas. Y si no alcanzan, súbanse y bájenlas, mátense si es necesario, pero alcáncelas. Las frutas están ahí, pero el único que las coge es el que hace un esfuerzo bien grande. En este mundo no hay nada gratis".

"Mi viejo era el carpintero del pueblo. Entonces, con el retal que le sobraba yo hacía alcancías, repisas, ganchos para la ropa y los vendía en el pueblo. Más tarde entré a una o dos fábricas de bocadillos de guayaba —que es una industria autóctona en la región— y me di cuenta que los instrumentos de trabajo eran de madera. Pues me especialicé en hacer palas, cuchillos, cucharas y además fabricaba butacas para los toldos de comida y se las vendía a la señoras de la plaza de mercado o se las cambiaba por verduras o por papas o por mazorcas para llevar a la casa. Así entendí qué era el comercio y pude ver caminos más anchos para ganarme la vida, desde luego sin perder de vista los toros de lidia".

El restaurante donde estábamos ahora era confortable y la luz suave que salía de las pequeñas lámparas sobre los manteles nos permitía ver mejor el espectáculo de la calle, brillante por la humedad. Habíamos solicitado una mesa al lado de la ventana y al otro lado las siluetas de las personas que cruzaban estrechando los hombros bajo sus paraguas bien podrían parecer centenares de bailarines en la llovizna del comienzo de la madrugada.

Pedimos una botella de vino Chianti, mozzarella caliente y una trucha en salsa de almendras y cuando comenzábamos a saborear el primer sorbo de la copa, Noé miró al techo y comenzó a seguir con la cabeza los compases de la canción de la temporada: "Tu sei l'unica donna per me", que sonaba deliciosa en la voz de Julietta Sacco. Luego llamó al mesero, le preguntó por otra balada y vi que el hombre asintió con cara de satisfacción:

—Señor —dijo— no seríamos buenos italianos si no tuviéramos "Un giorno in piu". ¿Le gusta la voz de Alan Sorrenti?

—Desde luego —respondió mi amigo—. Canta como los ángeles.

Escuchamos parte de la melodía y regresamos al tema de su vida.

—Cuando terminó el servicio militar —explicó— me fui para Bogotá y en el ramo de las ventas tuve algo que pudiera llamar éxito porque colocaba muy bien los productos de una industria de galletas, luego me pasé a una de plásticos y así empecé a salir del barro poco a poco. A los dos años me puse de acuerdo con Mario —un hermano— conseguimos una pequeña casita del Instituto de Crédito Territorial y nos arrastramos a la familia para la capital. Recuerdo mucho que contratamos un bus viejo en el que acomodamos la familia y los chécheres de la casa, y partimos. Eramos en total un ejército de catorce, sumándonos mis padres y nosotros, pero en pocos días fuimos capaces de conseguir colegios para los pequeños y alguna actividad para los viejos... Y como yo era el quinto de la familia, dije taurinamente, "no hay quinto malo" y me fui a buscar los ambientes toreros de la ciudad que entonces giraban en torno de la Plaza de Santamaría y al lado de las oficinas de algunos empresarios, ubicadas en El Pasaje Santa Fe, en el corazón de la ciudad. "Ahora sí —me dije— puedes tratar de andar por la Calle de Alcalá", que en buen argot taurino significaba el mundo de los toros.

"Y comencé. Pero comencé mejor que los demás porque en poco tiempo me di cuenta que no había razón para distraerme como maletilla, andando de pueblo en pueblo para buscar la oportunidad de dar un lance frente a vacas ya toreadas y enrumbé como empresario de pequeñas funciones en las ferias de los pueblos más apartados.

"Se trataba de contratar a un par de novilleros, negociar el ganado y, como es lógico, incluirme en el cartel. Pero, de otra parte, como quería ser artista a cualquier precio, bien en el ruedo o en un escenario, simultáneamente ingresé al teatro La Buhardilla. Mis maestros eran Alejandro Buenaventura y Jairo Aníbal Niño, sus fundadores, y no mucho después logré hacer mis primeros pinitos en las tablas... Y a la vez cantaba. El cantar en mí es una herencia de familia, porque tanto en mi casa como en la de los padres y en la de los abuelos, la gente cultivó esta afición. Y lo hizo bien.

"Pues bueno: el asunto del canto, en plan más o menos profesional, nació en mi primera salida como maletilla a un pueblo que han escuchado mencionar muy pocos colombianos: San José de Miranda, en límites de Boyacá y Santander. Allí había ferias y fiestas y como en toda la región, el acontecimiento por las tardes eran cuatro 'pachangas' mixtas en las cuales alternaban toreros bufos —que se pintan la cara— y novilleros principiantes. Desde luego yo iba con salario de paracaidista, es decir, pagándome mis gastos y bajo la condición de que sólo podría pegar algunos capotazos en las vacas de los bufos, si éstos lo permitían.

"Se dio la primera tarde y de regreso al hotelito vinieron los 'enhorabuenas' por haber salido ilesos y un poco más tarde el cante y la juerga. Pedrito —un montador de toros— tocaba la guitarra pero estaba solo porque su compañero, otro bufo, había sido corneado dos semanas atrás y yo aproveché la oportunidad para acompañarlo, con la suerte de que mis hechuras le gustaron a Jaime Bojacá —el matador de turno— y con él, se entusiasmaron los demás y alguien trajo una mesa por orden del diestro y me hicieron subir allí y empecé a zapatear y a despeinarme, muy flamenco y muy gitano —creía yo— y así se formó el jaleo. Media hora después había bastante gente en la puerta del hotel escuchando a los cantaores y la hija de la dueña se entusiasmó conmigo. Cuando me di cuenta que había conquistado, arranqué por peteneras y luego por alegrías y le dediqué un par de números y ella en agradecimiento le dijo algo a su madre que ya se había sumado a la rumba haciendo sonar las palmas.

"El asunto continuó una hora más y cuando terminamos, la patrona dijo con mucha casta, 'señores, ustedes son unos fenómenos. No les voy a cobrar la cuenta del hotel'. (Ese fue mi primer corte de orejas por cuenta del toro).

"Un poco más tarde nos invitaron a un baile y Pedrito se llevó su guitarra. Adelante iban el diestro con su banderillero y más atrás los bufos y el cantaor —como mandan los cánones del oficio— y ya en la sala resolvimos cobrar un peso por canción. ¿Qué sucedió? Que esa noche Pedrito y yo ganamos más dinero que los toreros contratados: quinientos pesos, una fortuna. Con eso compré mi primer traje de luces, un tabaco y oro y me hice empresario de pachangas. En esa nueva etapa hubo suerte y realicé el sueño de la lechera: un año después daba funciones en provincia, esta vez con matadores de toros que cruzaban por el atardecer de su carrera y más tarde llegué a la Santamaría organizando mis propios espectáculos y toreando algunas veces pero con relativo éxito.

"Durante esos años en los toros, siempre trabajé en algo más, o sea... hice lo contrario de mis colegas porque en Colombia el torero es torero y nada más. Pero yo no. Yo estudiaba y trabajaba a la vez. Por una parte terminaba bachillerato en el Incca nocturno y simultáneamente hacía cursos de ventas porque quería prepararme bien. Y me iba bien. Obviamente ganaba dinero y por eso era un tipo diferente en el medio taurino donde los que empiezan, andan sin una peseta —como se dice—. En cambio yo contaba con lo necesario para pasarla sin afanes. Y eso, desde luego, me daba un sitio especial.

"A raíz de las ferias en San José de Miranda, Pedrito empezó a hablar de mí y me creó alguna fama dentro del cotarro taurino, gracias a lo cual llegaron los primeros contratos en algunas tascas y restaurantes españoles frecuentados por la gente del medio: Los Barriles, la Zambra, la Taberna del Toro...

"Cuidaba mucho el dinero que ganaba y finalmente lo invertí en una pequeña industria de plásticos, donde pude palpar bien la realidad de la fiesta brava en esa época, puesto que diariamente recibía la visita de las figuras del toreo local que se acercaban para rogarme que les prestara algunos pesos. Eso me llevó a pensar que los toros son ante todo, oropel, cobre como el que hay bajo cada alamar del traje de luces. Eso y el resultado artístico de mis actuaciones en el ruedo, me llevaron a decirme un día, 'tú, a otra cosa. Este no es el camino'. Y me vine para los Estados Unidos a soñar con Broadway".

Dos de la mañana. Terminamos de beber un par de tazas de café bien cargado y el mesero, tal vez agradecido por las palabras de Noé cuando se refirió a la voz de Allan Sorrenti —su cantante favorito— nos trajo un amaretto por su cuenta. Afuera había dejado de llover.

La segunda noche fue tibia después de un día caluroso y lleno de sol. Esta vez la cita era en el Broadway Theater donde Anthony Quinn completaba veinte semanas con "Zorba", una producción musical muy dinámica, basada en la novela de Kazantzakis.

La tercera en el Broadhurst a veinte pasos del viejo edificio de Noé: Dustin Hoffman en "La muerte de un viajante", un nuevo montaje de la obra de Arthur Miller.

La cuarta en el teatro Gershwin, a cinco cuadras de allí,
donde se presentaba desde hacía ocho semanas, Engelbert Humperdinck con un montaje espectacular de sus últimas canciones,
que para Noé no pasaba de eso: de ser simplemente espectacular.

—Es que... Durante los últimos, qué sé yo, ocho, diez años
—dijo mientras abandonábamos la sala— con excepción de lo
que aporta un grupo de coreógrafos que se volvieron directores,
(como el caso de ayer), la danza en Broadway no ha sido tan
interesante como a mediados de los cincuentas. Hoy los drama-
turgos se han alejado del movimiento lírico y se empobrece el
argumento... entonces se va cayendo en bailes cortos que buscan
especialmente darle de comer al ojo del espectador: mucha gim-
nasia, mucho adorno y poca almendra, ¿me entiendes? Por otra
parte, pues... falta oportunidad y los mejores coreógrafos, o se
fueron para Europa o pasaron a dirigir ballet porque allí ganan
mejor.

—Pero aquí se tiene que mover mucho dinero, la sala tenía
un lleno total y todas están igual noche a noche, semana por
semana, comenté y él me cortó la frase:

—Sí. Eso es cierto. El éxito del ballet en Broadway ha sido
arrollador y por eso la situación económica del bailarín moderno
en los Estados Unidos ha cambiado el hambre y la desesperación
por, digamos, una seguridad económica. Pero eso no es lo ideal.
Mira: esos taquillazos han logrado, por ejemplo, que cada día
aumente considerablemente el número de hombres que se preparan para esta profesión. Y que se preparan bien y que, desde
luego, adquieran mucho espacio para triunfar en todo el mundo.
Antes, el bailarín que se metía al teatro popular sólo aprendía
"tap" y números acrobáticos... Los bailarines de conjunto, el
corista, la corista y el solista desaparecieron. Fueron reemplaza-
dos por personas que dominan varios estilos y que, por lo general,
son muy buenos actores. Además, prácticamente todos cantan y
lo hacen aceptablemente... eso viene de los cincuentas. De coreógrafos como Jerome Robbins que montó, digamos, "Amor sin
barreras" y allí unió danza y drama y realizó un ballet con
argumento, con diálogo y con canciones. En esa obra, Robbins
iluminó lo que antes había comenzado Agnes de Mille en "Alle-

gro". Con toda esta cháchara quiero decir que la gente que actúa aquí es de un nivel casi inigualable y que por tanto no gana todo lo que debía de ganar. Y eso hace que lo mejor se vaya a otras partes o se meta al ballet.

Después de cada función, la calidad de la cena variaba de acuerdo con nuestros fondos comunes y esa noche buscamos uno de aquellos restaurantes populares en los cuales el mismo cliente lleva su comida hasta la mesa. Hacía frío pero no llovía. Arriba, sobre el espacio limitado que dejan los edificios, podíamos ver un cielo cargado de nubes oscuras.

—Mañana volverá a llover desde las primeras horas —dijo Noé bajando la vista—. Habrá que salir a la calle con gabardina y paraguas.

A la distancia, las luces de los autos emergían de una cadena de chorros de vapor que se levantan del pavimento a ambos lados de la calle. Son escapes del sistema subterráneo de calefacción, mediante el cual contrarrestan el congelamiento de las tuberías de conducción de agua y abrigan con temperaturas benignas las estaciones del "subway" y algunos otros sitios públicos durante las épocas de frío. Antes de cruzar me detuve unos segundos frente a una vitrina. Noé continuó andando lentamente mientras silbaba alguna de las melodías que habíamos escuchado esa noche y cuando lo alcancé, tomó la palabra:

—Estos espectáculos —dijo él— comienzan a montarse uno o dos años antes de ser puestos en escena. En ese momento las compañías empiezan a buscar talento y publican avisos en diarios especializados como el "Back Stage" para que los interesados se presenten a una cosa que aquí llaman audiciones, o sea sesiones de prueba muy jodidas, muy exigentes. Cuando yo llegué no tenía ni idea de cómo se podía entrar al mundo de Broadway, pero más o menos un año después de haber comenzado clases, la maestra Catherine me dijo que si quería ser alguien, tenía que poner en práctica lo que hizo ella cuando comenzó:

"Compra todos los diarios del espectáculo —me aconsejó— y ponte a buscar trabajo aunque te digan un millón de veces que

no, porque a lo mejor, al millón te contestan que sí y ahí está la
gran oportunidad".

Yo me acuerdo que tan pronto salí de la academia me fui a
un puesto de periódicos y compré el 'Show Business', un magazín
muy conocido, y empecé a buscar y a señalar con un lápiz.
Cuando tuve unas tres direcciones me volé hasta la primera sala.
Pero que veo: frente a la puerta había una cola de por lo menos
doscientas personas buscando una cita para que uno o dos... o
cinco días más tarde alguien les hiciera una especie de examen. Me
quedé mirando esa vaina y pensé, 'Hombre, ¿cómo no voy a ser
capaz de intentarlo?', y me coloqué al final, pero estaba muy atrás
y no alcancé a llegar ese día, ni tampoco el otro, pero finalmente
pude entrar. Allí me preguntaron en qué campo me desempeñaba, les dije y me entregaron un guión musical para que me lo
aprendiera, y el día, la hora y el sitio a donde debía acudir la
semana siguiente para participar en una serie de eliminatorias al
final de las cuales quedaba decantado el elenco.

Me presenté entonces a una obra llamada "Nine" —que
posteriormente fue un gran éxito— y que arrancaba con Raúl
Julia, un actor que logró la fama haciendo la nueva versión de
Drácula.

Nine está basada en la obra de Federico Fellini... Tú sabes
que su gran éxito fue Ocho y Medio y un músico norteamericano
tuvo la idea de pedirle autorización para hacer Nueve, pero lo que
él realmente quería realizar era la vida de Fellini a través de las
mujeres y realmente lo logró con esta pieza.

Pues bien: en la primera sesión me dijeron: 'Usted no sirve.
Váyase'. Dos semanas más tarde me presenté a otra y sucedió lo
mismo, y luego a otra y lo mismo, y a una más, pero esta vez me
dejaron para la segunda rueda. Volví más tarde a una quinta o
sexta y me sucedió igual: pasé a la segunda. Eso para mí era casi
un triunfo. Se lo conté a la maestra y me dijo: 'Animo muchacho.
Animo'. Y he continuado con ánimo... Yo no sé cuántas veces me
he presentado hasta hoy ni cuántas me quedan aún. Lo cierto es
que no he tirado la toalla... 'Todavía falta mucho para llegar a un
millón', me digo cada vez que soy rechazado y al día siguiente
vuelvo a comprar el 'Back Stage'.

Realmente lo que él había logrado hasta entonces era penetrar en el ambiente de la música latina como lo hizo en Colombia con el mundo de los toros, pero desde luego, sus metas eran más ambiciosas y aquello parecía mantenerlo permanentemente insatisfecho.

Esa etapa comenzó un año después de haber llegado a los Estados Unidos. Entonces, como cualquier emigrante que se respete, trabajaba en una fábrica y vivía en Union City, una ciudad del estado de New Jersey donde se había asentado una colonia calculada en ochenta mil cubanos, además de treinta mil latinos de otras nacionalidades, especialmente colombianos.

En ese momento la vida de obrero había represado tanto aquel deseo por las tablas que una noche, aplastado por la frustración, abandonó su alcoba y se dedicó a recorrer parte de los sitios de diversión nocturna del lugar, más que para soñar con sus planes futuros, con el fin de comenzar a dar pasos firmes y tratar de construirse el futuro con que estaba soñando desde los catorce años.

Comenzaba la década de los setentas y él recuerda cómo aún en New Jersey no se escuchaba música colombiana, así que se detuvo frente a un club donde vio un letrero que decía "Show Español". Entró, se acomodó en la barra, pidió un par de tragos pero sobre la media noche, viendo que aún no había sonado nada de lo que anunciaban, se dirigió al guitarrista y éste le contestó: "Mira chiquito, es cierto que los cubanos venimos de españoles, pero realmente no tenemos nada español aquí". Ante esto solicitó ver al dueño del lugar. Una vez con él le dijo que era cantante profesional y que le diera una oportunidad para demostrárselo y el hombre accedió.

En sólo unos minutos se puso de acuerdo con el conjunto, cantó "La morena de mi copla", y al final recuerda que el público se alborotó y le pidió que cantara media docena de canciones y gracias a los aplausos quedó contratado y, además, cobró su primer salario como artista: veinte dólares.

El guitarrista tenía un buen repertorio colombiano porque en alguna ocasión trabajó con Nelson Pinedo y Carlos Julio

Ramírez y Noé terminó haciendo los mismos números, además de una serie de canciones de moda que le aseguraron el éxito.

Esto le permitió liberarse del trabajo en la fábrica y a las ocho semanas estaba ganando tres veces más que allí. A los seis meses le dijo al dueño que desocupara el sótano, comprara unos barriles y lo decorara a manera de tasca y con algunos músicos cubanos armó un conjunto de ritmos colombianos y españoles. Como resultado inmediato, la colonia colombiana empezó a frecuentar el lugar y a agotar las entradas noche a noche. Noé cobró entonces el dinero que quiso y empezó a ahorrar mirando hacia el mañana.

No mucho tiempo después y ya en capacidad de arrancar por sí mismo, compró un negocio que estaba de capa caída: "El Club 61", ya en el West New York pero muy cerca del Mesón Español, donde había triunfado.

Decoró el local, le cambió el nombre por "Latinoamerican Club" y para inaugurarlo llevó desde Colombia a Mario Gareña que había ganado un poco antes un festival latinoamericano de la canción con "Te dejo la ciudad sin mí". Posteriormente presentó a Víctor Hugo Ayala y continuó con una serie de cantantes que vivían allí pero cuyas voces eran conocidas por los colombianos, como las de Juan Legido y Olga Guillot, y poco a poco se fue adueñando de la plaza hasta quedarse con la clientela del Mesón que debió cerrar sus puertas.

Pero, a pesar del gran éxito económico, vio que la labor como dueño de un local lo distanciaba de sus metas. Quería ser cantante y debía trabajar solamente en eso. Por este motivo vendió el negocio y dijo "Voy a grabar mi primer disco, pero tiene que ser lo mejor... ¿Por dónde comienzo?".

Lógicamente por seleccionar una serie de canciones que había compuesto y pulido noche a noche en su propio escenario. La mayoría de ellas hablaba de su pueblo, de la infancia, del cura Guerra con su guerra, de los políticos y sus promesas antes de elecciones, del alcalde, de buena parte de los personajes que lo impresionaron bien o mal durante la juventud, además de una serie de piezas románticas.

—Una de ellas —recordaba aquella noche— es "La Cometa", una cometa que se elevó tanto y tanto que encontró finalmente el mundo del viento y a pesar de estar bien armada, ese viento la destruyó. En aquella canción me refiero a mi matrimonio, desbaratado a pesar de contar con la fortaleza que parecía darle mi pequeña hija... Después vino otra, "Lo que soy", un viejo muelle donde los barcos ya no atracan y cerca de él un parque a donde los niños no van a jugar y una casa abandonada y una iglesia en la cual nadie ora. En ese momento eso era yo: un hombre solitario que a pesar de haber sobrevivido a través de cuatro años desde mi separación, aún no lograba reponerme del golpe...

"Bueno, en total alisté unas veinte canciones y repetí: Y, ¿ahora qué?

"Durante muchos años había visto una y dos veces las películas de Frank Sinatra y en ellas, parte de lo que me impresionaba eran las orquestas que lo respaldaban, y dentro de esas orquestas, las cuerdas y los arreglos me parecían de verdad maravillosos.

"Eso me puso a soñar y una tarde le dije al maestro Benítez —el esposo de Xiomara Alfaro—: 'Rafa, estoy proyectando hacer un disco, pero tiene que ser con unos arreglos y una espectacularidad orquestal, iguales a cualquiera de los de Frank Sinatra, ¿estaré loco?'.

—No. No estás loco. Yo soy buen amigo de Al Wagner y además de presentártelo, le voy a pedir que te ayude, me dijo.

"Al Wagner fue una parte decisiva en el éxito orquestal de Frank Sinatra con 'Extraños en la Noche', 'My Way', 'Candy Man', una serie de canciones inolvidables en las cuales él hizo los arreglos de los violines y en general de las cuerdas, trabajo que había desempeñado anteriormente con Judy Garland y con una serie de luminarias norteamericanas, y yo me sentí muy feliz porque en ese momento vi que estaba a punto de realizar parte del cargamento de sueños con que llegué un día a esta tierra.

"Efectivamente, una semana después conocí al maestro Wagner en una reunión del sindicato de músicos de Nueva York y tras explicarle que aun cuando yo no era ninguna estrella, quería hacer una cosa decente, bien realizada. El sonrió con... yo diría que con dulzura, con bondad, y me dijo que le llevara la música escrita. Como ya estaba lista se la entregué más tarde y comenzó a trabajar en los arreglos en su casa de Junckers, en las afueras de la ciudad. Allí lo visité muchas veces. Generalmente me explicaba lo que estaba haciendo y luego salíamos al pequeño jardín y allí me pedía que le contara parte de las vivencias que había detrás de cada frase y él se quedaba silencioso y luego movía la cabeza afirmativamente. En esos momentos entendía que él se estaba metiendo cada vez más entre las historias y que le gustaban. Eso —pensaba yo— lo llevará a hacer algo muy bueno. Y de verdad, lo que logró fue magnífico... Prácticamente no me cobró. Se dedicó a ayudarme con una bondad tan especial como aquella que descubrí en su cara cuando tuve la fortuna de conocerlo.

"A partir de allí fueron contratados veinticuatro músicos y empezamos a grabar en el Coordinated Sound Systems, uno de los estudios más importantes de la ciudad en esos momentos. Una parte de la orquesta estaba compuesta por los mismos músicos que han acompañado muchas veces a Frank Sinatra, es decir, el maestro Al Wagner, Lonny Buinis, Stan Karpenia y Sam Zimmerman, como violinistas, Martin Salyk y Vinnie Liota, con las violas, Julius Ehrenerth y Shepard Coleman tocando los chelos y un coro con tres de las voces de aquella misma agrupación. Todo un sueño.

"En total trabajamos ciento nueve horas, y al final quedó terminado el disco. Este salió y tuvo éxito en el mercado latino pero mi gran frustración fue no haberlo podido llevar a Colombia porque, sencillamente las casas disqueras que funcionan allá dijeron que no les interesaba. Como había algunas canciones que hablaban, por ejemplo de los gamonales, me dijeron que le tenían miedo a una cosa que se llamaba Estatuto de Seguridad —era el año 81— y que en virtud de esa ley o decreto, no me acuerdo bien, el gobierno podía alegar que las canciones atentaban contra la estabilidad de las instituciones democráticas... Imagínese. Peor que en la época de Monseñor Builes. Yo creo que son, ante todo, una serie de cuadros costumbristas enmarcados por la vida de mi pueblo, soberbiamente bien orquestados, con muy buenos arreglos, con una ejecución impecable... Pero bueno, qué se va a hacer".

La última cita con Noé fue un sábado al final de la tarde cuando Manhattan parece desierto si se lo compara con cualquier día de trabajo. Había comenzado a oscurecer y por las avenidas circulaban libremente los autos con los vidrios cerrados y la calefacción prendida. La estación estaba tibia pero a medida que avanzaba por el túnel que conduce a la calle, el frío se hacía más patente y ya afuera sentí un viento helado que me empujó y estuvo a punto de llevarse el paraguas, y decidí sostenerlo con las dos manos y bajarlo casi hasta la altura de la cabeza, operación que no hubiera podido hacer un día antes, cuando a esa misma hora los andenes se hallan atestados de gente y se corre el riesgo de golpear a alguien. No obstante, la llovizna impulsada por el viento se colaba haciendo una especie de remolinos y cuando llegué a la puerta del teatro Martin Beck, dos cuadras adelante, tenía la cara empapada y los pies penetrados por la gelidez de los charcos, que se colaba a través de los zapatones, de los zapatos y de las mismas medias de lana.

El artista arribó al tiempo conmigo y me pareció que su cara lucía ahora más cetrina a causa de la temperatura. Antes de saludar extrajo un pañuelo, lo pasó por su nariz haciendo desaparecer la gruesa gota de agua que le colgaba de la punta y me dijo que ingresáramos rápidamente a la sala antes de que nos congeláramos. Una vez adentro nos despojamos de las gabardinas que pesaban más de lo común a causa de la humedad.

—En días como este sería mejor poner una lavandería, dijo sonriente la mujer que nos las recibió y antes de entregarnos una ficha señaló el baño: algunas personas utilizan el aire caliente del secador de manos para desentumecerse, agregó mientras atendía a otras personas y la idea nos pareció brillante, pero al llegar allí encontramos que se la había dado por lo menos a media docena de clientes que ahora hacían cola allá adentro y decidimos ocupar nuestras butacas.

La última pieza, era "The Rink", un musical con Liza Minelli que trataba acerca de las relaciones de una madre con su hija rebelde.

—El argumento fue tomado de una obra de Terrence McNally, un dramaturgo bastante bueno. Al comienzo la crítica estuvo más o menos a la expectativa pero luego se volcó a favor. Parece que la Minelli está soberbia, dijo Noé, cambiando luego el tema bruscamente: mira, anoche me fui a acostar con la historia del primer disco clavada en la cabeza. Lo de Colombia fue una decepción...

Justamente por esos días, él había terminado de perfilar doce o catorce canciones nuevas y se disponía a grabar un disco totalmente diferente al anterior, para lo cual le entregó la música escrita a tres arreglistas: las melodías colombianas con aire tropical estaban en manos de Nelson González, un puertorriqueño. En las de salsa trabajaba Steve Hendel y las baladas quedarían a cargo de Al Churrol, quien montó la música de Piero.

Me pareció que las cosas habían cambiado algo en Colombia y le dije que esta vez no tendría ningún problema para que el acetato fuera impreso por alguna firma local y mientras se abría el telón me miró con una sonrisa sarcástica y hablando lentamente y en voz baja, dijo,

—Matador -nunca en la vida - volveré a tocar - las puertas - de ese país - para pedir algo... Seguiré trayendo a sus artistas, seguiré contratándolos o haciéndoles contratar, seguiré luchando por ellos, pero -nunca en la vida - volveré a pedir - algo en Colombia... ¡Nunca!

El hueco estaba en Santuario

El tipo era un rebuscador increíble. No sé cómo hizo para conseguir un número secreto que maneja el Seguro Social en casos de emergencia, pero gracias a él comió durante ocho meses.

Marcando ese número, cualquier teléfono de los Estados Unidos queda conectado automáticamente con un satélite. Entonces lo que sigue es "discar" el indicativo de cualquier país, luego el de la ciudad y finalmente el de la casa requerida, y ya está: llamada telefónica de larga distancia... ¡Gratis!

Por eso su herramienta de trabajo eran los teléfonos públicos de Jackson Heights, frente a los cuales se ubicaba sobre las diez de la mañana y paseándose con parsimonia repetía, "Al pueblito a cinco, al pueblito a cinco, al pueblito a cinco..." Los latinos que ya lo conocían, solicitaban la llamada en voz baja y él cubría el aparato con su cuerpo para que no vieran qué marcaba inicialmente. Cuando lograba contacto decía, "Le van a hablar de los Estados Unidos, espere un segundo". En ese momento cobraba cinco dólares y dejaba "al paciente" hablando con su familia por espacio de unos diez minutos, y luego regresaba y le hacía señas para que cortara. (Hay más gente esperando y claro, como sale barato, éstos se pegan ahí como chupas y no piensan en los demás. Hombre, por Dios. ¿Qué tal que no trabajara en esta esquina donde puedo manejar cinco "públicos" al tiempo?).

El negocio se dañó a finales de año porque el Seguro cambió la clave y eso lo obligó a competir con la Compañía del Subway de Nueva York, suministrándole a su clientela latina "tokens" —aquellas fichas con las que se ingresa a las estaciones para tomar el tren— que coincidencialmente tenían la misma forma de las monedas colombianas de veinte centavos.

Con este fin, Elmer Efrey realizó una primera importación a través de gente que se movía por El Hueco, pero pronto tuvo que suspender ventas porque los gringos registraron la inundación de "veintes" colombianos y pusieron detectives en las estaciones de Queens.

(Hablando en pesos de 1986, hombre, era otro negocio pulpito, ¿sabe? Yo vendía por noventa y nueve pesos cada moneda de veinte centavos. Y tenía clientela asegurada).

Caída esta línea, se dedicó "a cosas más serias" como la venta de helados de fabricación casera los domingos en Flushing Park, —ese sitio donde toman aire los colombianos cada fin de semana— y luego inventó una sociedad con dos electricistas bogotanos para recoger de las basuras en Manhattan, electrodomésticos y aparatos que aparentemente pudieran ser reparados. Por lo menos al comienzo la idea tuvo éxito y alquiló un garaje donde anunciaba "realizaciones" o "garage sales" los sábados, simulando algo parecido a lo que llamamos en Colombia, "motivo viaje, extranjeros venden".

Pero hablando de otras cosas, recuerdo que tres días después de conocerlo y cuando aún competía con la ITT en las esquinas de Queens, entramos a una cafetería y nos sentamos frente a un anciano que miraba fijamente un plato vacío sobre la mesa vecina. Su cara dejaba ver el hambre a pesar de la actitud de dignidad que intentó adoptar cuando se dio cuenta que Elmer Efrey lo estaba siguiendo con la vista. En ese momento intentó ponerse de pies pero mi personaje se le adelantó, le colocó la mano sobre el hombro y le dijo algo. Después llamó al mesero y le ordenó servirle cuanto pidiera. Al regresar a su puesto se notaba conmovido.

Dos semanas más tarde, cuando terminamos lo que creí era el final de este relato, trepé a su coche —un Ford destartalado— y ya en la puerta de La Herradura vi cómo se ubicaba detrás de alguien que había llegado primero a la zona de estacionamiento. Estaba claro que no quedaba lugar para nosotros pero sin embargo montó en ira y comenzó a empujarlo con el parachoques para tratar de ocupar su puesto por la fuerza. El conductor vecino resultó ser un paisano con pulgas tan grandes como las suyas y por tanto el pleito no pasó de las blasfemias de rigor.

Así era la tela con que lo habían fabricado: ternura y violencia. Una mezcla, al fin y al cabo similar a aquella con que fuimos tejidos la gran mayoría de los colombianos.

Conocí a Elmer Efrey en Nueva York en 1986 y tanto en las sesiones en que tratábamos de reconstruir parte de su vida como durante las caminatas alrededor de su barrio por las tardes —una vez había terminado el trabajo y me invitaba "a descansar de la verraquera que se siente cuando uno recuerda tantas vainas"— no diría que me impresionó la constante de violencia que enmarcaba la mayoría de sus recuerdos, porque al fin y al cabo, eso es corriente en cualquier colombiano, sino la manera como se las arreglaba para dejar en la sombra una serie de hilos que, definitivamente me intrigaban mucho.

Uno de ellos era la causa por la cual abandonó su pueblo en julio de 1981, y por qué los hombres de sesenta, con una barba blanca incipiente y la mirada digna lo hacían vibrar tanto como aquella mañana en la cafetería de Queens (¿Le recordaban la figura de su padre?) y por qué pensaba que su pequeño hijo, a pesar de haber nacido en Norteamérica, iba a sufrir de pesadillas en las noches, tal como le sucedía a él una o dos veces por semana.

Una parte la vine a comprender el 6 de enero de 1989 leyendo los nombres y las fechas de algunas lápidas en el cementerio de Santuario, su pueblo, donde lo enterraron veinticinco días atrás con siete balazos entre el cuerpo.

Yo me había enterado de su muerte el día 2 por una carta en la cual Israel García, uno de los contertulios de La Herradura, anotaba:

"...Al parecer no lo dejaron ni llegar porque el atentado fue en una fonda a las afueras del pueblo y cerca de la casa donde vivieron sus papás, a las treinta horas de haber regresado. Fíjate, lo esperaron siete años a que volviera. Y cuando volvió, le cobraron casi bajándose del bus. Según se supo aquí, los asesinos son la misma familia que mató a su padre, a sus dos primos y a sus cuatro hermanos. Tres de ellos habían caído en una sola emboscada pues el mayor se batió en duelo, como el mismo Elmer te lo relató esa vez aquí. Elmer era el último que quedaba, porque la mamá murió, como dicen, de pena moral.

"No sé si sea indiscreto decírtelo pero él se había venido huyéndole a esas culebras después de que mató al muchacho que a su vez había matado a su propio padre. Es una guerra, o era, una guerra entre familias y creo que la que perdió fue la de Elmer porque del otro lado supieron quedar vivos unos cuantos.

"Precisamente supimos que el día del entierro fue muy triste la caminada final porque dizque sólo había tres personas para cargar el cadáver y como faltaba uno, nadie se quiso prestar a ayudarles por miedo a que los del otro lado los ficharan como amigos del finado y también les dieran 'chumbimba' a ellos. Que tuvieron que pagarle a un bobito del pueblo para que ayudara a cargarlo".

A las nueve de la mañana de este 6 de enero sopló el viento y despejó la bufanda de niebla que envolvía a Santuario —un pueblo cafetero acaballado sobre el filo de una montaña, más allá de Pereira— y a las nueve y media, cuando llegamos al lomo del cerro, donde está ubicada la plaza principal, Fernando y Rogelio, mis acompañantes, dijeron que antes de bajar al cementerio nos detuviéramos para beber algo. El día era tibio y escogimos una mesa exterior debajo del atrio de la iglesia que es hueco y curiosamente alberga una pequeña cantina conocida como la cafetería El Placer.

¿Qué nos traía al pueblo? Conocerlo, recorrer sus calles empinadas a lado y lado del filo, y... hombre, visitar el cementerio. Nos han dicho que es especial por su topografía, explicamos y alguno de los que se había acercado a saludar, dijo, "Especial por su topografía y por la cantidad de clientela que lo visita".

—¿Qué tanta?

—Mucha, especialmente durante los últimos cien años.

—¿Es una broma?, preguntó Fernando y un muchacho dijo:

—No, qué va. Si aquí hay cruces en cada esquina. Por ejemplo, ¿ve esa mesa que está al frente suyo? Ahí se pegaron una matada la verraca, Pedro Valencia y "Altamisa" el domingo día de la madre del año antepasado.

—"Altamisa" —agregó otro de los presentes— era un hombre de unos sesenta y cinco años, medio tegua, medio yerbatero que vivía por los lados de La Calle del Silencio y esa mañana, al parecer muy despechado, nervioso, en una palabra "maluquiao", entró al cementerio y estuvo un rato hablando solo. Luego se fue a casa de su hermana y ella lo vio que agarraba un cuchillo "mataganao" y cuando abrió la puerta para salir, la señora le preguntó para dónde iba.

—Me subo p'al centro porque voy a matar a alguien, respondió y unos minutos después se apareció aquí en El Placer.

"En esta mesa de aquí estaba Pedro Valencia, vestido de civil, tomándose un tinto. Pedro era policía y había venido de Quinchía a visitar a su familia y como los dos eran amigos, cuando vio a 'Altamisa' parece que le hizo un gesto o algo así. 'Altamisa' no dijo nada, se ubicó allá en esa mesa del fondo y una vez Pedro se puso a mirar hacia la plaza, se le vino por detrás,

desenfundó el cuchillo y levantándolo con ambas manos se lo
sepultó por encima de la clavícula como buscándole el corazón.
Los testigos dicen que el arma era tan grande que la punta le alcanzó a salir por el vientre.

"Una vez extrajo el chuzo del cuerpo de Pedro, 'Altamisa' se
fue a la barra, pidió un trago, sacó un pañuelo y cuando estaba
limpiando el cuchillo, el moribundo logró montar su revólver y le
disparó dos o tres veces. 'Altamisa' se escurrió sobre la barra y
Pedro salió caminando y teniéndose los intestinos. Alcanzó a
andar —sin que alguien lo auxiliara— hasta allí, hasta frente a la
farmacia de Mara Alvarez y ahí cayó".

El cementerio queda, del filo para abajo, sobre la ladera
opuesta al camino que viene de Pereira y se llega allí, descendien-
do tres cuadras por La Violeta —una calle en la que los tejados de
barro parecen peldaños de una escalera empinada— y recorrien-
do luego algunos metros por La Calle del Silencio.

Una vez en el portal sentí cierta sensación de vértigo, porque
al cruzarlo uno se encuentra manos a boca con el vacío de un
precipicio que forma al frente el cañón del río Mapa, enmarcado
por dos montañas descomunales.

La sucesión de bóvedas está en los costados y abajo, sobre la
pendiente, hay unas sesenta tumbas ubicadas en medio de un
jardín de crotos y buganvillas soberbiamente florecidas.

¿Dónde comenzó todo esto? Muy difícil, tal vez imposible
establecerlo, pero esa mañana me atrajo una lápida de cemento
con su placa de latón pintado —única de este tipo que se puede ver
allí— en la que grabaron un nombre y una fecha:

ROGERIO MARIN T. - 1920.

Rogerio, era al parecer un hombre pacífico que todos los
miércoles y sábados —días del mercado de carne en Santuario—
extendía su toldo de lona en la plaza principal y el resto de la
semana negociaba con novillos mansos y por tanto de muy buena
calidad, adquiridos en las fincas de don Nicanor Sierra.

Pero como a todo buen panadero también se le puede quemar el pan, don Nicanor le vendió algún día un lote de novillos entre los cuales iban algunos cimarrones, difíciles de manejar en corral, que ni el vendedor ni el comprador lograron advertir.

Don Rogerio le vendió de allí una punta de ganado a Cristóbal Botero, también carnicero y según cuentan, una persona difícil y problemática, y claro, al sábado siguiente Cristóbal se acercó al toldo y le dijo,

—Rogerio, usted me vendió ganado de mala calidad diciéndome que era bueno, pero ese ganado no está de corral.

—Cristóbal, usted está mintiendo —respondió Rogerio—. Si le sacaron ganado arisco, debe ser de otro lote pero no del que yo le compré a don Nicanor Sierra.

—Ah, ¿de manera que yo soy mentiroso?, dijo Cristóbal enfurecido y sin que mediaran más palabras, lo atravesó de lado a lado con uno de los cuchillos de carnicería.

Cristóbal tuvo que abandonar el pueblo pero unas semanas más tarde, cuando cruzaba en su caballo por una de las calles de La Virginia, se encontró frente a frente con uno de los descendientes del finado, quien al verlo le dijo,

—Cristóbal, bájese porque lo voy a matar.

Cristóbal se apeó y el hombre le descargó un par de balazos.

En Santuario como en el resto del país, la gente que hoy tiene cuarenta —la misma edad de Elmer Efrey— no parece impresionarse con la muerte porque la ha sentido, porque ha vivido con ella desde cuando tuvo uso de razón.

En 1955 esa generación había cumplido siete años. Eran los niños que jugaban en el parque, al lado de la estatua de Bolívar que para entonces estaba rodeada por pequeños muros en los que se sentaba la gente.

Una tarde pasó por allí don Israel Gómez y mezclándose con los pequeños que habían salido de la escuela, se sentó a conversar con alguien. Ellos vieron que minutos más tarde se le acercó un hombre y le dijo,

—¿Usted es Israel Gómez?

—Soy yo. ¿En qué le puedo servir?

El desconocido sacó un revólver, le descargó dos tiros y se fue caminando hasta la comandancia de la cárcel, donde al parecer se entregó a las autoridades.

Esa misma tarde se supo en el pueblo que el forastero que había venido desde Cartago a darle muerte a Israel se llamaba Roberto Trujillo, igual que un señor de Santuario.

La mañana siguiente un sobrino del muerto recorría las calles preguntando por Roberto Trujillo y finalmente lo encontró en el mismo parque al mediodía, cuando los pequeños salían de las escuelas. Sin preguntar nada, sin decir nada, el muchacho desenfundó un machete y se abalanzó sobre don Roberto —el de Santuario, el inocente— y éste, al verse en peligro inminente, sacó su revólver y mató al agresor.

Anteriormente cuando alguien recordaba los cincuentas, decía, "eran épocas difíciles". Ahora no. Ahora sabemos que todas han sido iguales. O cada vez peores.

En 1956 la generación de Elmer Efrey había cumplido ocho años y pudo conocer de cerca y pudo tocar y meterse dentro de lo que se llaman nidos de ametralladoras porque en cada una de las esquinas de la plaza de Santuario había uno para defender el pueblo de los ataques realizados por hordas de moradores de Apía que venían por las noches a tratar de incendiarlo.

Los invasores dejaban caer la tarde y llegaban en buses de escalera, disparaban indiscriminadamente contra las casas, mataban seres inocentes en las calles y en vista de la ola de crímenes registrados tanto en el pueblo como en el campo, llegó el ejército y emplazó sus nidos.

Y los niños cumplieron trece años. 1961. Escuela Marco Fidel Suárez. Un día de marzo el profesor Omar Galvis reunió a sus alumnos y a pesar de que faltaba una hora para salir en busca del almuerzo, les dijo que se marcharan, subrayando una frase que les llamó la atención: "Y se me van rapidito, sin mirar mucho".

En el andén de enfrente había una hilera con doce ataúdes destapados en los cuales colocaron los cadáveres de una familia y los de sus trabajadores. Allí había hombres, mujeres, niños, todos decapitados. Para volver a unir las cabezas a los troncos, en el hospital los habían cosido burdamente con algún cáñamo grueso.

Los pequeños hicieron una fila frente a los cadáveres, atraídos por su curiosidad, por su dolor de niños y luego se marcharon.

En las horas de la tarde alguien dijo que dos peones sobrevivientes habían venido a contar la historia, que desde entonces se recuerda como "la matanza de la vereda La Linda". Según ella, el odio entre los vecinos de dos fincas llegó a tal extremo, que una familia exterminó completamente a la otra.

Pero no había terminado el año. En octubre, un grupo de pequeños, estudiantes de quinto año de primaria en la misma escuela, regresó al pueblo luego de recoger la limosna misional en las veredas de la parte occidental y al desembocar en la esquina del Gato Negro encontraron un corrillo: en el centro había dos hombres arrodillados —uno frisaba los sesenta y el otro, al parecer su hijo, no debía pasar de veinticinco—. De pies, frente a ellos, tres forasteros bien armados los humillaban por tener ideas distintas a las del partido de gobierno. Una vez terminaron de mofarse, le descargaron una bala en la cabeza a cada uno y los niños vieron cómo el cuerpo del joven caía lentamente sobre los restos del viejo. Los forasteros soplaron el cañón de sus revólveres y continuaron la marcha.

En el cementerio de Santuario las bóvedas sí hablan y cuentan todas estas historias, a pesar de estar divididas en dos pabellones lejanos, distantes e irreconciliables, identificados, el uno por lápidas con el apellido CORREA y, el otro por lápidas con el apellido HURTADO. En total son noventa y dos placas, correspondientes al mismo número de muertos de las dos familias que decidieron eliminarse a partir de mayo de 1983, en una guerra que comenzó por un racimo de plátanos y se ha llevado por delante a otras familias como la de los Acosta, de la cual solamente quedan dos mujeres porque hasta el paralítico fue acribillado a tiros.

De regreso al centro, fuimos a conocer la iglesia y allí me pareció encontrar, ahora sí, un significado preciso al rojo púrpura que cubre, de arriba abajo, el altar mayor, parte de los arcos y parte de los capiteles en lo alto de las columnas. Ese es el que no dejó nunca dormir a Elmer Efrey porque lo llevaba entre los huesos.

Papá Lindo

Caucano. Cincuenta y cuatro años. Para la comunidad de Queens representa a alguien que logró ascender hasta el universo de los gringos y cuando se refieren a él dicen con respeto, "Mister Lindo". Y para sus empleados es algo más que un jefe. Lo llaman "Papá Lindo".

Su nombre de pila es Reinaldo Lindo Bolaños.

En 1987 sólo una de sus compañías fabricó 720 millones de cajas para empacar los productos de grandes industrias norteamericanas y difícilmente se encontraba en los Estados Unidos una mesa que no tuviera por lo menos un pequeño sobre rosado con azúcar sustituta salido de su fábrica. Imprimía entonces, noventa millones al día.

Tampoco había en Nueva York supermercados o tiendas de alimentos en las que faltaran empaques de Pepperidge Farm, una compañía panificadora para la cual trabaja, ni una perfumería a lo largo del país en la que no se destacaran las cajas de Avon hechas por él, ni una farmacia que se diera el lujo de excluir de sus vitrinas alguno de los cartones que este hombre le entrega a Johnson & Johnson mensualmente.

Sin embargo, su colección particular de carritos de juguete aún no lo satisface del todo. "Cada día salen al mercado modelos nuevos y es imposible estar pendiente de ellos", dice dibujando una sonrisa.

Durante mi primer viaje a Nueva York en busca de este trabajo escuché hablar de él tan insistentemente que intenté buscarlo pero me dijeron que se hallaba en la feria de Burdeos comprando una cosecha de Armagnac para su empresa de licores y sólo en 1986 pude conocerlo personalmente.

Recuerdo que llamé a su casa un jueves de octubre a las siete y media de la mañana pero quien me contestó dijo, "Es muy tarde para localizarlo aquí. Reinaldo sale para la fábrica a las seis". Y allá me respondieron: "Es muy temprano. Don Reinaldo sólo entra a la oficina una vez haya culminado el recorrido diario por las instalaciones. Llámelo dentro de una hora o deje su número. El lo buscará".

Exactamente a las ocho y media sonó el teléfono y al otro lado de la línea escuché la voz calmada de alguien que no solamente hablaba con sencillez sino que se tomaba todo el tiempo necesario para escuchar y eso me llamó la atención en una ciudad donde el reloj camina rápido y generalmente los hombres de negocios —grandes o pequeños— esperan que uno abrevie al máximo la conversación.

Aquel —dijo— era un día de múltiples ocupaciones pero en cambio podíamos reunirnos el sábado un poco antes del mediodía. El pasaría a recogerme en Manhattan y luego iríamos a su residencia, ubicada al Este de Queens.

Jamaica States es un barrio exclusivo, ocupado por judíos que comenzaron a asentarse allí a partir de 1930 cuando se inició

la construcción de 1.800 casas amplias y lujosas que son conserva-
das con la misma pulcritud de las zonas verdes y las áreas de
jardines y bosques de maple que ahora adquirían un color ana-
ranjado por el impacto del otoño.

Al llegar nos detuvimos en la parte exterior del garaje, ocupado por un Rolls Royce que había comprado en Londres en una
subasta organizada por el gobierno británico —estuvo al servicio
de Margaret Thatcher— y eso le llamó la atención. A su lado
vi un Mercedes Benz blanco al que él nunca se pudo acomodar
y un Jaguar negro que la señora solamente utilizaba en días de
sol, "porque cuando llueve se ensucia y hay que lavarlo varias
veces".

Inicialmente me ofreció un café en la sala, invadida por
porcelanas "Capodimonte" de todos los tamaños, cajas de música, "ensamblages" metálicos y un par de armaduras de hierro,
pero pronto dijo que bajáramos al sótano, su refugio prefe-
rido.

Allí construyó un bar y frente a él una pequeña pista de baile
en parquet, sobre la cual pende una esfera cubierta por decenas de
pequeñas placas de espejo, que gira lanzando haces de luz por
todo el salón. En los costados hay una serie de vitrinas con los
carritos de juguete, diez escopetas y un rifle deportivo, una cabeza
de reno, una de tigrillo y un pato disecados, un sillón y un juego
electrónico de "jack pot".

—Dentro de unos días pienso cambiarle la decoración —me
explicó— para ponerle techos en madera de pinotea en toda
esta parte, y sobre la pista de baile una serie de espejos bisela-
dos con un cordón de lucecitas que se prenden cuando hay fiesta… Y unas lámparas de luz blanca muy suave que acaban de
salir al mercado.

—Y, ¿estas piezas de caza?

—Es una de mis aficiones. Cuando estaba en Colombia fui
miembro del Club Cazadores de Cali. Aquí he seguido con la

goma y en algunas temporadas voy a disparar al Canadá, al Mid
West (Carolina del Norte y Carolina del Sur) y algunas veces a la
Florida... Pero también me gustan mucho los caballos de paso
criollo colombiano. Justamente cuando me vine en 1971 era
presidente del club hípico Santiago de Cali.

No bebe, es un enemigo apasionado y beligerante del cigarrillo pero tiene un bar generoso, vigilado por un semáforo que
prende tan pronto se inicia una reunión: verde, está abierto.
Amarillo, última copa, y rojo, fuera todo el mundo. Se acabó la
rumba.

Esa mañana traspasó la barrera de cuero repujado que abu-
llona la barra, puso a funcionar la luz verde y volviéndose hacia la
pared enchapada con hexaedros de cerámica verdes, negros, blancos, amarillos y rojos, tomó dos botellas sin sello y me dijo,
"Pruebe estos dos licores y dígame a qué saben y cuál le gusta
más". Alcanzó dos copas, sirvió en cada una un trago y se quedó
mirándome con una leve sonrisa, mientras yo iniciaba la labor de
catación.

—Bueno —le dije—, el dulce es aguardiente... Y el seco...
Pues también. Lo que no puedo precisar es en qué departamento
de Colombia lo fabrican.

—En ninguno, sentenció con una enorme cara de satisfacción. Es Aguardiente Chibcha y yo lo fabrico en Nueva York.
Este mes estamos envasando las primeras botellas. Pero usted no
se imagina los años de trabajo y la lucha que hay detrás de cada
una de esas copas que acaba de probar.

—Bueno, pero mejor, ¿por qué no comienza por la lucha
grande? Quiero decir, la que empezó a su llegada a los Estados
Unidos... o tal vez durante los últimos días en Colombia, y así
llegamos a la historia del aguardiente —le propuse— y él pareció
abrir bien los pequeños ojos y mientras escanciaba otro trago se
fue al comienzo de la década antepasada: 1962.

Vivía en Cali y había logrado establecer una industria próspera en la que empleaba a doscientas personas, pero el gobierno de turno tomó una serie de medidas que lentamente lo llevaron a la quiebra y debió entregarle a los acreedores todo cuanto tenía, menos un auto que logró vender por el equivalente a dos mil dólares. Con ese dinero se vino para los Estados Unidos.

El primer domingo aquí, buscó en los diarios y se encontró con un aviso que lo hizo saltar de la silla en que se había hundido una hora antes. Ante la muerte de sus dueños —un italiano y un venezolano— el gobierno estaba rematando una pequeña imprenta y aun cuando no se publicaban cifras creyó que podría hacer algún negocio.

Se trataba de un local estrecho en el 140 West de la calle 18 —Down Town— invadido por la basura, entre la que podían verse tres máquinas antiguas y un arrume de cajas con tipos y moldes, para él inservibles. Si había algo más, estaba oculto entre aquella montaña de recortes de papel y cartón que despachaba un olor a polvo y humedad con el cual nunca había podido familiarizarse, porque una de sus manías era la limpieza. Sin embargo creyó que poniendo las cosas en orden podría emprender nuevamente el camino. Tenía entonces treinta y cinco años, energía y conocimientos suficientes y, además, la expectativa de un medio nuevo le había hecho olvidar casi por completo su fracaso en Colombia. Ahora —pensaba viendo aquel espectáculo que en otras condiciones lo hubiese deprimido—, ahora sólo necesito un poco de suerte. ¿Cuánto valdrá todo esto?

Esperó cerca de una hora y como no vio que llegara alguien diferente del funcionario encargado del remate, se aventuró a preguntar el precio de máquinas, cajas y basura, pero el hombre le respondió amablemente, "Quince mil dólares. Sólo quince mil. ¿Cuánto tiene usted?

—Dos mil, sólo dos mil.

—Es una pena pero no, le contestó mientras cerraba nuevamente la puerta del local.

Una semana más tarde, Mister Lindo volvió a abrir el periódico, encontró nuevamente el mismo aviso y se dijo, "están
engüesados con la imprenta. Si voy nuevamente no pierdo nada".
Y fue. Y la escena se repitió porque nadie más apareció por allí,
y al verlo el funcionario le preguntó, ¿cuánto tiene?

—Sólo dos mil dólares.

El hombre pensó unos segundos y dijo,

—¿Puede subir a seis mil?

—Sí, pero si usted me da un tiempo prudencial para cubrirlos.

—¿Cuánto?

—Bueno... Digamos dos años.

—Cuente con dos años. Eso son... doscientos cuarenta dólares al mes. ¿De acuerdo?

—De acuerdo.

El día que le entregaron la pequeña cueva estaba tan emocionado que abrió la puerta, miró la montaña de basura y por
primera vez en su vida sintió que no lo molestaba (al fin y al cabo
era suya), de manera que se metió entre el arrume y aún sin saber
cómo comenzar porque no tenía dinero, revisó cada una de las
máquinas, luego contó seiscientas cajas con moldes y pensó, "esto
es parte de la basura", revisó la cuchilla oxidada de una guillotina
para cortar papel y al lado de ella descubrió un equipo de imprimir negativos aún sin armar. "Tal vez no se dieron maña de
hacerlo, pero yo lo pondré a funcionar", dijo y luego de calcular
cuántos tarros de pintura se llevaría la transformación del negocio, salió en busca de dinero.

Mister Lindo se familiarizó con esta clase de máquinas a los
trece años, cuando comenzó a trabajar para pagarse sus estudios,
y por tanto conocía detalladamente sus partes, la manera de
transformarlas, la forma de sacarles más partido del que habitual-

mente ofrecían porque en dos décadas, no sólo las había construido sino que logró desentrañar una serie de secretos que ahora le ofrecían seguridad total en sí mismo. Con todas estas cosas en la cabeza llegó donde un amigo y le habló de tal forma que vio cómo, sin vacilar, le entregaba mil quinientos dólares a manera de préstamo, sin pedirle que firmara ni una letra ni un recibo. Nada.

Esa misma tarde compró escobas, palas, jabón, cepillos, pintura, brochas, cuantos elementos de aseo vio en una tienda especializada, llamó a alguien y se fueron a remover escombros hasta media noche, hora en que descubrieron escondida debajo del arrume, una máquina de pliego entero que no estaba en el inventario y una vez la vio, dijo emocionado, "esta es la mejor de todas. Yo la puedo convertir en troqueladora y va a ser nuestra salvación. Acuérdese de eso".

La mañana siguiente se presentó un industrial caleño que estaba de paso por Nueva York y a quien Mister Lindo le debía algún dinero. Ambos se habían reunido dos días antes en Queens y aquel lo invitó a conocer su negocio. Pero cuando el industrial asomó las narices por allí, le dijo, "No, Reinaldo. Olvídese que usted me debe. Más bien dígame si necesita que le preste otros pesos. Dios mío..."

Una semana después habían sacado de allí seis camiones cargados con basura y empezaron a pintar desde el techo hasta la angosta escalera de cuarenta y dos pasos que conducía al lugar.

Después limpiaron, ajustaron y engrasaron las máquinas y a medida que trabajaban y el sitio se veía más y más aseado, empezaron a recibir la visita de un grupo de italianos con quienes se comunicaban, mitad a señas, mitad con algunas palabras de inglés y entre venias y sonrisas descubrieron que se trataba de una colonia que celebraba su llegada porque desde hacía cuarenta años, la imprenta era una especie de patrimonio sentimental del vecindario.

Ellos fueron desde ese momento clientes cautivos para los cuales Mister Lindo y su esposa empezaron a imprimir y fabricar pequeñas cajas, que luego acomodaban en una zorra y repartían de restaurante en restaurante.

Como solamente tenía un empleado, don Reinaldo los visitaba, recogía los textos en italiano, regresaba, levantaba sus planchas, volvía a donde el cliente y le enseñaba las pruebas, efectuaba las correcciones del caso y una vez terminado el oficio, los mismos italianos le decían cuánto debía cobrar.

El trabajo era dispendioso a pesar de su escaso volumen y cada día se hacía más necesario convertir aquella vieja máquina de un pliego en troqueladora, pero no había dinero para embarcarse en semejante empresa. No obstante, una tarde alguien le comentó, "Reinaldo, aquí hay un muchacho de Pereira que se llama Efraín Castaño Loaiza. Es un estupendo mecánico y quiere aprender artes gráficas. ¿Por qué no lo ayudas?".

"¿Ayudar? ¿Cómo? —pensó Mister Lindo—, pero sin embargo dijo que se lo enviaran al día siguiente.

A primera vista, Efraín le pareció un hombre serio, de aquellos que cuanto más difíciles vean las cosas, menos se amilanan y como además de todo tenía mucha calidad humana, simpatizó con él y le contó su idea de transformar aquella máquina. Efraín le confesó que no entendía exactamente cómo se podía hacer, pero que si se lo explicaba detalladamente, lo lograrían. Calcularon costos y por la reacción de Mister Lindo, el muchacho captó que no había dinero.

—Se necesitan mil quinientos dólares... Yo tengo unos ahorros y se los voy a prestar, pero comencemos pronto porque esta vaina me gusta, le dijo mientras apretaba su mano.

Justamente y como habían presupuestado, el dinero alcanzó para comprar herramientas, piezas especiales y algunos materiales menores. Dos meses después vieron que apenas iban por el comienzo de la labor a pesar de que cada día cubrían jornadas largas y algunas veces sobre las diez de la noche don Reinaldo le decía, "Efraín, no tengo dinero para pagarte ahora. Déjame terminar solo" y el muchacho lo volvía a mirar y contestaba, "Tranquilo que ya nos falta poco".

La máquina quedó lista siete meses más tarde, pero aún con ella funcionando, lo que tenía don Reinaldo solamente le permitía subsistir. El recuerda cómo "Era tan pequeña la imprenta, tan duro subir los materiales pues tocaba trepar los cuarenta y dos peldaños de la escalera con grandes bultos al hombro, que muchas veces sentí que me doblaba la fatiga. Sin embargo, en lugar de desmoralizarme, me crecía al castigo y cada mañana madrugaba con más ganas de trabajar y más deseos de ganarle la pelea a la situación".

Entonces vivía en Jackson Heights, calle 78 con la Avenida 25 en un apartamento diminuto en el que se acomodaban también, su esposa y sus dos hijos, Mary y Gustavo de siete y ocho años de edad, a quienes solamente veía por las mañanas antes de salir madrugado para la imprenta. Así transcurrieron cuatro años durante los cuales, si bien no tuvo ningún sobresalto y acabó de pagar sus deudas, tampoco logró grandes progresos, de manera que pensó cambiar de sector y miró hacia Queens, que para entonces, 1973, comenzaba a acoger más y más colombianos, muchos de ellos convertidos en pequeños empresarios luego de haber realizado el obligado tránsito por los lavaderos de platos de la ciudad.

En el nuevo barrio conoció algunos clientes y entre ellos a un señor llamado Hernán Ochoa, ex empleado del gobierno norteamericano, que en asocio con Francisco Martínez, otro antioqueño, tenía ya una cadena de panaderías (Las Américas Bakery) y estaban embarcados en la fabricación de panela para satisfacer una necesidad apremiante de la colonia. Pero las oportunidades son las oportunidades y justamente la semana que los conoció, ellos estudiaban la manera de diseñar unas cajas elegantes para empacar el producto. Y claro, Lindo era el hombre. "Hacer cajas —les dijo— es mi especialidad. ¿Cuántas necesitan en el primer pedido?".

—Cien mil, pero... ¿usted sabe quién nos puede hacer el diseño? Y, ¿el logotipo?

—Yo puedo hacerles todo.

—Pues hágalo todo, le dijeron.

—Cien mil era un volumen respetable y no podía perder la cabeza, así que comenzó por idear el logotipo, dibujarlo y siluetearlo a mano sobre un plástico especial llamado rubyllí. Al señor Ochoa le pareció tan acertado que lo adoptó inmediatamente y aún hoy, una década después, es el mismo que exhiben sus empaques.

Y comenzó a hacer cajas y cajas y cajas y no solamente cumplió los términos con una exactitud sajona sino que les mostró que realmente era un magnífico profesional.

"En ese momento sentí que progresaba —dice— porque hasta ahí me había dedicado a hacer menús para los restaurantes colombianos. Yo mismo iba por las noches, tomaba las órdenes y dibujaba lo mejor que podía. Para halagarlos les hacía cositas bonitas que ellos no hubieran tenido y luego yo mismo entregaba y cobraba y ellos se mostraban contentos. Pero con las cajas de Las Américas sentí que avanzaba otro paso.

"Así pasé los primeros cuatro años y al cabo de ese tiempo encontré una oportunidad mejor con una compañía llamada Saxon Paper. Se trataba de troquelar sobres. Como les pareció bien, enviaron una orden más grande y me gané cinco mil dólares. Con ese dinero —me dije— voy a empezar a cambiar máquinas. Estaban muy viejas y pensaba hacer con ellas cualquier negocio, así fuera cambiarlas por una loca, o por un sumario, como dicen en el Valle. Y mire que Dios me mandó a un dominicano a quien siempre he recordado como al ángel de la guarda. Ahora mismo me parece verlo cruzar la puerta del negocio y decirme, "Señor Lindo, supe que usted tiene unas máquinas para la venta. ¿Cuáles son?

—Hombre, tengo esta Little Giant, y esta Chandler Price y esta guillotina...

—Señor Lindo —agregó el hombre—, ¿qué guarda en esas cajas?

(Yo ni me acordaba de las seiscientas cajas con tipos).

—Tipos de buena calidad, le respondí y él abrió los ojos y dijo:

—Caramba. Los necesito. Yo necesito esos tipos. ¿Me los vende también?

(Pensé un par de segundos y dije, si me da quinientos dólares se los entrego. Yo lo que quiero es tirarlos a la basura).

—Claro que se los vendo, respondí, y él, atropellándose de la emoción me dijo,

—Pero sólo cuento con diez mil dólares. ¿Le sirven?

—Hombre, ¿no tiene un poco más? Es tan barato...

—Señor Lindo, si también le voy a comprar esas máquinas para llevármelas a República Dominicana... Póngase en plan de negociar. Déjemelos en diez mil.

"Con ese dinero me compré una troqueladora mejor, material para trabajar con menos ahogo y levanté vuelo hasta Long Island City donde conseguí un local que en ese momento me pareció inmenso: quince mil pies cuadrados en primer piso, sin escaleras, sin fatiga, por primera vez sin necesidad de echarme al hombro los pedidos de papel y cartón y empezar a subir y subir peldaños y a sudar como un animal".

Allí tuvo que empezar nuevamente y eso representaba un gran reto porque la competencia en el campo de las artes gráficas es aparentemente una de las más violentas que se conozca en la industria norteamericana.

"Pero Dios seguía de mi parte —agrega— porque allí me encontré con Danilo Tenorio, un ciclista vallecaucano que fue amigo de la infancia y él me dijo, "Ve, Reinaldo, yo trabajo en Cumberland Packing, una compañía que utiliza cajas por millones. ¿Por qué no vas y pruebas suerte?

Pues claro que fui.

"El jefe general de compras era Roberto Fernández, un cubano que me escuchó y luego dijo,

—Chico, el problema es que nuestro contrato lo tiene una compañía que se llama Wesvaco y, ¿sabes una cosa? Esa es la más grande de los Estados Unidos. Ellos nos suplen unos treinta millones de cajas al año. ¿Cuántas puedes hacer tú?

—Pues mis máquinas son apenas de un color, le contesté.

—Qué lástima —me dijo— aquí necesitamos impresión a cuatro colores y el pedido mínimo es de un millón... Eso no está a tu alcance, ¿verdad?

—Yo podría conseguir otras máquinas, hacer algo mejor, le propuse, pero se quedó mirándome y luego soltó así:

—No. No. Tú debes saber que aquí un equipo más o menos bueno te puede costar fácilmente medio millón de dólares. Eso es una barbaridad. No, tú estás lejos.

Aquella breve entrevista que para otro hubiese resultado contundente, no lo derrotó y por lo contrario, Mister Lindo continuó frecuentando a Fernández, con quien, finalmente, sostenía largas conversaciones en torno de la industria impresora y seis meses después el cubano le hizo una propuesta que significaba el desafío más grande de toda su existencia. ¿Quería eliminarlo de una vez por todas? O, por lo contrario, ¿deseaba poner a prueba aquella capacidad profesional que exteriorizaba frente a una taza de café?

—Reinaldo —le dijo—, te voy a entregar un trabajo pequeño... Es una promoción de diez mil cajas a cuatro colores. ¿Te sirve?

(¡Diez mil!).

Diez mil y a cuatro colores. Para su imprenta esas eran todas las cajas del mundo puesto que sólo contaba con una vieja máquina de un color. Pero tampoco tenía con qué pegarlas, y la troqueladora —para cortar— era limitada. El mismo la había adaptado con la ayuda de Efraín y viéndola objetivamente, no pasaba de ser un aparato artesanal. También sabía que con la máquina de un color podía imprimir cinco, seis, siete colores más, pero en cantidades insignificantes porque para lograrlo debía hacer una a una, color por color, paso por paso y llegar a la cifra que le pedían significaba morirse. Y ahora, ¿la engomada? Eso se hace con máquinas muy rápidas y tendría que untar una por una, pegar una por una, unir pliegue por pliegue. Y, además de todo, él nunca había engomado. Lo vio hacer en Colombia, pero de ver a hacer... ¿Diez mil?

—Claro que me sirve. Yo le hago ese trabajo, respondió y tras tomar nota de las características del pedido abandonó el lugar ordenando en su cabeza el sistema que debía emplear para no sucumbir.

De momento ya sabía que no iba a sacar de aquel negocio ni los costos del cartón, pero sus ojos veían mucho más allá: "Yo sé que puedo. Y no sólo puedo hacerlo más o menos rápido, sino excelentemente bien... Esta es la gran oportunidad de mi vida para demostrarle que sé trabajar", se dijo y corrió hasta un sitio donde le suministrarían la materia prima revendida.

Esa misma noche comenzó los diseños y poco tiempo después la impresión:

Una con un color, dos con un color, tres con un color, diez con un color, once con un color, doce con un color, trece con un color, veinte con un color, treinta con un color, treinta y una con un color, treinta y dos con un color, treinta y nueve con un color, cuarenta con un color, cincuenta con un color, sesenta con un color, setenta con un color, setenta y una con un color, setenta y dos con un color, setenta y nueve con un color, ochenta con un color, noventa y nueve con un color, cien con un color...

Repaso: una con segundo color, dos con segundo color, tres con segundo color, cuatro con segundo color, cinco con segundo color, diez con segundo color, cien con segundo color, mil con segundo color, dos mil con segundo color, tres mil con segundo color, cuatro mil con segundo color...

Una con tercer color, dos con tercer color, tres con tercer color, cuatro con tercer color, veinte con tercer color, treinta con tercer color, cien con tercer color, doscientas con tercer color, trescientas con tercer color, cuatrocientas con tercer color, quinientas una con tercer color, quinientas dos con tercer color, quinientas tres con tercer color...

Dos mil con cuarto color, dos mil una con cuarto color, dos mil dos con cuarto color, dos mil tres con cuarto color, dos mil cuatro con cuarto color...

¿Y ahora? Pues a cortar con esa máquina de mano. Con la troqueladora "hechiza":

Una, dos, tres, diez, veinte, treinta, cincuenta y una, cincuenta y dos, cincuenta y tres, cincuenta y cuatro, setenta, setenta y una, setenta y dos, ochenta y dos, noventa y dos, cien, doscientas, trescientas, quinientas, quinientas once, quinientas doce, quinientas trece, setecientas cuarenta y dos, setecientas cuarenta y tres, novecientas noventa y siete, novecientas noventa y ocho, novecientas noventa y nueve, mil, mil tres, mil cuatro, mil diez, mil treinta, mil cuarenta, mil cincuenta, mil sesenta y una, mil setenta, mil ochenta, mil cien, mil doscientas, mil doscientas una, mil doscientas dos, mil doscientas tres, mil quinientas, mil quinientas una, mil quinientas dos, mil quinientas ocho, mil quinientas nueve, mil quinientas diez, mil quinientas veinte, mil quinientas veintiuna... ¿Diez mil?

—Todavía falta engomar, falta pegar, falta doblar.

—¿Qué día es hoy?

—¿Día? Estamos de noche y son las nueve y media del jueves. Oiga don Reinaldo: ¿Por qué no se come ese sánduche que pidió esta tarde?

—No. Comencemos a engomar. ¿Ya está preparado el pegante? Bueno, a ver la brocha: Una por un lado, una por dos lados, una por tres lados, una por cuatro lados, una por cinco lados. ¡Una lista! Dos por un lado, dos por dos lados, dos por tres lados, dos por cuatro lados, dos por cinco lados. ¡Dos listas!...

Y así él y cada uno de los pocos operarios que le ayudaban, hasta que en algún momento de algún día, alguien a su lado gritó,

—¡Hijueputa! ¡Diez mil por cinco lados!

Cuando Fernández y sus ayudantes terminaron de hacer el control de calidad sin encontrar defectos, se quedó mirándolo con una sonrisa de solidaridad y le dijo:

—Chico, tú eres más que un hombre serio. Tú eres un mago y te voy a ayudar.

En ese momento, que recordará hasta el último minuto de su vida, desapareció el cansancio acumulado de tantas madrugadas, de días y de noches inhalando aquel olor a tinta, a goma y a cartón nuevo que se mezclaban con el de su propio sudor, imprimiendo, cortando, pegando, cargando al hombro bultos grandes de cajas y sintió que no podía dejar que se escapara ese instante para dar el segundo golpe:

—Roberto, hagamos negocio —le propuso— y el cubano levantó las cejas.

—¿Negocio? Si yo no tengo dinero.

—No necesitamos dinero porque yo sé trabajar y tú tienes la entrada a este monstruo de empresa: ayúdame con los dueños y te hago mi socio... ¿No te das cuenta de que los dos podemos hacerles todos los empaques?

—Chico, no veo cómo.

—Es fácil. Tú les hablas de la calidad de este trabajo y los convences de que si me financian los equipos más modernos y más sofisticados que hay actualmente en la calle, podremos montar una factoría que trabaje para ellos, produciendo a costos más bajos de los que tienen ahora.

—Hombre... ¿Así de "fácil"?

—Así de fácil.

Los dueños de ese monstruo y de otro dragón que se llama "Sweet and Low", (el sustituto de azúcar más grande conocido en el mundo) son dos magnates judíos, don Benjamín Eisenstadt y su hijo Marvin, cuya vida se mueve en otros firmamentos, pero aún así, Mister Lindo sabía que algún día podría ascender hasta ellos y convencerlos de que sabía... y que quería trabajar y ahora estaba seguro de lograrlo. Adentro de su cabeza —recuerda hoy— sonaba algo anunciándole que sí. Que eso iba a ser posible.

Y lo fue. Una mañana del verano de 1975, tal vez tres semanas después de la entrega de las cajas, Roberto Fernández lo llamó por teléfono y le dijo, "Rei, chico, los señores quieren que tú les pases un estudio muy completo donde puedan ver qué necesitas para producir las cajas y cuánto se ahorraría "el monstruo" si te financiaran.

"Yo me fui a Manhattan —dice don Reinaldo— y hablé con una firma llamada 'Small Business Administration', cuyo trabajo es ese: realizar estudios de factibilidad para pequeñas compañías, pero luego de una reunión larga y complicada, dijeron que me cobrarían veinte mil dólares por elaborar el plan. Y, ¿de dónde iba yo a sacar esa suma? Más bien lo que hice fue tomar nota minuciosa de todo lo que se habló allí, de qué datos necesitaban, del número de cajas y las referencias que eran requeridas, mucho acerca de la calidad y el tipo de cartones para ser utilizados, bases para un 'pert' de desarrollo del proyecto, relaciones inversión-costo-producción por cada etapa de la propuesta y con esa munición, primero me puse a recorrer todas las grandes compañías que suministraban cartón, a establecer precios, calidades, resistencias. Luego empecé a devorar catálogos de máquinas y finalmente me clavé sobre la mesita de trabajo en mi apartamento y produje el estudio.

"En él anotaba, por pasos, cómo podríamos adquirir la maquinaria, cuánto les iba a ir pagando por cada etapa, cuánto íbamos a producir y, desde luego, cuánto se iban a ahorrar ellos cada año. Cuando se lo entregué a Roberto yo estaba seguro de que me iban a escuchar, y cómo le parece que antes de una semana volvió a llamar el cubano diciendo que al día siguiente me visitarían don Benjamín y don Marvin...

—"¿Don Benjamín y don Marvin?".

"Jesús, bendito seas, dije interiormente y comencé a llamar por teléfono: imagínese que para esos días habían venido a Nueva York algunos amigos caleños en plan de paseo. Entonces los localicé y les dije, 'vénganse mañana a tal hora, se ponen en mangas de camisa por quince minutos y simulan que están trabajando'. Luego me comuniqué con algunos muchachos que habían estado anteriormente conmigo y les pedí lo mismo y por último recluté a algunos colombianos que me estaban pidiendo empleo y así completé un buen elenco. Por fortuna ese día las máquinas tenían trabajo con unas cajas de zapatería, de algunas pastelerías y dos o tres restaurantes y empecé a organizar a mis 'extras':

—Compañero, usted sitúese aquí y haga que martilla, le dije a uno. A otro, 'lleve esos cartones para allá, los deja en ese rincón y luego, sin hacer mucha bulla, da la vuelta por acá y va y los recoge nuevamente y los vuelve a traer'. A otro lo mismo, a otro igual, a otro, 'agarre esta llave y aparente que aprieta esta tuerca: la saca y la vuelve a poner, luego la saca otra vez y así sucesivamente'. 'Ustedes dos párense al lado de esta máquina y hagan que vigilan la producción. Tienen que aparecer bien concentrados en su labor'. 'Usted espere a que salgan estas láminas de impresión y empiece a revisarlas con esta lupa'... Y así a cada uno hasta organizar un equipo tremendo. Además, como el lugar permanecía bien arreglado y bien limpiecito, la escena quedaba a pedir de boca, ¿oiga?

"Cuando ya estaba todo listo para entrar en acción me avisaron de la puerta que habían llegado los señores y comenzó el movimiento. Ellos llegaron —una gente sencilla, buena, sin bobadas—, miraron el lugar, hicieron algunas preguntas y caminaron nuevamente hacia la puerta. Ya para salir, escuché que el hijo le decía al padre, 'Oiga Pa: yo creo que esto quedaría bien en el Navy Yard, donde estoy ahora'. (Ellos tenían allí un edificio con cinco pisos llenos de azúcar y cuando escuché aquello me dije, 'el negocio está hecho' y no les pregunté nada y entonces, que muchas gracias por venir y que tal... Y se fueron.

"Una hora después me llamaron por teléfono para que fuera a sus oficinas y cuando llegué don Benjamín se quedó mirándome y me dijo,

—¿Cuántos años tiene usted?

—Treinta y siete.

—Me sirve —respondió— porque usted tiene mucho camino por delante y... ya me doy cuenta, muchas ganas de trabajar, ¿verdad?

—Sí señor.

—Ahora dígame... Reinaldo. Es Reinaldo, ¿verdad?

—Sí señor.

—Dígame, ¿qué necesita para comenzar?

—Pues si usted mira el plan en la página tal, están los equipos que necesito para una primera fase del montaje. Es el punto Uno. Como usted ve, si quieren producir inicialmente el diez por ciento de lo que están consumiendo ahora, encuentra la posibilidad A-1. Si quieren el veinte, está la posibilidad A-2...

El plan se refiere a diez etapas, una cada año. ¿Qué prefieren ustedes?

—Perfecto. Vamos con el paso Uno. ¿Cuánto vale?

Les expliqué los tipos de máquinas necesarias, sus ventajas, por qué debíamos entrar a la computarización y finalmente leí la cifra con el costo. Luego les propuse la forma como les iba a ir pagando y don Benjamín dijo:

—Los intereses van a ser menores que en un banco y el plazo depende de lo que usted trabaje. Si nos produce un millón de dólares, nos paga cien mil, calculando, claro está, sus utilidades. Usted tiene que vivir, muchacho.

—Y, ¿el sitio?, preguntó su hijo.

—Navy Yard.

"Fuimos hasta el edificio y me dijeron que podía ocupar un rinconcito en la parte de atrás, a espaldas de miles de toneladas de sacos con azúcar. Establecido todo eso me expidieron una orden para comprar los mejores equipos del momento y, ¿sabe una cosa? Costaron muchísimo menos de lo calculado inicialmente.

"En esta forma comenzamos a trabajar sobre el diez por ciento de lo que acordamos al principio pero a los cinco meses yo les estaba produciendo el veinticinco: mucho más del doble, mucho más de lo establecido en el punto A-1 y, claro, la Wesbaco, —esa compañía que les hacía las cajas— empezó a sentir el golpe y a presionar y a presionar. Finalmente mandaron a un grupo de técnicos y los señores Eisenstadt les contaron los planes. A continuación visitaron detenidamente nuestras instalaciones y luego le pasaron un estudio según el cual yo no tenía la suficiente experiencia y la meta de producirle todas las cajas iba ser un enorme fracaso industrial y económico.

"Pero don Benjamín revisó muy bien aquel estudio y estableció por sí mismo que lo que le estaban diciendo era una terrible mentira y le dio rabia.

—Reinaldo — me dijo—, vamos a acelerar este plan. Vamos a quemar ya mismo muchas etapas. Actualicen el estudio y díganme qué máquinas se necesitan para abortar este proyecto".

Amarillo: último trago.

"Hicimos el estudio y en cosa de semanas se compró el equipo más sofisticado con que cualquier experto podría soñar en el momento. Adquirimos otra impresora, otra troqueladora, una engomadora automática y un computador para hacer las planchas y, además, ampliaron considerablemente el espacio que ocupábamos dentro del edificio.

"Así, al cabo de unos quince meses estábamos produciendo el ochenta por ciento de las necesidades de la compañía y a los dos años, los dueños se habían ahorrado dos millones de dólares, o sea mucho más de lo que yo calculé inicialmente. Viendo esto, el señor se dio cuenta que cualquier suma que invirtiera en esta empresa era ganancia para él y entonces me llamó y me dijo,

—Reinaldo, de ahora en adelante tendrá todo lo que usted necesite.

Luz roja: se acaba la rumba.

El Navy Yard es un área de la zona portuaria de Brooklyn que fue utilizada por la Marina durante la Segunda Guerra Mundial con el fin de establecer industrias que abastecieran las necesidades de las fuerzas norteamericanas en combate, pero una vez terminada la confrontación se redujo su actividad y el gobierno decidió arrendar a los particulares una serie de instalaciones que se volvieron ociosas, entre las cuales se cuenta el edificio donde Mister Lindo ocupa hoy cinco pisos gigantescos. El lugar es el mismo donde una tarde los señores Eisenstadt le cedieron aquel rincón detrás de la azúcar para que instalara las primeras máquinas.

La mañana del domingo fue tibia y soleada y como la ciudad apenas comenzaba a despertar, el Brooklyn-Queens Express Way —una autopista de seis carriles por la cual se traslada diariamente de la casa a la fábrica— se hallaba totalmente descongestionada pero me contó que entre semana, a las seis o seis y media de la mañana, el tráfico ya es pesado, especialmente al entrar en el

Konskinsko Bridge, un puente que desemboca justamente en la zona del Navy Yard, donde los trancones muchas veces lo retardan entre un cuarto de hora y veinte minutos. Sin embargo, siempre ha tomado la vida con la misma calma y mientras los demás parecen impacientarse, él acomoda bien la espalda contra la silla del auto, y se dedica a llevar el compás de la música de la radio golpeando suavemente el timón con las yemas de los dedos.

A las siete y media de la mañana el edificio estaba silencioso y oscuro, pero a medida que fueron encendiéndose las luces vi una serie de escaleras de acero, angostas y relucientemente pintadas, sobre las cuales retumbaban nuestros pasos y en uno de los pisos, frente a las siluetas de centenares de rollos de papel más altos que nosotros, señaló el corredor que conduce a su oficina:

Al fondo un bosque en otoño que abarca toda la pared, un escritorio amplio y sencillo y frente a éste, doce pantallas de televisión a través de las cuales observa todos los puntos de la fábrica. Al lado una puerta que siempre permanece abierta para su gente y más allá una serie de cubículos diminutos en los que se acomoda media docena de funcionarios.

La oficina, las bodegas, los pisos atestados de máquinas huelen a limpio y aun cuando intencionalmente traté de hacerlo, no pude sorprender un solo rastro de basura.

Una vez allí, puso a funcionar un dictáfono para buscar alguna razón de última hora dejada por su secretaria pero como la cinta estaba vacía, salimos a la factoría y una vez encendió las luces del piso estiró el brazo y dijo: "Ahí está La Cinderella. Esta es".

En inglés, La Cinderella es La Cenicienta y su historia es sencilla:

"Dos años y medio después de haber comenzado aquí —dice mientras recorremos las instalaciones—. me hicieron algunos reportajes y finalmente una revista muy famosa que circula semestralmente por todo el mundo, la 'Graphic Art', nos asoció con La Cenicienta porque decían que nuestro crecimiento parecía un sueño de hadas. A raíz de eso, las compañías del sector vinieron y vieron nuestros adelantos y más tarde recibimos cartas de felicitación de diferentes partes del mundo... Yo he tenido la ventaja de irla muy bien con la gente; a nadie le hago mal, al que puedo ayudar lo ayudo y creo que no haya nadie que pueda decir que soy su enemigo".

Inicialmente la empresa debía llamarse Seven Kings, o sea Siete Reyes: siete por el número de su familia y reyes porque a él le dicen "Rei" cuando abrevian su nombre, pero en el momento de registrarlo, el número de la suerte ya pertenecía a otra firma y optó por el nueve. Hoy se llama Nine Kings.

En ella, cerca del noventa por ciento de los trabajadores son colombianos y el resto judíos, árabes, italianos, dominicanos y puertorriqueños que no solamente laboran en artes gráficas sino en oficios como la mecánica o la elaboración de helados, puesto que las empresas de Mister Lindo son llamativamente variadas.

Por ejemplo, hace algunos años encontró un buen negocio detrás de la maquinaria que los norteamericanos consideran obsoleta al ritmo que aparecen nuevos equipos, y se dedicó a comprarla. En una sección la reforman o la reconstruyen y posteriormente es vendida a América Latina, Asia y Africa, donde tiene buena utilización.

—Esto —explica— me dio un dinero con el cual empecé a importar alimentos y productos manufacturados de Colombia, Argentina, Perú, Venezuela, Bolivia... Por ejemplo de la Argentina traía vinos y cueros, de Bolivia tejidos, de Colombia implementos en aluminio, enlatados, concentrados de frutas para elaborar helados y otros productos...

—¿De dónde salió la idea del Aguardiente Chibcha?

—Bueno, pues sucede que como me había embarcado en algunos negocios de licores, se me presentó una magnífica oportunidad con un distribuidor muy grande que cubre todos los Estados Unidos y, como siempre, pensé en mi tierra. Aguardiente de Antioquia, dije. Hay que meterlo fuerte en este país. Entonces hablé con ellos, mandé elaborar un estudio muy completo en el cual anotaba no solamente nuestra capacidad de compra sino una serie de parámetros que dejaban ver el mercado tan amplio que estaba al frente. Llegó la hora de una licitación y envié desde aquí a una persona para que pagara algunos impuestos que exigían allá y sobre todo que se cuidara de entregar personalmente nuestra oferta. Pero, ¿qué sucedió? Que a la hora de la verdad le dieron una pequeña distribución a un norteamericano y cuando yo los llamé para saber qué había sucedido, contestaron que no. Que nuestra propuesta no había sido recibida por ellos. ¿No había sido recibida?... Por Dios: si el mismo funcionario que viajó a Medellín la introdujo con su propia mano en la urna señalada por la empresa de licores... De todas maneras, no me desanimé y probé con la Licorera de Caldas. En esa oportunidad fui personalmente a Manizales y hablé con el gerente y acordamos que para comenzar un negocio en firme, yo le colocaba una carta de crédito por veinte contenedores de aguardiente. Esa es una cantidad apreciable. Desde luego él fue muy locuaz, habló de los lazos que unen al pueblo caldense con el caucano, de la grandeza de la patria, de la necesidad de ampliar los mercados en aras de la generación de empleo en Colombia y regresé confiado. Pero nunca utilizaron la carta de crédito, nunca enviaron nada y nunca contestaron nada. Entonces resolví trabajar aquí. Unos meses después me conecté con unos licoristas franceses, serios e importantes, compré algunas acciones de su empresa, traje un químico colombiano y emprendí un camino muy largo, muy difícil y muy severo como es el de poder comprobar los más óptimos requisitos para obtener una licencia de fabricante de licores en los Estados Unidos. Dos años más tarde estábamos probando las primeras gotas del Aguardiente Chibcha''.

El desastre de Armero es algo que Mister Lindo recuerda con dolor, no solamente por la tragedia en sí, sino por el desenlace que tuvo para él —como para tantos colombianos residentes en Nueva York— la gestión de ayuda y de solidaridad que desplegaron sin interés.

El recuerda cómo la misma mañana de la hecatombe, abandonó su trabajo y se entregó durante varias semanas a pedir ayudas, a poner todo el tren de carros y camiones para recoger

equipos de cirugía, ambulancias —totalmente nuevas—, plantas
de luz, motobombas, ropa —totalmente nueva—, carpas, medica-
mentos básicos y costosos y en general, todo aquello que representara un aporte serio y efectivo para tratar de aliviar la situación de millares de seres que estaban sufriendo en su país.

Simultáneamente dispuso varias bodegas, no solamente para
almacenar toneladas y toneladas de cosas, sino que él mismo a la
cabeza de un batallón de colombianos, se dedicó a seleccionar,
marcar, empacar todas aquellas mercancías que más tarde fueron
embarcadas, gracias al pago de altos fletes y despachadas al país.

Pero un par de meses más tarde comenzaron a llegar las
noticias a través de la prensa y de los noticieros de televisión: una
parte considerable de la ayuda —decían los medios de comunicación norteamericanos— se había "esfumado" en manos de las
serias, honradas y linajudas instituciones colombianas que les
metieron mano.

Ante esto viajó al país y silenciosamente recorrió no solamente el área del desastre sino las zonas de influencia, los sitios
donde se hacinaban los damnificados y luego un par de grandes
ciudades. ¿Qué encontró? Por ejemplo que en toda la zona de
influencia del desastre no había una sola ambulancia. Las habían
destinado a las urbes y en cambio enviaron carros viejos y destar-
talados que aparentemente no servían para cumplir con su misión. Tampoco pudo ver una sola planta de luz ni en lo que los colombianos llamaban con gran bombo "los campos de refugiados",
ni en los pueblos y ciudades aledañas al sitio de la tragedia. Ni
encontró una sola carpa de las que él mismo había remitido, ni
mucho menos una motobomba, ni tampoco una silla de ruedas...
Alimentos y medicinas sí pudo localizar: se estaban cocinando
dentro de sus contenedores, bajo el sol calcinante de los puertos
nacionales, donde permanecieron meses y meses al lado de ayudas de otros países que habían corrido la misma suerte. En cuanto
a la ropa, estaba siendo cambiada por huevos y muñecos de felpa.
"Era vieja y sucia" explicaban los prohombres encargados de
manejarla.

Don Reinaldo cuenta esta historia en privado, sin estriden-
cia, sin ánimo de molestar a alguien, pero yo la recojo con mis

propias palabras, no solamente porque debe quedar consignada en alguna parte sino porque muestra cómo, a pesar de su barbarie, Colombia para él sigue siendo algo tan amado como su vida.

Durante la primera etapa de trabajo en Nueva York, en 1986, la mayoría de las historias conducían invariablemente a la frontera con México y no pasaba semana sin noticias sobre la llegada de cuatro, seis, diez personas por esa ruta.

Entonces no había conocido a Astrid —esto sucedió apenas en diciembre de 1988— y me pareció que lo indicado era buscar a alguien que acabara de llegar y tuviera a flor de labios el calor de la vivencia.

En principio el asunto era aparentemente sencillo porque cuando los colombianos arriban a alguna ciudad del sur de los Estados Unidos, especialmente Houston o Los Angeles (dependiendo del sitio por el cual se hayan colado), se comunican telefónicamente con familiares o amigos que ya están allá para pedir dinero o para avisar que se encuentran en camino.

La idea circuló esa noche entre los contertulios del restaurante y dos días después alguien dijo que sabía de un muchacho antioqueño que había anunciado su viaje para mediados de mayo. En ese momento estaba finalizando abril y como la conexión parecía segura decidí esperarlo.

Ir a México... ¡Es ir a México!

Transcurrieron un par de semanas y el 18 de mayo por la tarde encontré a Rubén tan contento que cuando me vio cruzar la puerta, abandonó su puesto detrás del bar y se anticipó a mi llegada: una hora antes habían llamado por teléfono. El viajero que esperábamos arribaría al día siguiente y su hermana prometió llevarlo al restaurante, sin permitirle siquiera descansar. "Ella dice que vino por México, que logró pasar el río y que ya tomó un bus en Houston. Está en camino", anunció frotándose suavemente las manos.

El 19 antes del mediodía nos ubicamos en una mesa desde la cual se dominaba la Avenida Roosevelt. Arriba sobre la estructura de acero se deslizaban ruidosamente los vagones del tren y por debajo la congestión de autos era similar a la de cualquier calle bogotana, pero con una diferencia: los conductores no vociferaban, no hacían sonar la bocina ni trataban de avanzar llevándose por delante a los transeúntes.

Una hora más tarde, sobre las doce y media, el sitio estaba lleno de gente bien abrigada que dejaba sus paraguas a escurrir cerca de la puerta y Ana, Lucy y Marisol correteaban cargadas con bandejas, ordenaban los pedidos levantando la voz, aseaban las mesas y cuando entraba un billete al frasco de las propinas daban las gracias en coro.

Días antes Fabio Parra había ganado una etapa en la Vuelta a España y una vez llegó la noticia, sobre la una y media, comenzó a pasar de boca en boca y el ambiente del restaurante se tornó más alegre que la víspera, cuando Santiago trajo detalles sobre un asalto guerrillero ocurrido en Santander y dos secuestros en Medellín.

A pesar de llevar seis años en los Estados Unidos, él no había podido desconectarse de Colombia y diariamente escuchaba una emisora cubana a través de la cual recibía alguna información sobre el país, que más tarde soltaba entre los contertulios de La Herradura.

Ellos lo conocían bien y cuando se sentaba en la barra, solamente con mirarle la cara podían descubrir qué clase de noticia tenía atorada. Pero esa tarde apareció sonriente, colgó su chaqueta en el paragüero de la entrada y se acomodó en la mesa de la ventana, desde donde observábamos hacía un par de horas la estación del "subway".

—¿Cerveza?, preguntó Ana y él le respondió que iba a hacerle honor al día: "un cognac", ordenó dirigiendo su mirada vidriosa a las piernas de la muchacha, por las que pasó la vista unos segundos y luego le dijo que, para su gusto, ella se veía mejor con medias oscuras. Como no recibió respuesta, volteó la cabeza y se quedó con nosotros.

—¿Apareció el hombre?

—No, estamos esperándolo.

—Yo no sé si de verdad vale la pena hacer tanto esfuerzo y correr un riesgo tan grande para terminar enterrado aquí, dijo envolviendo la copa con las manos, mientras su cara ensombrecía y regresaba al silencio de los últimos años.

Ante los demás, Santiago era un hombre cálido, solidario y a
la vez lejano porque se sentía atado a una ciudad que, según él, le
quitó a su país, a su mujer y a sus hijos. Hasta entonces había
trabajado incansablemente y cada semana les enviaba el dinero
ahorrado y ella lo iba acumulando con la ilusión de esperarlo y
escoger ambos una casa amplia y llena de luz como la imaginaron
desde el momento de casarse. Pero él dejó transcurrir el año que se
había fijado como meta para regresar, luego otro y otro más,
porque el tamaño de la casa crecía en su cabeza al ritmo de los
giros semanales a su familia y en el momento de reunir los últimos
dólares para construir una cuarta habitación, se encontró con que
ella había conocido a otro hombre y utilizando el dinero del
sueño, desapareció llevándose a sus hijos. En ese instante quiso
regresar a buscarla, pero hasta cierto punto se hallaba atrapado
en los Estados Unidos porque era un indocumentado y no podía
salir fácilmente, de manera que cuando consiguió los documentos
para hacerlo, era tarde: podía salir, pero ya no lo esperaba nadie.

Esto me permitió comprender el gesto de sus labios cuando,
hablando del que iba a llegar dijo: "Uno vuelve a Colombia como
triunfador o no vuelve nunca... Unos nos quedamos aquí para
siempre por cosas irremediables... Y otros, yo creo que la mayoría, porque nunca consiguen el dinero con que soñaron y entonces
se sienten perdedores".

Como siempre, la tarde había avanzado escuchando historias de emigrantes, generalmente cargadas de ilusión, algunas
veces de tragedia y antes de la hora acostumbrada cambiaron las
luces del local. Eran las siete y media de un sábado opaco y aun
cuando afuera continuaba el día, Rubén mermó la intensidad de
la luz y el restaurante adquirió un tono rojo por los faroles en las
paredes, pues la barra era también roja, las mesas rojas y los
asientos rojos. Cinco minutos después se despidió Santiago y
sobre el atardecer, un poco antes de las ocho, pude distinguir al
hombre que esperábamos, mezclado entre el río de personas que
abandonaban la estación del "subway" porque era el único en
mangas de camisa.

Después de siete días de calor, el clima caprichoso de la
primavera había retrocedido y esa tarde soplaba un viento helado

que empujaba la lluvia contra los ventanales de La Herradura. Aún así pudimos seguirlo desde cuando bajó arrastrado por la masa humana que se movía a todo lo ancho de las escaleras de madera que conducen desde la terminal hasta la calle.

—Ese tiene que ser el hombre, dijo Rubén mientras me alcanzaba un vaso con cerveza. En treinta años he llegado a conocerlos tanto que no necesitan hablar para que uno vea en qué andan.

Era joven y pequeño, unos veinte años. Atravesó la Plaza Corona cubriéndose las cejas con la mano para esquivar la lluvia que le caía sobre los ojos y entonces Rubén movió la cabeza y me miró sonriente:

—¿Ve el equipaje que trae? Apostemos a que es lo único que tiene. Si pasó por "el hueco" ese es todo su patrimonio.

El equipaje era un pequeño maletín verde con el escudo del Atlético Nacional en el costado y un suéter que le cubría la espalda y que se había amarrado al cuello haciendo un nudo con las mangas. En el camino dejó a su hermana atrás, entró con dos zancadas, se limpió la frente y al acercarse a la mesa pidió excusas por la tardanza.

Con una mirada maliciosa, Rubén le dijo que bajara al sótano y se cambiara porque estaba mojado y él contestó que el ambiente del restaurante era tibio y por lo menos la camisa se secaría pronto. La muda que guardaba en el maletín se encontraba arrugada.

—Es que había mucho barro en las orillas del río y como pasamos de noche, no veía bien por donde caminaba y me caí un par de veces.

Era un muchacho elemental y encerrado en sí mismo, y, claro, luego de quince minutos había sido imposible plantear siquiera una conversación vana. "El es muy callado, cuesta trabajo para que hable", nos dijo su hermana tratando de excusarlo mientras él miraba al piso. No tenía sed, no tenía hambre, no sentía sueño porque había dormido bien en el autobús... Nació en Envigado, terminó bachillerato pero no pudo ingresar a la universidad... Una historia cortada con molde, similar a miles, sin sobresaltos, sin dejar que se asomara un solo sentimiento.

El único rastro de su paso a través del Río Bravo, en la frontera con México, eran esa muda embarrada y húmeda y un número del diario "Laredo Ahora" que había traído como recuerdo de "el hueco" y que guardaba en la parte superior del maletín. Abrió la cremallera y mientras miraba para otro lado, lo sacó y lo colocó sobre el mostrador.

—Fíjese, dijo señalando la página octava de la segunda sección del diario, donde se leía un titular a ocho columnas:

COLOMBIANO TORTURADO POR LA DFS

"Comprobó estancia legal en el país".

(El periódico era de dos semanas atrás, lunes 7 de mayo de 1984, y la información breve):

"En buen lío se metieron los agentes de la Dirección Federal de Seguridad que jefatura Alejandro Córdoba Pérez, pues según trascendió ayer, la embajada de Colombia protestará enérgicamente contra ellos con motivo de los brutales tormentos de que hicieron víctima al extranjero Rubén Darío Restrepo Alvarez, quien comprobó plenamente que su estancia en México es completamente legal.

"Según oficio número 1165 signado por el jefe del Servicio Secreto, ayer a las 14:45 horas se puso a disposición de la Delegación de Servicios Migratorios a Rubén Darío Restrepo Alvarez, de veinticinco años de edad, originario de Medellín, Colombia, mismo que asegura haber sido víctima de un grupo de traficantes ilegales.

"Con insistencia se comentó ayer en medios policíacos, especialmente en la Jefatura del Servicio Secreto, que agentes de la Dirección Federal, 'investigaron' mediante sistemas inquisitoriales a Restrepo Alvarez, pues supuestamente existía la sospecha de que su estancia en esta ciudad obedecía a la tentativa de algún delito.

"Sin embargo la Delegación de Servicios Migratorios comprobó ayer que Restrepo Alvarez ingresó a México legalmente, pues tiene sus documentos legalmente acreditados, así como la visa correspondiente a su penetración a la República Mexicana.

"El maltrecho estado físico en que fue entregado Restrepo a la Delegación de Servicios Migratorios, provocó comentarios en el sentido de que éste solicitará enérgicamente la intervención de la Embajada de su país en México, para que se investigue y castigue a los agentes de la DFS que lo torturaron.

"Oportunamente 'Laredo Ahora' dio a conocer que Rubén Darío al ser remitido a las oficinas del Servicio Secreto, denunció que desconocía el paradero de cuatro coterráneos que cayeron en poder de un grupo de "pateros" que al parecer pretendían asesinarlos para despojarlos de sus pertenencias.

"Su versión no fue creída por los agentes de la Federal de Seguridad, quienes viendo moros en tranchete, procedieron a torturar al extranjero con la intención de que 'confesara sus delitos'".

Hacia finales del mes regresé a Bogotá trayendo en la mira a Rubén Darío y a comienzos de julio volé a México para buscar su rastro, pero como era de esperar, "La enérgica intervención de la Embajada de Colombia", solamente estaba en la cabeza del reportero y por tanto era necesario ir hasta Nuevo Laredo.

La frontera vista por el lado mexicano es mucho más complicada de lo que se aprecia en las guías turísticas, especialmente si usted lleva una cámara fotográfica al hombro y va a averiguar por alguien que ha caído en manos de la policía, y por lo tanto, una vez en la capital, comenté el proyecto con Ramón, un reportero del diario "El Excelsior" con quien hemos llevado una larga y entrañable amistad y él me dijo: "Te acompaño. No vayas solo".

Esa misma tarde logramos comunicación con Paco, otro viejo amigo en Monterrey y acordamos reunirnos en el aeropuerto de esa ciudad una semana más tarde. El alquilaría un auto y partiríamos por tierra hasta Nuevo Laredo.

Paco fue destacado reportero de "El Excelsior" durante varios años, pero un buen día decidió olvidarse del periodismo, regresó al Norte donde ahora maneja una empresa de alimentos y la idea de recordar su época de periodista lo apasionó y dijo que se sumaba al proyecto.

Una vez trazados estos planes, contaba con siete días para trabajar allí y comencé a hacerlo unas horas después.

Por las mañanas el aire de Ciudad de México parece más espeso que durante el resto del día y a pesar de ser aquella una época cálida, los rayos del sol apenas lograban penetrar la capa de humo que mantiene cobijada la ciudad durante todo el año. A las diez, hora en que parece despertar definitivamente la capital, subí la escalera que conducía al Consulado colombiano y en el piso indicado me encontré con un corredor aprisionado por paredes sucias sobre las cuales habían pegado algunos afiches de la Corporación Nacional de Turismo, del Museo del Oro y de alguna campaña publicitaria que adelantaba por esa época la primera dama de la Nación, bajo los cuales comenzaba a formarse una fila de estudiantes y residentes colombianos que esperaban ser atendidos por la Cónsul.

Las oficinas también eran estrechas y detrás de una serie de escritorios viejos pude ver a cuatro o cinco funcionarios que asomaron la cabeza tras arrumes de papeles que después supe, resumían buena parte de los problemas que afronta la colonia, no tan numerosa como agobiada por esa especie de discriminación que nos ha tocado soportar en el mundo durante las últimas décadas.

Como todas las mañanas, la Cónsul había llegado media hora antes de su horario habitual y suspendió su trabajo para buscar personalmente algún "récord" sobre Rubén Darío y al no hallarlo se comunicó telefónicamente con la Secretaría de Gobernación pero no fue bien atendida. "Allí tampoco saben nada de él", me explicó y luego de barajar una serie de posibilidades escribió una lista de dependencias hasta las cuales debía acercarme para continuar averiguando por aquel fantasma que me abordó en mayo.

Aun cuando ella no lo dijo, para mí fue fácil entender que sus relaciones eran tensas, no solamente con las autoridades mexicanas que tenían que ver con inmigrantes, sino con el mismo Embajador, molesto porque ella presionaba permanentemente en busca de soluciones para los problemas de los colombianos. La vida de aquel se desenvuelve generalmente en recepciones con los altos funcionarios mexicanos, mientras parte del trabajo del Cónsul debe transcurrir en las cárceles, atestadas de paisanos y en su misma oficina escuchando los problemas que afrontan diariamente, "por ser colombianos".

Esto me llevó a buscar ayuda en "El Excelsior", y así logré una serie de citas en dependencias del gobierno mexicano donde esperaba encontrar algo en torno a Rubén Darío. Pero la semana se esfumó luego de largas horas de antesala a las que siempre siguieron respuestas negativas, de manera que cuando terminaba el día regresaba al hotel con las manos vacías y el viaje a la frontera parecía cada vez más importante.

No obstante, aquellas horas de espera me enseñaron el desprecio que experimentan parte de las autoridades mexicanas por los colombianos, trátese de delincuentes o no, y el mundo de tortura y muerte en que son sumidos una vez caen en sus manos.

Oiga mi coronel...
¿No quiere un pericazo?

Transcurrían los primeros meses del gobierno de don Miguel de La Madrid y como es normal en México, empezaba paralelamente el desprestigio expresidencial, esta vez en torno a don José López Portillo, su antecesor.

En ese momento todavía era un cañonazo el libro "Lo negro del negro Durazo", escrito por el ex coronel de la policía José González, que según sus editores había vendido hasta el momento unas ochocientas mil copias, algo inusitado en cualquier país.

El libro contenía una violenta acusación que el ex coronel hacía contra su antiguo jefe, el general Arturo Durazo Moreno, hombre de total confianza del presidente López Portillo y quien ocupó durante seis años el cargo de Comandante general de la policía del Distrito Federal.

Pobremente editado, el documento se refería a la gestión del general Durazo y más que una biografía cruel, era todo un manual sobre "extorsión, robo, fraude, estafa, tortura, trata de blancas, venta de protección a criminales, asesinatos masivos, pisoteo continuo de la ley y, desde luego, narcotráfico por parte de la policía local", como dice la misma contracarátula del libro.

Cargado de odio o no, el coronel González era para mí en ese momento, más que un enemigo de Durazo, una buena fuente para buscar explicaciones en cuanto al porqué del calvario de los colombianos que pisaban México y cuatro días después de mi llegada, logré verlo en la trastienda de un almacén en la Zona Rosa.

Gracias a su pantalón de mezclilla, botas tejanas y chaqueta ceñida, revelaba algunos años menos de los que le calculé en las fotografías del libro, donde aparece con una vestimenta severa de ejecutivo que se acerca a los sesenta. Esa mañana, según me dijo, había tenido que atravesar parte de la ciudad para asistir a la cita y dado el tamaño de sus enemigos, me llamó la atención encontrarlo solo, sin un séquito de guardaespaldas a la vista como hubiera sucedido en Colombia.

En cuanto a su manera de ser, resultaba difícil equivocarse después de leer el libro. González navega entre una mezcla de impudor y espontaneidad que no había encontrado en ningún personaje y esto hizo fácil comenzar por lo único que me interesaba. Se lo dije casi al momento de conocerlo y con la enorme tranquilidad que mostró a lo largo de media hora —no quería permanecer más tiempo en el lugar—, disparó la primera ráfaga:

—Los colombianos... Entre otras cosas, ¿sabe usted qué pasa con ellos? Que aquí, la policía secreta del Distrito Federal negociaba con coca y los necesitaba como fuente. Así de fácil. Los necesitaba. Entonces creían que todos la traían y les caían encima para quitársela, con golpiza o a las buenas... O como fuera, ¿me entiende? Pero como sucede que sólo una mínima parte la trae y ellos creen que son todos, entonces han desgraciado a mucha gente. A mucha gente. Ahora, pues esto fue hasta hace diez meses, un año. No sé si la situación habrá cambiado en ese tiempo. Eso no se lo puedo decir.

La cadencia de fuego se mostró intensa desde el primer momento y había que irse al primer párrafo de su libro para lograr una dimensión más concreta del personaje. Luego vendrían los colombianos:

—Coronel González, en su libro usted comienza diciendo: "En mi vida de gatillero profesional, yo Pepe González González, autor del presente trabajo, comencé a matar desde los veintiocho años de edad y teniendo en mi conciencia una cifra superior a cincuenta individuos despachados al otro mundo, agradezco la intervención de los funcionarios por cuyas gestiones no me quedaron antecedentes penales. Advierto que maté por órdenes de gente como Gustavo Díaz Ordaz, Alfonso Corona del Rosal y muchos más. Sólo cumplí órdenes". ¿Por qué hace usted esa confesión?

—Hago la confesión porque si yo voy a acusar a personas en el libro, pues primero obviamente me tengo que acusar yo de lo que hice, porque si no no sería ético, ¿verdad?... Si puede haber ética en esto. Ehhh, es más duro para mí decir que maté gente que decir, ¿robé? Entonces, primero por eso: empiezo por lo que yo hice, porque si no además ellos me lo echarían en cara después, ¿verdad? Me dirían asesino, quién sabe qué cosas más. Por eso hago esa aclaración. Ahora: no tratando de justificar simplemente el hecho de que maté, pero es que siempre maté en cumplimiento de órdenes superiores, cumpliendo con mi deber, sirviéndole a mi país... Y nunca maté amarrados, como se dice aquí, ni maté atrás de un árbol, ni con ventajas. Maté peleando. Posiblemente la ventaja que pude yo haber tenido es que conté con mucha facilidad pa' las armas, soy buen tirador, en fin... Pero nunca fueron asesinatos a mansalva. En absoluto. Definitivo. ¡No! Lo hice... Yo quiero mucho a México. En el tiempo que se inició esto, pues las cosas eran fáciles para el país.

—Sí, pero yo le deseo preguntar, cuál era su rango, su cargo dentro de la policía del Distrito Federal que comandaba el general Durazo.

—Mi rango era de teniente coronel... Inicialmente, cuando yo llegué con él, me pusieron primero una oficina de investigaciones para investigar a la propia policía y después me pusieron ya como jefe de la seguridad de Durazo y de su familia, precisamente por mi facilidad con las armas. Y poco después, fui jefe de ayudantes de él en todo el sentido de la palabra.

—¿Quiere usted analizar al colombiano que llega a México? A qué vienen, cómo los capturan, si son torturados o no.

—Empezando por la tortura... La tortura, lamentablemente, creo que es a nivel mundial. Aquí en el tiempo de Durazo, por ejemplo, se ensañaron mucho. La usaban en demasía. En otros tiempos se usaba pero más medida. Yo cuando agarré colombianos fue cuando estaba como jefe de la policía el general Renato Vega, que no permitía tanto la tortura.

"El colombiano tiene características muy especiales: es muy listo. Vienen, o por el tráfico de enervantes, o los que les llamamos aquí paqueros y de esos que el intercambio y que la barra de oro... Son muy listos pa' esas madres, ¿verdad?... Y los robos a joyerías, bancos. Y tienen una particularidad muy especial: que traen a la mujer y en cuanto dan un golpe, ella se regresa a Colombia con el botín. O sea que usted cuando agarre aquí a algún colombiano, difícilmente lo pesca con el producto de lo robado... Bueno, yo estoy hablando de los maleantes. Sólo de los maleantes, que deben ser una gran minoría de la gente que viene de allá, ¿verdad?".

—¿Desde cuándo están viniendo maleantes de Colombia a México?

—Pues yo casi cumplí treinta años en la policía y en los treinta años me acuerdo que ya los colombianos funcionaban en México. Claro, en menor número. Después fue creciendo y pienso que sobre el año 74, más o menos, fue cuando empezaron a llegar, ¡pero una barbaridaaaad! ¡Una invasión tremeeenda! Puede haber influido mucho el hecho de que Durazo estaba involucrado con la droga y daba facilidades para que ésta pasara. Pero no le daba facilidades no más a los colombianos. Al tráfico en general le daba facilidad porque usted sabe que es un negocio fabuloooso y, definitivamente, él estaba asociado con los traficantes. Y asociado con los distribuidores internacionales. Usted lo debe haber leído en el libro, ¿verdad? Pues yo no puedo ir, por ejemplo a los Estados Unidos (aquellos ya quisieran que yo llegara allá pa' matarme), porque pongo sus nombres, los de los traficantes gringos y pongo datos exactos...

—En su libro usted cuenta cómo la policía comerciaba con cocaína. Dice que tenían una especie de bolsa de valores y que la escondían algunas veces para lograr que subiera su precio... Entonces el ensañarse con los colombianos, ¿tenía que ver con esto?

—En algunos casos sí. En otros, cuando por el volumen del decomiso era importante el colombiano, lo consideraban, porque era un medio de abastecimiento.

—¿Lo "consideraban" era que lo toleraban y partían con él el botín?

—Claro que sí. Y luego, pues el sujeto contaba con todas las facilidades. Absolutamente. Porque sin ser policía federal (la que teníamos en ese tiempo nosotros con Durazo) sino la policía del Distrito Federal, el poder de él era tan grande que lo respetaba la propia Federal. No se metían con él. Ni se metían con los traficantes ni con los maleantes que trabajaban con Durazo porque él los protegía. Los de los Estados Unidos, por ejemplo, llegaban aquí y les daba credenciales de policías... Y la traían de capitanes y de mayores y...

—Colombia no conoce su libro. ¿Quiere contar cómo la policía tenía esa bolsa de valores de la cocaína?

—Mire, eso lo manejó directamente —avalado por Durazo—, el coronel Sahagún Vaca, que era el Jefe del servicio secreto, que entonces se llamaba División de Investigaciones para la Prevención de la Delincuencia. Lo primero que hizo él fue involucrar en el tráfico a casi toda la policía. Aquí la policía se conformaba en ese momento por brigadas del servicio secreto (la policía uniformada no se tomaba mucho en cuenta porque esos tenían otra función). El servicio secreto era el poder grande que tenía la policía. Empezó por ejemplo, con ocho brigadas y una más por cada delegación... Eran dieciséis delegaciones políticas, muchos hombres... porque cada brigada constaba de cuatro grupos y cada grupo no era menor de cincuenta. Entonces los jefes de brigada, prácticamente eran gentes de Sahagún y de Durazo, que habían trabajado con ellos mucho tiempo, que estaban ya involucrados desde antes en el tráfico.

"Entonces lo que hacían Sahagún o su secretario, era que llamaban a cada jefe de brigada y le decían: 'sobró mucha coca, así es que ésta se va a repartir aquí'. Y no era a ver si quieren. Es que tenían que querer. Al jefe de brigada le decían: 'Te toca tanta y la pagas al precio del momento'. Entonces, ¿qué hacía el jefe de brigada? Llegaba a su oficina y llamaba a sus cuatro comandantes de grupo: 'Pos yo no sé cómo le van a hacer, pero aquí tenemos tanta coca y la tenemos que repartir. Y esta cantidad entre cuatro vale tanto y punto'. El ya ganaba. Y además le daba sus pellizquitos pa' tener pa'l uso personal, ¿verdad? Entonces era la cadenita, porque el comandante juntaba al grupo y hacía gramitos y a repartir entre todos y todos bailaban. ¿Por qué? Porque no era 'a ver si quieres'. Era que querían, cabrones. Por fuerza. Entonces se fue haciendo la costumbre y para toda la policía del servicio secreto ya era lo más normal.

"Yo antes estuve con otros jefes que eran otro tipo de gente: había un respeto absoluuuuto, del inferior hacia el superiooor. Usted como coronel pasaba y los agentes tiraban el cigarro, se ponían firmes, derechitos, ¿verdad? '¿No tiene usted novedad, mi coronel?'. Y ya con estas situaciones de droga y eso, pasaba usted y le gritaba algún agente, 'oiga mi coronel, cómo anda, ¿no quiere un pericazo?'.

"Oigame, en pleno pasiiillo. Es que era un descaaaro. Era un descaaaaro.

"...Y, claro, pos ahí, entós la facilidad era mayor porque cualquier agente de confianza iba al aeropuerto, esperaba gente que venía, y le sacaba sus maletas sin tocar baranda. Derechito. Yendo alguien de allá, pues ninguno desobedecía y entonces se lo mandaban a Sahagún o se lo mandaban al general... Ahora, ¿de

dónde venían? Pues yo pienso que de Colombia porque, definitivamente es uno de los lugares que predomina. Lo que no conozco
son los porcentajes exactos del tráfico, pero una gran parte sí era
colombiana en este negocio...

"Durazo tenía cierta conexión desde antes de ser Jefe de la
policía, porque ocupaba entonces el cargo de Comandante de la
Judicial Federal en el aeropuerto. Entós, él sabía a quiénes se
dejaba pasar y a quiénes no. Además, los que dejaba pasar le
daban pitazos sobre otras gentes del negocio para que él los
agarrara y justificara su autoridad. Porque usted no puede dejar
pasar todo. Siempre debe haber algo para que se justifique que
hubo detenciones de gentes y para que haya publicidad para la
entidad. Así salía en el periódico, 'se detuvieron colombianos con
tantos kilos de cocaína': y se veía la efectividad de la policía de
México. Porque si no se agarraba nunca nada, entonces, ¿qué
estaba pasando?... Pero volviendo atrás, le repito que él desde
entonces tenía el contacto y la facilidad.

"Después que dejó el aeropuerto pasó a ser Primer Comandante de la Policía Judicial Federal y entós tenía mando sobre el
que estaba en el aeropuerto porque cuando salió del cargo, se
cuidó de nombrar a su sucesor que hasta ese momento había sido
su segundo, el comandante Pasteur. Y con él, sígale lo mismo.
Durazo siempre estuvo en contacto directo con el tráfico".

El genocidio del Tula

—Para la opinión colombiana la primera noticia sobre torturas y asesinatos de colombianos por parte de la policía mexicana,
fue hace unos quince años cuando se hallaron alrededor de catorce cadáveres en el Río Tula. Usted era miembro de la policía en ese
momento. Cómo fue la cosa.

—Mire usted: Yo veía esos detalles muy de cerca porque yo
no me despegaba un solo minuto de Durazo, desde las seis y
media de la mañana, hasta que se acostaba. O sea, desde cuando

salía de su casa hasta que se volvía a acostar. A todas horas... Si se acostaba con una señora, yo estaba en la puerta. Ni un momento estaba él sin que me encontrara a la mano. Entós yo empecé a ver que el esfuerzo que había hecho para servirle al gobierno tratando de ser honrado, dentro de lo posible (...Es que siendo usted policía nunca puede ser honrado, honrado, honrado, tantas veces honrado, ¿verdad?... ¿Por qué? Porque deja de ser honrado hasta por servirle a un amigo. No es sólo por agarrar dinero. Pero quiero decir, yo nunca entré en componendas de dinero. O ayudaba a alguien a quien consideraba que no era un hampón recalcitraaaado, ¿verdad?... O le daba pa' dentro y siga a la cárcel... ni moooodo. Y cuando un amigo pedía un servicio, pos, se le hacía. En eso yo también me involucré muchas veces porque uno es humano. Pero nunca agarré dinero. Como siempre tuve la suerte de tener puestos buenos, siempre fui jefe, tuve buen sueldo y compensaciones más o menos, no me hacía rico, no guardaba mucho, pero vivía... Le di carrera a mis hijos, a los grandes, nunca faltó en la casa de usted lo necesario, pero repito, nunca me hice rico: nunca tuve dinero en el banco, nunca tuve una casa propia...). Entós, si yo hacía ese sacrificio y veía con qué facilidad estos extorsionaban a la gente, se metían en el tráfico, desgraciaban gentes inocentes, y solapados por un Presidente de la Repúuuublica. Se robaban el presupuesto completo de la policía. ¡Completo!... El policía tenía que comprarse desde zapatos hasta gorra. Por eso en ese tiempo usted veía a los policías unos de un color y otros diotro. Policías vestidos de chile y de manteca, porque se compraban lo que ellos podían. Entós unos traían chamarritas cortas, otros traían de las largas, otros traían camisas azules, en fin... Porque tenían que comprar su uniforme. Hicieron una de barbaridades que usted no se imagina. Las patruuuullas: le vendían a usted el derecho de manejar la patrulla y usted tenía que pagar por eso una cuota diaria. Pero además, tenía que tratar la patrulla como si fuera su coche: usted tenía que ponerle llantas, arreglarle los desperfectos, porque lo de las refacciones también se lo robaban. Entós para conseguir ese dinero, pues tenía que ir a robar a la gente a la calle. Entós usted como ciudadano, pues siempre tenía encima a un policía con los pretextos más infantiles. Mire usted: ver eso comenzó a desmoralizarme.

—Bueno, pero vayamos a lo del Río Tula.

—Ah, pos se vino la terminación del sexenio de López Portillo. Durante todo ese tiempo, Sahagún con la anuencia del general Durazo, controlaba grupos de colombianos y de suramericanos en general, grupos de asaltadores y rateros. Entonces comenzó a desatarse una ola grande de robo de bancos, pero a muchos de ellos los detuvo otra brigada. Veinte, veintitantos entre colombianos y de otros... Y me causó mucha extrañeza que los dejaron salir. Dije, pos los han de haber agarrado bien cargados y... Pero no. Es que además de haberles quitado mucho dinero, hicieron trato con ellos. (Para que siguieran robando bancos les daban facilidades). Entonces siguió la ola de atracos millonarios. Pero éstos se confiaron. Lo que nunca habían hecho los colombianos, porque, como le decía, ellos mandaban pa'llá luego-luego, lo que se robaban. Entonces empezaron a acumular aquí y llegó el momento en que se calculó el botín que tenían, en 180 millones de pesos, estando en ese momento el cambio al 12.50 por dólar. Entós, este... Los agarra la policía del Distrito Federal. ¿Por qué? Porque vino el momento en que ya no se iba a poder seguir haciendo eso porque venían los cambios en el nuevo gobierno y era un riesgo dejarlos aquí. Iban a cambiar jefes de policía que al detenerlos... pos iban a soltar la sopa. Aquí usted canta, ¡canta! Pos cómo que no. Entós les dieron chance de que se fueran, pero los trece... (Eran trece porque uno más era mexicano. Un taxista llamado Armando Magallón, que siempre andaba con ellos. Como conocía bien la ciudad... él los llevaba, los traía y los orientaba). Entós, este... estos trece no se fueron. Se picaron cuando no les quisieron dar los últimos regatazos y entonces, pues los agarraron. Los tuvieron encerrados una barbaridad de días, cambiándolos de casas y los torturaron pa' sacarles los 180 millones o más que tenían. Entregando el dinero pensaron que ya con eso había, pero entonces a los policías les entró el miedo de dejarlos ir y Sahagún le dijo a Durazo, "son puros colombianos que entraron al país ilegales. No hay antecedentes de su ingreso. Si se mueren... ¿Quién los va a reclamar?... Pos mejor, nos los echaaaamos".

—Pos síiiii. Chíngatelos, le dijo Durazo.

"Y una noche, que los sacan y que los tumban en el Tula. Pero se llevan también al taxista. Lo truenan también a él.

"La mamá del taxista conocía a varios agentes que iban con frecuencia a su casa por el hijo. Iban por él, se lo llevaban para localizar a los otros y luego-luego lo dejaban tranquilo. Pero la mamá ya los había visto. (No tomaron en cuenta eso los idiotas estos... Es que tenían tal prepotencia que se sentían... Porque además, un homicidio de este tamaño no se hace así. Esa es una idioteeeeez. Es burdo). Entonces, este... La mamá empieza a buscar al taxista que ya no volvió y vio que se lo habían llevado los agentes y se va a la jefatura... (Yo para entonces ya había tenido muchas dificultades con Durazo por los procedimientos, y yo ya no me quise quedar con él y le pedí que me mandara a otro lado y me fui para el Servicio Secreto. Pero allí también tenía grandes problemas con Sahagún porque yo no me alineaba a entrarle al negocio porque no quería ganar dinero extra. Yo ganaba... En México, por ejemplo, se acostumbra a que si usted recupera carros, las aseguradoras le dan un pepio. Eso está totalmente legal y no es malo... Pos de pagar un carro de un millón, le dan a usted veinte mil pesos, ¡Te salieron de gana! ¿Verdad? Y yo... este, tenía un grupo muy especializado en eso de carros y logré la recuperación de una cantidad enorme. En un solo golpe me agarré más de doscientos. Entós yo dinero, pos me caía y yo le daba a todos mis muchachos, lo partíamos iguales, pero no necesitábamos robaaaaar. A mí me llegaban con que, 'jefe, este ratero y l'entra...' No. No. Este se va derechito pa'l bote. Pa'l calabozo.

"Pero estos, los de Durazo, estos no. Ellos era lana y lana y lana. Y entonces yo no l'entraba con Sahagún, y a Sahagún no le convenía una brigada que no produjera y me la empezó a hacer y a hacer, y me pasaron otra vez a la Oficina de Investigaciones de la Policía. Y allí es donde llegan las quejas contra los policías. Por eso yo me di cuenta que el crimen sí había sido allí, porque yo cuando vi la matanza... Es que como sub-jefe de esa oficina fui a ver los cadáveres y tenían todas las marcas de lo que se usa en el Servicio Secreto: la marca de la venda (usted siempre los trae y los mantiene vendados cuando están en interrogatorio)... Y en la muñeca también se les pone venda. Los amarra usted con venda porque cuando se la quita, al rato ya no tiene ninguna marca. No más que como a éstos los mataron vendados, ya las marcas se les quedaron perfectamente delimitadas y, dije: 'No, pues esto fueron policías los que se los echaaaron. Los barrieron, porque tenían más plomazos que la fregada'... Y luego me acordé yo de los famosos colombianos de los bancos y pensé: 'Pos qué habrá pasado con esto', ¿verdad? Y luego llega la mamá a revisar los libros de los agentes que se habían llevado a su hijo. Para esto la mamá todavía no sabía que su hijo estaba dentro de los muertitos, pero nosotros ya teníamos las fotos... La señora empezó a verles y dijo: 'Mire: este es uno de ellos. Este es otro...'. Y le cerré el libro y le alcancé las fotos de los posibles muertos:

—¿Reconoce usted a alguno de estos?, pregunté.

—Sí, este es mi hijo, respondió... Entonces le dije:

—¿Sabe qué? Váyase de aquí y que no la oigan ni que sepan que usted es la mamá, porque aquí está usted arriesgando la vida. Vaya y busque al Comandante Miguel Nassar Haro. (Este era el jefe de la Federal de Seguridad. Un magnífico policía. Gran policía que siempre tuvo también muchas dificultades con Durazo, precisamente por el modo que tenía de actuar). Váyase, le dije, y véalo a él. Explíquele cómo está la cosa y él va a sacar este asunto adelante. Si quiere dígale que la mando yo, pero váyase de aquí.

"Y se fue la señora y vio a Nassar.

"Esto reventó entonces en los periódicos tremendamente, por el mexicano, no por los colombianos. Y entós el Presidente ordenó una investigación y la hizo precisamente Nassar. Y, pos, la sacó pa' pronto. Cuando tuvo conclusiones le informó al Presidente.

—Bueno, ¿quiénes fueron?, preguntó el señor.

—Pos fueron éstos y éstos y éstos. Todos son del Servicio Secreto, señor.

—Y, ¿le falta alguien?, dijo el Presidente. Y Nassar:

—Señor... Pues... Durazo y Sahagún. Y el Presidente le respondió:

—¡Olvídese del asunto!

Entonces le comunica el Presidente a Durazo y entós Durazo
le hace una chicana a Nassar con los amigos que él tiene en los
Estados Unidos, (todos influyentes, todos traficantes, incluso
algunos del FBI...). Y los gringos le montan a Nassar una acusación de robo de carros norteamericanos. Nassar ve eso y se va de
ingenuo y, pos claro, lo meten a la cárcel. Le pusieron una fianza
de un millón de dólares y como él tiene dinero, dio la fianza y se
peló pa' México, ¿verdad?".

El 22 de diciembre de 1988, la prensa colombiana publicó el
siguiente despacho de la agencia de noticias France Press:

MEXICO — El ex director de la policía política de
México y actual jefe de los Servicios de Inteligencia de
la Policía de la capital, Miguel Nassar Haro, es "un
fugitivo de la justicia norteamericana". Así lo confirmó ayer la embajada de Estados Unidos en Ciudad de
México.

En el momento en que pise territorio de Estados
Unidos —dijo el vocero de la embajada, William Graves, en Ciudad de México—, será "aprehendido para
que se presente ante la Corte".

Nassar está acusado de violar el artículo 18 del
Código Federal de Estados Unidos, referente al transporte interestatal de vehículos robados.

La querella judicial contra Nassar, de cincuenta y
dos años, es por sospecha de haber conspirado en el
robo y contrabando de cientos de automóviles de lujo,
entre 1975 y 1982, que luego se vendían en diferentes
ciudades de México.

El vocero de la embajada añadió que la orden de aprehensión contra Nassar es solamente por sospecha. Todavía no se ha comprobado en una Corte que sea culpable de los cargos que se le imputan.

El 16 de diciembre pasado reapareció en escena pública cuando fue asignado a los Servicios de Inteligencia de la policía capitalina. Su nombramiento motivó una ola de críticas de la oposición, acompañadas de denuncias en su contra por haber sido el principal represor en toda la historia de la policía mexicana.

No se escapó ni Castro

—Finalmente, para terminar esta entrevista, hay una parte de su libro en la cual usted dice que el general Durazo torturó a Fidel Castro y al Che Guevara en México, antes de que ellos se fueran a hacer la revolución en Cuba...

—Pues mire usted: Antes de cambiarse a la Dirección Federal de Seguridad, Durazo intervino en la detención y "calentada" de Castro y del Che, a quienes llevó a la cárcel de Sadi Carnot y allí los golpeó brutalmente. Ese trabajo lo realizó con mucho agrado porque una de sus especialidades era abusar de los detenidos indefensos. Pues bien: a este par de cuates les propinó una felpa a manos llenas en forma salvaje, inhumana y despiadada. En medio de risotadas y como si hubiera hecho una gracia, siempre se jactó de haber vejado a los dos personajes. Decía que les había metido un palo de escoba por el ano. Un día me comentó: "Pinche flaco, hubieras visto: hasta los ojitos se le brotaban a este barbón jijo de la tinada. Y al otro la cerilla se le salía por las orejas". Eso era de lo que más se mofaba entre todo lo que les hicieron: toques eléctricos, (la macana eléctrica que es para arriar ganado, descargada en los testículos es tremeeeenda)... Les aplicaron tehuacán con chile entre las narices... Y luego, pues les dieron las famosas posoleadas que consisten en desvestir por completo al acusado, vendarle los ojos y amarrarlo con firmeza a una tabla que uno pone en el borde de una pileta llena de agua. Luego se va metiendo al individuo, ojalá sea de cabeza, hasta que esté a punto de quedar ahogado o asfixiado por no respirar. Esto se repite varias veces, aun cuando muchos con la primera sueltan la sopa. Mejor dicho, cantan más que Pedro Vargas y otros dos.

"Todas estas andanzas me las contaba el general entre tragos de alcohol y 'pericazos' de coca, y me parecía que se sentía tan orgulloso como si hubiera hecho algo así muy padre, muy de hombre, ¿verdad?

"En esa época a ellos los estaban investigando en México por el acopio de armas y porque estaban preparando una revolución en Cuba. Después Estados Unidos dijo: "Hay que darles chanza" y, cómo... Pos los liberaron. Pero, imagínese usted si a Castro se le ha de olvidar eso, ¿verdad?

"Hay una anécdota que contaba uno de los escoltas del Presidente López Portillo cuando éste fue a Cuba: dizque ya para venirse, Castro Ruz le dijo: "Ay, señor Presidente, y no me deje de saludar mucho al general Duraaaazo".

Los cirujanos

Esa misma tarde acudí a la embajada colombiana a cumplir una cita con uno de los funcionarios de turno y lo encontré esperándome con cierta prisa pues debía trasladarse al Reclusorio Sur, una cárcel de la capital, en la cual deseaba comprobar algunas denuncias elevadas por detenidas colombianas en torno al tratamiento que les había dado la policía local.

Exactamente esa no era una de sus funciones, pero él quería comprobar en forma personal la gravedad de la información llegada un par de días atrás a su escritorio y me invitó a que lo acompañara. En el camino podríamos conversar con detenimiento, dijo, y acomodando en su maletín un par de cartas garrapateadas a mano, bajamos en busca de un auto que lo esperaba afuera.

En el reclusorio nos recibieron tres funcionarias que se identificaron con pocas palabras y posteriormente apareció la directora, acompañada de dos mujeres, una de tez blanca y cabellos rubios que, a pesar de haber ingresado al establecimiento 15 días antes, aún presentaba dos moretones gigantescos alrededor de los ojos. Ella alegaba haber sido torturada en los calabozos (en México les dicen apartos) de la Procuraduría del Distrito Federal, pero aún en nuestra presencia, las funcionarias insinuaban que se había maquillado. El diplomático pensó que verla en ese estado era comprobar un tanto sus denuncias, ante la negativa de la reclusa —una mujer antioqueña de unos treinta y cinco años— para hablar en presencia de las funcionarias. Estas, sin embargo, prefirieron permanecer clavadas en sus sillas y como se hizo un silencio prolongado, él se dirigió a la segunda detenida.

Esta era una mujer más sencilla que la anterior. Yo diría, más pura, más espontánea. Cuando saludó llevó las manos adelante, las entrelazó a la altura del estómago y mirándonos fijamente simuló una venia y dijo: "Mi nombre es Delfina. ¿Cómo están ustedes?".

Volví la cara hacia mi acompañante levantando levemente el portafolios donde cargaba una grabadora y sin esperar a que respondiera a la seña, la saqué y la puse a caminar. Una de las estatuas miró a sus compañeras pero ellas bajaron los ojos y comprendí que esta vez no se iban a oponer.

Este es el texto de nuestra conversación con aquella mujer menuda, de tez morena y ojos transparentes que inicialmente habló con ese estoicismo que carga encima el campesino colombiano y a través del cual, es imposible desentrañar a simple vista sus verdaderos sentimientos. Sin embargo, pocos minutos después sentí que su voz se quebraba y que ella, aparentemente fuerte al principio, comenzaba a hundirse más allá de las caras de piedra de nuestras testigos.

—¿Cuántos años tiene usted?

—Cuarenta.

—¿Cuántos hijos?

—Seis.

—¿Dónde nació?...

—En Venadillo, Tolima, pero me fui para Bogotá hace unos diez años. Allá lavaba ropas y planchaba.

—¿Y cuánto se ganaba al día?

—Había partes donde me pagaban quinientos, otras veces setecientos y había partes que me daban mil pesos lavando y planchando toda la semana. Cada día trabajaba ocho horas, nueve horas. Según. Eso consistía en el modo que yo me afanara.

—Bueno, y, ¿cómo llegó usted a México?

—Yo venía de trabajar del norte, ¿no? Entonces me encontré a un señor Jorge en la buseta. El se subió y se quedó riéndose conmigo y como había el puesto al lado mío —yo traía una ropa que me habían regalado— el señor me dijo "córrase". Le dije: "Sí, con mucho gusto. Como ahora hay que darle el puesto a los hombres...". El señor me preguntó que de dónde venía tan brava y yo le respondí que de lavar una cantidad de ropa muy grande. Preguntó cuánto ganaba, se lo expliqué y él dijo: "Pues yo te puedo ayudar a conseguir un puesto mejor". Se bajó en la Avenida Jiménez y me citó en la Cafetería Sancho Panza para el día siguiente. Al otro día, efectivamente, me dijo que había hablado con el socio y que me darían un puesto con buen billete: "China, es para que viajes y lleve unas esmeraldas y unos diamantes". Le contesté que bueno.

"Inmediatamente me llevó a la calle 45 con Avenida Caracas y subimos al quinto piso. Un apartamento. Entramos, conversamos y más tarde llegó un anciano y el que me llevó le hizo un gesto al viejo: que no me fuera a hablar nada a mí. Bueno, entonces comenzó la historia: 'Tú vas a llevar unos diamantes y esmeraldas y te van a dar doscientos cincuenta mil pesitos, plata colombiana. Por ahora te voy a entregar un dinero para que saques tu pasaporte y fotos, porque el señor que da el empleo necesita una'.

"A los cuatro días ya tenía pasaporte y visa a México conseguida por él y estaba lista para viajar y me dio veinte mil pesos para el mercado de los niños mientras tanto. Esa noche fui a la casa pero no conté que me venía a México sino que tenía que lavar unos tapetes y otras cosas en el norte y que me demoraba como una semana.

"Al día siguiente llegué donde el señor a las siete de la noche y allá me dieron una agüita aromática, amarga, y a las nueve, después de charlar me dijeron: 'Acuéstese en esta cama. Vamos a ponerle una inyección para que se calme', porque yo era así: temblando del miedo. Estaba muy nerviosa. Pero la inyección no fue inyección sino que colgaron un frasco de suero y vi que estaban metiendo una jeringa entre la manguera y dijeron: 'Comience a contar'. Yo conté: 'Uno, dos, tres, cuatro, cinco, seis, siete y en ocho dije, o... o... o...'. Hasta ahí me di cuenta.

"Ya cuando desperté me dieron una sopa con harto ajo para que vomitara y trasboqué bastante. Después me dieron como cuarenta gotas de un remedio en una agüita y se me trancó el vómito y me dijeron que me acostara y descansara.

"Al otro día me llamaron, me levanté, me tomé una sopa y les pregunté que dónde llevaba las esmeraldas y los diamantes y el señor me dijo: 'No se preocupe que ya están acomodados. No se afane'. De todas maneras a mí me cogió la duda y me fui a bañarme el cuerpo y me miraba por todos lados y pensaba: '¿Dónde llevaré yo esas joyas?' y nada. No les pregunté más y cuando estaba lista me dieron unas gotas y el señor dijo después: 'Ala, espérate un momentico que te vamos a poner una inyección'. Me pusieron una inyección en la nalga que me dolió tanto... y ahí sí fue que no sentí el cuerpo para nada. Creo que eso fue como a las diez de la mañana, porque el vuelo era a las once.

"En el avión me dio un hambre... Pedí doble almuerzo y pensé en lo que debía hacer al llegar a México. El señor me había dicho: 'Cuando llegues, haces inmigración, luego sale y buscas unos asientos. Ahí esperas porque en algún momento debe llegar una persona por tú. Ella te vas a mostrar tu foto y tú la sigues. Eso sí, tú no se tienes que afanar por nada, porque te van a atender de lo más bien'. Eso fue todo lo que me dijeron.

"Pasé por varios escritorios y cuando iba bajando una escalera un joven me preguntó que de dónde venía y le dije que de

Bogotá, Colombia. Entonces me ordenó que siguiera a una oficina y ahí me tuvieron como unas dos horas con otras personas. A unos les pedían dinero, a otros les quitaban cosas que llevaban entre las maletas, otros salían y se iban y al final me llamaron y después de una cantidad de preguntas dijeron: 'Usted va para radio equis'. Allá me tomaron una radiografía y después otra y luego me dijo el doctor: 'Vístase'. Cuando me estaba vistiendo me dijo: 'No. No se vista. Pase aquí'. Ya a la tercera radiografía me hicieron voltiar para el otro lado. Cuando volví a mirar, estaba la sala llena de gente. Entonces yo me agaché y no les contesté nada. 'Eso hay que echarle cuchillo', dijo un federal y yo reaccioné y les dije: "No me vayan a operar, señores. Por lo más sagrado que tengan, no me vayan a operar. Demen un purgante, hagan lo que quieran y cojan esas joyas, pero no me vayan a operar'. El contestó que no: 'No señor. Se le va a echar cuchillo'. Ahí fue cuando me arrodillé y les pedí perdón".

En ese momento vi cómo su cara se transformaba en un gesto de dolor. Tenía los labios resecos y la voz temblorosa. Se acomodó en la punta del asiento mirando hacia arriba y pensé que su mente estaba ahora en el aeropuerto. Se encontraba de rodillas y nosotros éramos los federales. Subió las manos hasta el pecho y calló por un instante. Estaba llorando. A su lado las cuatro funcionarias la miraban fijamente, pero no vi en sus caras el menor rasgo de emoción. No sentí tampoco que aflorara en ellas algún sentimiento y entonces recordé por unos segundos aquellas historias de los aztecas frente al ara de sacrificios. La mujer respiró hondo y con la mirada, esta vez lejana, continuó:

"El doctor me dijo: 'Desvístase y se acuesta aquí'. Fue ahí que me desvistieron y me acostaron. Cuando me desperté ya tenía una cosa igual a mis intestinos aquí afuera. Estaban arrumados en la camilla sobre mi estómago... Pregunté qué me habían hecho y dijeron que me habían sacado cuatro tubos llenos de coca. Permanecí el resto de esa noche en la misma cama y al otro día el médico dijo que me dieran de alta. Me llevaron de ahí para un hospital llamado el Rubén Leñeros. Allá tomaron datos y preguntaron dónde había sido operada. Yo no sabía. Les pedí que se lo preguntaran a los federales. Entonces dijeron que debían descoser la herida y así lo hicieron, pero me la dejaron abierta. Le dije a una enfermera que por qué no me hacía el favor de unas curaciones porque llevaba tres días así y no dijo nada.

"Bueno, pues a los tres días me sacaron así, con la herida abierta y me llevaron a una oficina de los federales en otra parte de la ciudad, pero donde me dejó el carro me tocó caminar, descalza, envuelta en un pedacito de trapo porque yo no tenía ni camisa de dormir, ni nada. Estaba casi desnuda. De esa oficina me llevaron para Pino Suárez. Ahí me atendió una doctora y dio la orden para que me internaran en el Hospital Juárez. Allá duré dos meses y me mantuvieron lavándome, haciéndome curaciones porque estaba infectada por dentro. Olía muy mal y entonces me hicieron dos operaciones y me curé... Pero si le muestro el estómago, usted lo que va a mirar es un mapa.

—Por lo que le han dicho, ¿cuánto afronta usted de condena?... En caso de ser condenada.

—No sé. No me han llevado al juzgado, no sé nada.

—Cuántos años de estudio tiene usted...

—Primero de primaria.

—¿Usted vivía con su marido?

—No señor. Hace tres años soy separada de él.

—Cuántos hijos tiene...

—Seis. El grande estudia y trabaja, tiene diecinueve años. El otro tiene diecisiete, el otro tiene quince, el otro tiene trece, la niña doce. Sigue el niño de seis años.

—¿Con quién están los hijos ahora?

—Solos. Están solos. Por ahí va el papá a verlos algunas veces y según me mandan a decir, deben seis meses de arriendo porque lo poco que ganan no les alcanza. Nosotros vivimos en la montaña, arriba, en el barrio Lucero Alto.

—Qué esperanza tiene usted en el momento. Qué le cruza por la cabeza...

—Que de pronto el juez tenga compasión de mí. Y si no, a pagar esta sentencia. ¿Qué más puedo hacer?

—En total, ¿cuánto dinero ganó usted en ese viaje?

—Nada, porque allá me dieron cuatrocientos dólares para el viaje, pero esos los cogieron los federales que se quedaron hasta con mi maleta.

Siete meses después, la señora continuaba detenida en México y ninguna autoridad colombiana había interpuesto recursos en su favor.

Nuevo Laredo. Es viernes y al llegar al retén, Paco y Ramón me ceden el asiento de atrás. Aun cuando traigo visa y pasaporte al día, ellos creen que resulta mejor no identificarme. Por lo tanto recuesto la cabeza y finjo que estoy dormido. Ellos saludan a los guardias, Ramón muestra su carné de periodista y la cara de piedra del policía parece ablandarse. En ese momento "sueño" con el coronel Pepe González.

La ciudad es limpia y cuando cruzamos por la zona histórica me pareció que distaba mucho de aquella imagen elaborada de las películas de vaqueros, pero Ramón me hizo caer en la cuenta de que "las películas de vaqueros son filmadas al otro lado, en el mero Laredo, el de Texas que una vez fue nuestro de verdad…"

Al norte cruzamos por calles sin pavimentar, enmarcadas por una arquitectura despersonalizada e insignificante como la que se podría encontrar en Riohacha, Codazzi o Uribia y un poco más allá nos detuvimos sobre el puente internacional, bajo cuyas barandas corre el Río Bravo, manso y poco caudaloso en esa época del año. A escasas calles de allí está el Penal de La Loma.

Escogimos como base de trabajo un motel turístico en la salida hacia Monterrey, al otro extremo de la ciudad, desde donde Ramón se comunicó con algunas autoridades locales para contarles que nos encontrábamos en la ciudad y que yo realizaría una entrevista en la cárcel.

—Algo de rutina... La vida de un detenido sin importancia especial, que sirva como tipo para una serie de reportajes sobre lo cabrones que son los colombianos que llegan por estos lados (me miró y sonrió ofreciendo excusas)... Claro, Licenciado... Lo comprendo... ¿Nuevo Laredo? Ah, pues por su historia y porque está en estos confines... Sí, eso me venía diciendo, la tierra de Roy Rogers y Durango Kid... "westerns" para niños... Nooo. Nada contra la ciudad ni contra sus autoridades... No. Definitivamente no. Olvídese de eso...

Una vez colgó, le pregunté por la preocupación del licenciado Córdoba Pérez, Jefe de la Policía Judicial Federal en el lugar y me dijo: "Todos estos son una partida de atracadores y por eso no les gusta tu presencia aquí, pero tú dale pa'lante. Esa es nuestra profesión, maestro".

Luego vino un silencio prolongado y mientras Ramón se alejaba para tomar una botella de whisky del pequeño bar de la habitación en que estábamos reunidos, pude aprender mejor el papel de un periodista que se movía en un país deshecho, acompañando a alguien que venía de otro igualmente deshecho y sentí que su solidaridad y la de Paco tenía explicación en la utopía que nos movía como reporteros enemigos de la violencia, por lo cual nunca hubiéramos podido ser admiradores de Roy Rogers o Durango Kid.

Profesionalmente Ramón parecía realizado. Hasta ese momento había ganado los premios que cualquiera de nosotros hubiera querido y escrito los libros que le salieron del ardor de su propia piel y con ellos respaldaba el éxito que lo situaba más allá.

Sin embargo continuaba trabajando en el diario porque de otra manera su vida no tenía una razón de ser.

Yo lo conocí en Bogotá en 1968 y apenas pudimos hablar un par de horas porque en medio de una cena se enteró de que aquella primavera los rusos invadían Praga y esa misma noche voló a París y de allí se trasladó a Budapest, siendo uno de los primeros periodistas del mundo libre que pudo entrar más tarde a la capital dominada. Sus reportajes fueron publicados por los diarios de veintidós países y más tarde escribió un libro relatando el heroísmo de los patriotas checos frente a la agresión del imperio comunista.

Con el sabor de aquel recuerdo nos bebimos dos tragos y una vez advertí que había superado la excitación posterior a las palabras del licenciado, salí a trabajar mientras ellos se dedicaban a broncearse en la piscina.

El penal es similar a cualquiera de las cárceles colombianas: paredes descostradas, guardianes mal uniformados, sobrepoblación de reclusos. La dirección funcionaba en una oficina desnuda y aparte de una mesa y una butaca para que tomara asiento el funcionario, no pude ver otra clase de muebles.

Cuauhtémoc Rodríguez, el director, se había posesionado una semana antes y me dijo que debía volver al día siguiente en busca de mejor información, pues en ese momento sólo había encontrado un registro breve en torno a Rubén Darío:

"Sí, estuvo aquí —señaló— porque veo en este libro que ingresó el sábado 5 de mayo pasado, permaneció varias semanas por cuenta de la Delegación de Servicios Migratorios y luego fue trasladado a algún sitio que me resulta imposible precisar ahora. Mañana trataré de tenerle las señas que él haya podido dar sobre Colombia, teléfonos, nombres de gente que lo conozca en su país…

Antes de despedirme alguien lo solicitó y él abandonó por unos minutos su oficina, lo que aprovechó un hombre de edad para insinuarme en voz baja que solicitara algo más: "La mayoría de los colombianos que están recluidos aquí son unos perros —me dijo— pero entre todos hay uno que vale la pena. Creo que es inocente porque estudié su caso y sin embargo le dieron ocho años. Se llama Carlos Alberto".

Una vez afuera, en la esquina de las calles Gutiérrez y Monterrey me abordó un guardián que había escuchado la conversación con el Director, para decirme que venía de buena voluntad. Una buena voluntad de "pinches quinientos pesos" a cambio de los cuales me dio alguna información sobre Rubén Darío:

—Pues mira —comenzó diciendo—, ese hombre llegó al penal como campión.

—Campión...

—Sí. Como un Cristo. Reventado, con unos huesos rotos, con la boca hinchada... Lo colocaron en el piso de un pasillo y ahí permaneció más de una semana sin poderse mover. Mira, vete con el director y dale esta pista: Dile que el chavo que buscas habló por teléfono a su tierra en mayo, más o menos el día once. Que te dejen ver la boleta de la llamada. Ahí vas a encontrar el número del teléfono que solicitó.

Al día siguiente el director pidió el libro de llamadas telefónicas pero le explicaron que su antecesor se lo había llevado. Ante esto, la solución era que yo hablara personalmente con aquél. Su nombre era Héctor García Treviño, dictó el número y me pidió comunicarme desde una cabina telefónica afuera del penal. En cuanto a lo de Carlos Alberto —el recluso de los ocho años de condena— no había problema. Podría verlo una vez regresara de hacer la llamada.

El ex director fue breve: "Dígale usted al señor licenciado Cuauhtémoc Rodríguez que el cuaderno de llamadas está en el anaquel donde se guardan las armas del personal de guardianes. Que allá quedó".

Nuevamente en el penal hablé con un funcionario que reemplazaba en ese momento al director y él nos indicó al agente

Manuel Azúa, conocido en esos parajes como "El Bronco" y a mí, que era imposible hallar el cuaderno:

—Es que, señores, el director anterior se lo llevó, como se llevó de aquí cuanto pudo. En esta oficina él dejó nada más este escritorio sin silla. Era un hombre difícil, ¿saben? El señor licenciado García Treviño se fue, arrastrando con lo que estaba a su alcance, pero eso es normal durante el último año de cada sexenio presidencial que aquí llamamos, "El año de Hidalgo". ¿Usted sabe cómo es eso?

—No.

—El Año de Hidalgo: La madre pa'l que deje algo. Pregúnteselo a aquellos que han sido altos funcionarios del gobierno en las últimas épocas y ellos se lo confirmarán... Digo... Si no lo truenan primero.

Total, ese día nos dieron las doce. Era sábado y la entrevista con Carlos Alberto fue fijada para el lunes a primera hora de la mañana. De regreso al hotel, Paco dijo que fuéramos a Reynosa y Matamoros en busca de la huella de más colombianos porque esos eran puntos claves en su ruta hacia los Estados Unidos. Partimos media hora después.

La frontera de la carne asada

Para llegar al Oriente de la frontera hay que recorrer una carretera solitaria que cruza el desierto entre Nuevo Laredo y Reynosa, desde la cual se ve a trechos, sobre la izquierda, el Río Bravo marcando la línea que separa a México de los Estados Unidos.

Generalmente los mexicanos prefieren cubrir el trecho entre Laredo y McAllen, por el lado norteamericano, puesto que por allí la vía es amplia y el trazado ofrece seguridad en verano, especialmente por la luz indefinible del atardecer.

Las dos ciudades están separadas por 194 kilómetros de cactus y tierras pobres, en las que se asoman algunas cabezas de ganado escarbando en la tierra. Inmensas soledades cortadas por el cielo limpio de julio donde se mueven bandas de urracas volando delante del auto.

Antes de emprender el recorrido no acomodamos provisiones en el auto y el calor seco y la visión del mismo paisaje nos despertaron esa sed "sicológica" del desierto, así que comenzamos a buscar algún sitio dónde beber algo. Por fin un pequeño pueblo, Ciudad Mier: casas de paredes altas teñidas de amarillo pálido que no permiten ver los tejados. Puertas cerradas y algunos habitantes silenciosos en las esquinas, también solitarios. No hay ningún sitio abierto.

Más adelante, en Camargo —un pueblo similar— hay un pequeño restaurante donde nos alcanzan latas de cerveza Tecate fría que pasamos con sorbos de jugo de limón y un pellizco de sal; luego un buen plato de machacado con huevo, la comida típica del Norte. El machacado es carne seca y molida, pero hay otros platos también a base de carne serrana, preparada en formas diferentes. Hablando de estas tierras, don Nemesio García Naranjo establecía una frontera pintoresca en la cual, "termina la civilización y empieza la carne asada".

Aproximadamente en el kilómetro 120, el Río Bravo corre por zonas donde se abren praderas para la industria ganadera de la región y más allá está Reynosa, una ciudad reverberante, tan grande como Pereira.

Para decenas de colombianos, Reynosa es bien conocida porque entraron por allí en forma ilegal. A través de su correspondencia, de comunicaciones y de noticias que envían a familiares y amigos en Colombia, ese batallón de emigrantes ha logrado que en ciudades como Cali y Medellín, centenares de personas hablen del lugar con propiedad, puesto que está dentro de sus planes futuros. Para ellos, Reynosa es una palabra mágica. Es el punto apetecido de "el hueco" por el cual aspiran a pasar una vez consigan dos o tres mil dólares.

En McAllen un oficial de la Border Patrol (Policía Fronteriza de los Estados Unidos), nos dijo que ese era el punto de la frontera por el cual se colaban más suramericanos.

"Y de los suramericanos —contaba— los colombianos representan la mayor corriente, aproximadamente desde hace unos siete años. Claro que nuestras estadísticas se refieren solamente a gente capturada, pero sabemos también que los que menos caen son colombianos. La cosa es sencilla: ellos llegan a la frontera con conexiones hechas desde Colombia o desde Ciudad de México y pagan bien porque los pasen. Esto les da derecho a utilizar medios que, digámoslo, son de primera y segunda clase. En cambio la gente de México, de El Salvador o de Guatemala, se viene en las peores condiciones. Y caen por millares.

"Los colombianos se distinguen de los demás latinos porque generalmente tienen un mejor nivel de educación. Se desenvuelven mejor, son más despiertos y eso es fácil de entender: solamente salen de Colombia personas que puedan pagar un pasaje aéreo caro como es el de Suramérica a México. Eso quiere decir que estamos frente a una clase media de las ciudades. En cambio hablando de los países restantes —cercanos a la frontera—, emigran básicamente campesinos con poca educación y medios económicos precarios".

Para mí, en parte el deseo de venir a Reynosa era rehacer un poco los pasos de algunas personas de la tertulia en La Herradura, y por eso desde las primeras calles consultamos el mapa de la ciudad para encontrar el Hotel Texcoco, punto de convergencia de la mayoría de los colombianos antes de dar el salto.

El sitio está ubicado en la colonia El Maestro, sobre la orilla del Canal Azaldúas que forma el Río Bravo, ya dentro de la ciudad.

Es una construcción sencilla de dos pisos, diecisiete habitaciones limpias y estrechas y veintiún camas, en las cuales se hospedaban, "pero sólo hasta hace algunos meses" emigrantes de diferentes países, antes de ser conducidos hasta "Las Calabazas" —unos veinte kilómetros río arriba—, el punto por donde se realiza generalmente la travesía para llegar a los Estados Unidos.

Según la administradora, el hotel Texcoco "se quemó" ante la policía local y, por tanto, en ese momento los indocumentados eran alojados en otros lugares.

La mujer trabajaba allí hacía cinco años y su trato continuo con la policía y con esa corriente de gente "misteriosa" que pagaba por alojarse una o dos noches en el Texcoco, la habían vuelto maliciosa y calculadora y prefirió hablar ocultando su nombre.

—Ay, mijo, los colombianos eran muy guapos, muy finos. Se vestían bien.

—¿Honrados? ¿Rateros? ¿Cómo eran?

—No, mijo. Para mí eran buenas gentes. Nunca me dejaron mala impresión.

—¿Cuánto vale una habitación?

—Cuatrocientos, mijo. Y la cama sencilla doscientos, mijo. Pero ya no han vuelto porque la policía los buscaba mucho aquí y algunas veces los capturaba. Por eso ahora van a otros hoteles de la ciudad, mijo.

Le solicité que hiciera algunos cálculos sobre el número de colombianos que se hospedaban "hace unos meses" y luego de revisar durante algunos minutos sus libros de registro me dijo: "Anote estas cifras y mire cuánto le da el promedio, mijo".

En total, durante los últimos seis meses habían llegado hasta allí 302 colombianos. Si se comparaba esa cifra (correspondiente a un solo hotel de Reynosa) con las que suministraban la Border Patrol y la policía mejicana —en cuanto a capturas— se podía ver que sólo unos pocos eran apresados, mientras la mayoría lograba ingresar a los Estados Unidos: según esas autoridades, durante el primer semestre del año habían sido retenidos —en la zona de 250 kilómetros que va de Nuevo Laredo a Reynosa— siete colombia-nos en Estados Unidos y cinco en México. Eso hace un total de doce (12 contra 302).

(Los datos de la policía mexicana son imprecisos porque allí las autoridades no dan información amplia. Para ellas, un indo-cumentado detenido es alguien a quien hay que incomunicar por varios meses y deportar silenciosamente).

Aun cuando menos convulsionada que Tijuana, esta parte de la frontera es también un mundo bien especial en el que se mueven bandas de pateros o coyotes que manejan millones de dólares al año mediante el tráfico humano, contrabandistas, tratantes de blancas y atracadores. Todos ellos viven a costa de las nubes de personas que luchan por pasar al otro lado.

"La frontera es una zona de pirañas que te esperan para devorarte y en la cual no vives si no tienes dinero. O también en algunos casos, mueres si lo tienes. Depende de cómo llegues y quién te traiga porque si las cosas se hacen bien, aquí todo es posible con billetes", dice un policía local con quien trabé alguna amistad en Reynosa.

Al lado de una botella de "President" y un cubo con hielo, la charla va surgiendo sin necesidad de presión. El pertenece al cuerpo de policía local y luego de doce años en la zona todo le parece normal.

—Ahhh, pos sí —responde a una pregunta—, entre Nuevo Laredo y Reynosa, por lo menos hay cada día tres levantamientos de cadáveres de gentes "ahogadas" en el Río. Digo así porque no son muchas las que en realidad se van al fondo del agua sino que el Río es una cloaca donde, tanto la Policía Federal como los pateros, esconden sus crímenes.

—Los pateros... ¿Alguien los combate?

—No se asuste usted si le digo que no, porque la Federal de Seguridad y la Federal Judicial y los mismos agentes de Migración viven de ellos.

—¿Cuántas bandas hay?

—Mire, las conocidas —y esto cualquiera se lo dice— son la de Los Tejas. Esa es refamosa en la región. Si se queda usted algunos días más, lo puede constatar en los diarios locales porque allí los nombran con mucha frecuencia. Los Tejas dan mucho que hablar. El mero-mero de esa banda es Arturo... Yo creo que él tiene unos cuarenta hombres.

"Luego sigue la de Santos Rodríguez con unos cincuenta hombres y la que está ahora más numerosa que es la de Mundo Salinas. La policía le calcula a Mundo unos setenta.

—Me imagino que operan...

—Bueno, eso cambia mucho, pero en términos generales cuando se trata de suramericanos, ellos tienen una cadena que comienza en el aeropuerto de Ciudad de México, en sociedad con agentes de Migración a los que les pagan bien por cada pescadito que atrapen y manden para la frontera. Pero también tienen gente en el aeropuerto de Monterrey, en la terminal de autobuses, en algunos hoteles y en la central ferrocarrilera a donde llega la gran corriente de campesinos mexicanos que provienen de los estados de Guanajuato, Michoacán, Zacatecas y Jalisco. Esos son los que más braceros lanzan a este mercado.

—Pero además de jalar gente para el Norte, ¿asaltan?

—Bueno... sí. En parte sí porque una de las técnicas que utilizan —si ven que la gente trae buena lana— es sacar de sus mismos hombres, grupos de diez o quince que asaltan a las mismas personas que les han pagado para que las pasen. Ellos atracan, hieren y muchas veces matan a los hombres. Imagínese usted: aquí vienen familias completas. Matan al hombre y violan a las mujeres. Lo más frecuente es que violen a las mujeres. Para poder hacer eso, pues los separan con mil historias y mil cuentos. Les dicen que la mujer y los hijos deben pasar por otro lado, o que los hombres deben ir atrás... qué sé yo. Esa es una regla casi general. Y, como le decía, aquí todo es dinero. Por ejemplo la cruzada del río en bote vale veinticinco dólares y si usted no los tiene, pues le toca meterse al agua. ¿Que está profundo el paso? Eso les vale madre. ¿Que usted se puede ahogar porque no nada bien? Ese es su problema. O saca la lana o se ahoga, o lo que sea, pero tiene que pagar.

—Una vez al otro lado qué sucede...

—Pues son organizaciones grandes que cuentan con gente aquí y allá. Ellos van pasando la gente por grupitos: granean tres, cuatro, diez personas y al otro lado, en Estados Unidos, poseen bodegas donde las van juntando como si fueran ganado. Cuando reúnen treinta o cuarenta, alquilan un camión cerrado de la "U-Haul", es decir un camión con una caja atrás, totalmente sellada y las meten allí, cierran con candado por fuera, y vámonos por rutas que ellos saben que no están controladas en esos días por la Border Patrol. El destino en la mayoría de los casos es San Antonio, Texas. Pero, como le digo, hay muchas formas, muchas maneras de hacerlo.

"También encuentra usted otros que se arriesgan y pasan solos. Una vez al otro lado, agarran el ferrocarril en Laredo... Sucede que la policía gringa pone retenes en las estaciones del tren y ellos lo saben. Entonces lo que hacen es que una vez se detiene, ellos se esconden debajo de los vagones y van brincando afuera una vez que la máquina echa a caminar. Pregúntele a la Border Patrol los casos que se ven: gentes sin piernas, sin brazos, estripada por los pinches trenes. Eso es muy común en esta zona.

—Y, ¿los colombianos?

—Bueno, esos no cruzan así. Esos vienen arreglados desde la capital. Los pasan generalmente en automóviles como turistas normales si el patero posee micas (cédulas) de gente parecida a ellos, o entre las cajuelas de los autos... en diferentes formas. Mire: a los colombianos los pican muy poco las pirañas porque son abusados y porque traen muy buen dinero para arreglar el paso... Y cuando caen es por mala suerte.

"Pues bien, ya al otro lado, a algunos... a algunos, digo, los mismos pateros les consiguen trabajo en los campos o como lavadores de platos en las ciudades. Y una vez los ponen a chambiar, viene 'la sangrada'. Sangrarlos llaman quitarles semanalmente parte del sueldo. Los sangran hasta cuando ellos se orientan y se les escapan de las garras. Yo recuerdo que hace un par de meses Los Tejas mataron en Houston a cinco, entre ellos a un colombiano, que era el líder y les dijo a los demás que no pagaran. Y ellos no pagaron. El caso fue muy famoso aquí y allá.

"En cuanto a sus paisanos, se sabe que comienzan a hacer conexiones en las mismas agencias de viajes de las ciudades colombianas. Cuando vuelva a la capital, vaya con la Secretaría de Gobernación y con la Interpol: ellos tienen muy buena información.

—¿Cuánta gente pueden pasar cada semana, digamos, Los Tejas?

—¡Ah, jijos! Eso es bastante. La policía sabe que Los Tejas comercian con dos y tres mil ilegales cada semana. De esos la mayoría se queda en el Norte hasta cuando quiere. Pero el que sufre todas las consecuencias del relajo que se ha formado es el ilegal porque, por ejemplo, en el momento en que la persona que los acarrea ve un problema, los deja abandonados donde sea: en el río o en las carreteras. Y se marcha. Usted lea la prensa a diario y verá que es frecuente encontrar que fue hallado un camión abandonado con veinte, treinta personas asfixiadas adentro, o una lancha que se quedó a la deriva en mitad del río y se ahogaron algunos niños, algunas mujeres.

—¿Todos los pateros son mexicanos?

—No. Fíjese que no. Yo trabajé hace algunos años con la policía de Tijuana y allí vivía un cuate colombiano que se llamaba Díaz o Díez, no recuerdo bien, y era muy famoso porque no pasaba sino colombianos. Tenía su mercado cautivo, como dicen. Imagínese que este hombre los recibía en Panamá: agarraba aquí en la frontera un lote de diez, doce automóviles y atravesaba toda Centroamérica y los recogía allá y se los traía hasta Tijuana. Llenaba los autos y en ese momento cobraba dos mil dólares por cabeza. Eso era, como quien dice, doce mil verdes por coche; diez autos, ciento veinte mil dólares el viaje... Era muy rico y desde luego, trabajaba sin problemas por su generosidad con las autoridades.

—¿Cuáles autoridades?

—Pues yo sé de las de México. No sé si al otro lado también. Mire, ese tal Díaz o Díez, era un chavo bien talentoso; por ejemplo, iba con su gente por el monte, una vez había salido de Tijuana, y cuando veía una patrulla de la Border, ponía, por ejemplo, una viejita con sus papeles legales a que se quejara: que si me asaltaron, que si me golpearon. Y los guardias se iban a donde estaba ella y la atendían mientras los demás pasaban por otro lado. En esa época patrullaban con un solo coche. Ahora la Border anda en parejas... Pues mire usted: tenían estos cuates una puntería bárbara para manejar sus resorteras (caucheras) y le rompían los faros a los helicópteros que patrullaban de noche. Ahora les tuvieron que poner mallas protectoras...

"Otras veces, la Border ponía alarmas en el camino, como decir, cuerdas muy finas y muy templadas conectadas en las puntas con sirenas o luces especiales: pues esta gente llevaba lo que llamaban barredores, es decir, personas expertas en detectarlas y desarmarlas. Tenían locos a los pinches gringos.

"Los colombianos, mi querido amigo, son muy inteligentes. Imagínese que una vez llegan aquí a la capital, devuelven a Colombia sus pasaportes y sus pasajes de regreso, con el fin de pasar por mexicanos —si los agarran en Estados Unidos— y así obtener un tratamiento diferente. Pero cuando la policía mexicana se dio cuenta de esto, empezó a interrogarlos en una forma muy particular: por ejemplo, les preguntaban cómo se llamaba el regente de la ciudad de donde decían venir... O les pedían que cantaran algunas estrofas del himno nacional de México y una serie de cosas así. Pues hoy algunos se vienen y antes de intentar el salto a la frontera, estiran el oído y aprenden modismos, tratan de hablar con el acento del país y muchos ya saben el himno, el nombre del presidente de la república y el del regente de la capital. Son bárbaros".

Yo firmo, licenciado
¡Yo firmo!

De regreso a Nuevo Laredo, el lunes por la mañana visité una vez más el penal pero me dijeron que definitivamente el cuaderno de llamadas telefónicas no había aparecido. Esto significaba que por ese momento debía renunciar a cualquier pista sobre Rubén Darío o sobre su familia en Colombia.

A cambio de eso recordé el permiso para entrevistar a Carlos Alberto, aquel recluso colombiano de quien escuché hablar cuatro días atrás y me contestaron que tenía luz verde. Lo podía hacer.

Carlos Alberto estaba en el segundo piso al lado de la gente más peligrosa de la Loma y compartía la celda con otro colombiano y con "La Agonía", un mexicano de quien me dijo el Director, "Leoncio Jasso, así se llama el sujeto, es el clásico asesino nato. Un hombre de bastante cuidado".

—Y entonces, ¿por qué lo tienen con los colombianos?, pregunté.

—El director anterior decía que ellos lo podían controlar porque son mayoría dentro de la celda.

—¿Y porque también los consideran de alta peligrosidad?

—Bueno...

—Cuál es su peligrosidad...

—Tienen fama de hábiles y de inteligentes. Además, intentaron fugarse hace cerca de un año, respondió.

—Aún así —insistí—. ¿No es un riesgo para ellos?

—Bueno, es posible, pero ahora no puedo solucionar nada. Las celdas individuales están copadas.

—¿Cuál es la acusación contra los colombianos?

—Tráfico de estupefacientes.

—Y, ¿contra "La Agonía"?

—Doble homicidio.

—Pero son delitos diferentes.

—Desde luego, pero los colombianos tienen fama de peligrosos.

En un breve recorrido por el pabellón, el Director me mostró a algunos habitantes del sector, mediante una clave convenida previamente. ("Frente a la celda que yo me detenga, hay uno de alta peligrosidad").

A mitad del corredor había un hombre pequeño y musculado que para las autoridades era el de mayor cuidado después de los dos colombianos. Su nombre, Hossein Sheika Olya, iraní, 37 años, casado, ocho de condena y multa de diez mil pesos mexicanos.

—¿Delito?

—Piratería aérea.

El caso era reciente. Cinco meses atrás había aterrizado en el aeropuerto de Nuevo Laredo, armado con una metralleta UZI de 9 milímetros, cuyo cañón descansaba sobre las espaldas del comandante de un jet de pasajeros norteamericano: Vuelo 252 de la Río Airways que decoló en Dallas la mañana del 15 de febrero.

Inicialmente él le había dicho por radio a los funcionarios mexicanos que buscaba trasladarse a un país de América Latina o de Asia que comulgara con sus ideas y que si sus deseos eran cumplidos —abastecimiento para la nave—, respetaría la vida de sus diecinueve rehenes. Pero pronto fue dominado por la policía nacional.

Un par de días después resumió su caso ante un juez, diciendo que había sido condenado a muerte en Irán por tener ideas contrarias a las del Sha, pero que su sentencia fue conmutada por cadena perpetua. Tres años más tarde, a la caída del mandatario, el nuevo gobierno lo puso frente a una disyuntiva: continuar preso, aceptar el exilio o trabajar para los servicios de inteligencia de su país. Prefirió el exilio y viajó a los Estados Unidos, donde ingresó a la universidad para optar el título en ciencias políticas y sociales, pero todo había desencadenado en aquel secuestro, mediante el cual buscaba llamar la atención del mundo sobre el problema iraní.

Dentro del penal, Sheika gozaba de simpatía y pese al concepto de peligrosidad que tenían de él las autoridades, podía salir de su celda para tomar el sol y practicar algunos ejercicios, cosa que no sucedía con Carlos Alberto y Hernando, los colombianos que compartían la pequeña celda con "La Agonía".

A partir del intento de fuga, ellos habían estado rigurosamente incomunicados durante diez meses y diecinueve días, sin derecho a recibir o enviar correspondencia, ni visitas, ni una llamada telefónica, lo que para los entendidos representaba "una violación muy clara a las normas jurídicas y humanas".

Esta situación había cambiado durante el mes que antecedió a nuestra entrevista, puesto que el director fue reemplazado y el nuevo funcionario, si bien respetó su correspondencia y rebajó un poco el rigor de las medidas que pesaban sobre ellos, aún mantenía vigente la determinación de impedirles caminar un paso más allá de los nueve metros cuadrados de la madriguera donde estaban recluidos.

El día que Carlos Alberto bajó al primer piso para hablar conmigo, era el primero en cerca de once meses que podía ver el sol y sentir la sensación del espacio: "Es increíble —me dijo— pero cuando abrieron la reja y di tres, cuatro, cinco pasos seguidos y no encontré nada al frente, sentí algo parecido al miedo. Creí por un instante que la distancia me atraía y tuve la idea de que me lanzaban al vacío y que flotaba y no encontraba de dónde agarrarme. Usted pensará que estoy loco".

La llave de la celda de los colombianos era una de las pocas que no se hallaba al alcance de la guardia, pues permanecía entre un cajón del escritorio del Director y el único que podía detenerse frente a su celda era el hombre que les llevaba la comida y un poco de agua diariamente y la dejaba escurrir a través de una especie de canal que ellos colocaban entre las rejas, para recogerla luego con un balde.

En cuanto a "La Agonía", un hombre de 29 años con las piernas remendadas a raíz del intento de fuga, la situación era más complicada. Se trataba de un sicópata de alta peligrosidad a quien no se le podía perder la cara ni un minuto. "Y así he pasado cerca de once meses", decía Carlos Alberto al explicar cómo: "Hernando y yo nos dividimos la noche: él duerme solo unas horas y yo otras. Es que uno no sabe en qué momento le pueda entrar el diablo a este mexicano que cuando llegó a la celda me tuvo dieciocho días y dieciocho noches sin dormir, porque estaba muy excitado y yo veía la necesidad de vigilarlo. "La Agonía" es un tipo que de pronto se queda mirándolo a uno largamente, sin pronunciar palabra. Pero él mira, no con los ojos del que está distraído, sino con unos ojos que dicen fácilmente lo que está pensando... Otras veces habla solo: dice que cuando salga tiene que matar a varios, que conseguirá un cuchillo para chuzar a quienes estén en las esquinas de las calles".

Pero además, para Carlos Alberto, Hernando sufría un desequilibrio y si a eso sumaba "la enemistad sincera" que le inspiraba "La Agonía", podía completarse un cuadro más crítico que la misma tortura a que fue sometido a raíz de su captura.

—Bueno, pues creo que la solución es fácil: se le pide al Director que saque de esta celda a "La Agonía", le propuse y respondió:

—No. Yo no he querido hablar nada de esto, porque si lo cambian, sería echarme encima un enemigo muy peligroso.

Cuando conocí a estos hombres, llevaban en la cárcel dos años y cuatro meses, durante los cuales vieron desfilar a siete abogados que habían cobrado hasta ese momento algo más de doce millones de pesos colombianos por defenderlos. Sin embargo vinieron la sentencia de un juez, la apelación perdida ante el Tribunal Unitario de Monterrey y una última súplica ante la Suprema Corte de Justicia, que estaba refundida en los anaqueles cuando visité la Sala Penal en Ciudad de México unos días después.

—El primer defensor —dice Carlos Alberto— fue un hombre que nos recomendaron como persona seria y de mucho prestigio profesional, el licenciado Guillermo Alarcón. Recuerdo que quien nos habló de él fue muy claro: "Alegar la cantidad de fallas y de violaciones a la ley que se encuentran dentro del proceso, argumentar sobre las torturas o sobre la confesión prefabricada por parte de la Policía Federal, es inútil. México nunca acepta esas cosas. Ustedes lo que tienen que hacer es darle bastante dinero al abogado porque aquí nada se aclara mediante las vías jurídicas sino con plata. Entonces ya lo saben: ese hombre los saca de la cárcel pero arrimándole buen dinero".

"Yo no tenía en qué caer muerto, mi familia es pobre en Colombia y lo único que me ha ayudado es que algunos de los colombianos que conocí aquí —y que están metidos en el mismo caso— han aceptado que sus defensores sean también los míos.

"El licenciado Alarcón cobró inicialmente veinte mil dólares, y Diego, que era quien pagaba en ese momento, recibió de su familia cinco mil y se los entregó al señor para que los guardara mientras él recogía los otros quince mil entre sus parientes. Pero, resumiendo, el licenciado Alarcón no hizo absolutamente nada y Diego le dijo que devolviera el dinero. El contestó: 'Oye, oye, yo he investigado sobre tu caso... De todas maneras para que veas que soy honesto, sólo tomo tres mil como honorarios y te regreso dos mil'.

"Transcurrieron algunas semanas y como el hombre no aparecía, lo llamamos y le dijimos que haríamos un escándalo si no entregaba el dinero faltante. Entonces mandó mil y se quedó con el resto.

"Después de él me pusieron un abogado de oficio que nunca conocí. Más tarde vino el licenciado Alberto Suárez Cordero, a quien le pagaron quince mil dólares, los recibió y no volvió jamás.

"Para esa época era urgente conseguir más dinero y un nuevo abogado y yo veía la necesidad de colaborar con los demás porque, entre otras cosas, si aportaba algo, podía exigir. Pero la situación económica de mis padres no permitía prácticamente nada. De todas maneras, mi madre acudió a la familia y recogió cuantas joyas pudo, algunas de ellas valiosas, recuerdos de los abuelos, adornos antiguos y modernos... Alguien le dijo que no vendiera nada allá sino que intentara hacerlo aquí en México, donde le pagarían mejor. Entonces un buen día se subió a un avión con una bolsita llena de anillos, relojes, collares, prendedores, zarcillos, y se vino. Aquí nadie le compró nada. Hizo gestiones y finalmente le entregamos todo a un abogado que dijo que esas cosas 'no valían mucho'. Ella no tenía otro camino que creer en alguien. Confió en el licenciado y nunca volvió a ver las joyas ni tampoco un centavo.

"Posteriormente la familia de Hernando —unos cafeteros del Viejo Caldas con buenos medios económicos— consiguió a un hombre muy conocido en Monterrey como es el licenciado Polo del Real. El cobró treinta mil dólares comprometiéndose a sacarnos de la cárcel antes de la sentencia del juez. En Colombia la familia de Hernando consiguió el dinero, se lo dio, pero la sentencia fue en contra nuestra (ocho años y medio).

"Ante eso, el licenciado Polo del Real pidió veinticinco mil dólares más, diciendo que lograría nuestra libertad en la apelación. Pero la apelación ante el tribunal de Monterrey fue adversa y Hernando se enojó y le pidió el dinero. El licenciado es un hombre muy influyente, muy rico, con mucha ascendencia política en Monterrey, y por tanto rechazó la exigencia y encima de eso se enojó: 'Yo no le devuelvo ningún dinero. Además usted tiene que seguir conmigo', le respondió.

"El tipo es reconocido en México como penalista a la brava y para demostrarlo, envió dos hombres para que 'hablaran' con Hernando, entrevista que permitió el director en una celda vacía donde le dieron una paliza que lo dejó sin sentido. Los hombres no eran más que un par de pistoleros a sueldo del señor.

"Con mucha razón Hernando se vino abajo, pero los demás presionamos y, finalmente, el director del penal actuó y capturaron a los sicarios y al mismo licenciado que estuvo detenido solamente un par de horas. Los pistoleros fueron enviados a una oficina y poco tiempo después los pusieron en la calle. Parte de esto fue publicado por la prensa local pero después no sucedió nada más.

"Después vino el licenciado Ignacio Lavín Ayala. El cobró ocho mil dólares, trabajó un poco y luego se retiró.

"Luego aparecieron más licenciados, como don Gustavo Salazar y don Santiago García quienes se llevaron una bolsa de treinta y cinco mil dólares, cubiertos por la familia de Hernando".

(Yo hablé telefónicamente con estos últimos, pero cuando intenté verlos, se esfumaron. Más tarde comprobé en la Suprema Corte que el proceso no se hallaba en la situación que ellos le habían descrito a los detenidos).

Para Carlos Alberto, un ingeniero industrial de 28 años que angustiado por el desempleo tuvo que abandonar el país con su esposa de 23 y su hija de seis meses, ésta es solamente una parte del precio que pagan cada año en el exterior millares de emigrantes colombianos.

El había llegado a la frontera un mes de diciembre, por gestiones hechas con una cadena de pateros en Houston, Texas, la cual lo conectó con sus miembros en Ciudad de México, Monterrey y Nuevo Laredo.

El día de nuestra entrevista recordó cómo luego de volar de Bogotá a Ciudad de México y de allí hasta la frontera a través de Monterrey, llegaron finalmente a una casa cercana al Río Bravo:

"Allí nos atendieron bien porque habíamos pagado bien (800 dólares por cabeza) y ya avanzada la noche, anduvimos unos dos kilómetros a pie hasta encontrar la orilla. Me imagino que el cauce del río estaba un poco seco, había barro y tuvimos que quitarnos los zapatos. Inicialmente yo cargué la niña pero mi señora se sintió insegura y pidió que se la entregara. Una vez en el agua, nos apretujaron a nueve personas en un pequeño bote de inflar, con tan mala suerte que la pequeña empezó a llorar y los 'pateros' se mortificaron. En la oscuridad no encontrábamos el chupo para ponérselo en la boca y los hombres se angustiaron más. Sin embargo pasamos al otro lado. Al llegar, nos detuvimos nuevamente entre el barro y cuando abandoné la embarcación me enterré hasta el pecho. Mi señora se cortó el pie izquierdo y la niña cayó y flotó unos segundos entre aquella masa. Debía ser la una de la mañana.

"Luego de salir de allí, caminamos cerca de tres kilómetros ya por territorio de los Estados Unidos y cuando nos estábamos acercando a un punto importante para seguir avanzando con menores tropiezos, nos hicieron agachar porque se acercaba una patrulla de inmigración. Lo hicimos y la niña volvió a llorar pero la patrulla no la escuchó y se alejó lentamente. Avanzamos un poco más y encontramos dos automóviles detenidos en la oscuridad, con las luces y las máquinas apagadas. Uno de los hombres habló con los conductores y luego vino a nosotros. Escogieron dos grupos y partimos de allí rápidamente.

"Antes de salir hacia el Río, cuando aún estábamos en México, entregamos los documentos de identidad y el equipaje en aquella casa cerca de la isla y nos los devolvieron en Laredo, pero las maletas estaban totalmente saqueadas. Ahí permanecimos tres días alojados en un refugio hasta cuando anunciaron que partiríamos para San Antonio, nuestro destino final.

"¿Cómo fue esa última parte? Pues a la hora determinada un hombre salió primero en auto y observó las autopistas: 'Están libres la 35 y la 59. Esta noche no han puesto en ellas el check point (retén) y debemos partir cuanto antes', dijo. Y arrancamos.

"Una vez en San Antonio buscamos a los familiares de Diego, el único amigo que teníamos allá y durante las primeras semanas vivimos en su casa. Conseguí empleo relativamente fácil, pero para ganarme cuatrocientos dólares al mes, tenía que trabajar desde las seis de la mañana hasta las doce de la noche, continuo, durante sábados, domingos, festivos, sin un solo día de descanso y esa no era mi meta. Yo lo que quería era ubicarme en algo relacionado con mi profesión, la que ejercí desde cuando estuve en la universidad, pues me pagué los estudios trabajando simultáneamente. (Tenía que ser así, porque además de mis obligaciones personales, debía ayudar a mis padres).

"Por este motivo, en marzo completé tres meses en los Estados Unidos y avanzaba en una investigación que permitiera la compra de máquinas y equipos usados con destino a ser exportados a Colombia, cuando la tarde del 24 recibimos una llamada a través de la madre de Diego: Debía viajar a Nuevo Laredo, México, lo más rápidamente posible porque él me estaba esperando allá para conectarme con alguien que me daría trabajo en la rama de confecciones de ropa, que era mi especialidad. La noticia me entusiasmó y en cosa de minutos reunimos algunos dólares y salí para el aeropuerto. 'Mañana estaré de regreso. Espero traerles buenas noticias', le dije a mi esposa que se quedaba con ocho dólares para los gastos de la mañana siguiente.

"Sobre las ocho de la noche había un vuelo de la Metro Air Lines, lo abordé y una vez en Nuevo Laredo llamé al motel La Hacienda, sitio de la cita con Diego. Hablamos y lo noté muy raro. Se negó a recogerme en el aeropuerto y le dije que no me alcanzaba el dinero para el taxi, pero me contestó que lo tomara y él pagaría la carrera.

"Seguí sus instrucciones, entré al motel y me dirigí al apartamento 224, toqué a la puerta y se abrieron las de las dos piezas de los lados: En cosa de segundos el pasillo se llenó de hombres armados que gritaron: '¡Alto cabrón!'. No sabía de qué se trataba y mi primera reacción fue defenderme. Soy cinturón negro en karate y repartí un par de golpes, pero pronto me dominaron con las armas y me empujaron dentro de una habitación. Allí me desnudaron, me vendaron los ojos y se dedicaron a golpearme con una violencia que no había sentido nunca.

"En esa forma comenzaron seis días de torturas continuas, elaboradas, de un sadismo difícil de comparar con cuanto había leído y con cuanto había imaginado en mi vida. Yo voy a resumirle todo con un pequeño ejemplo: al sexto día de castigo perdí el conocimiento por enésima vez y para hacerme reaccionar, metieron mi cabeza entre la taza de un inodoro repleto de excrementos humanos que estaba atascado desde hacía varios días. Cuando se acabó el castigo y vino un médico de la Federal de Seguridad, me regañó porque así, untado de porquería, él no me podía examinar. Como era incapaz de ponerme de pies, los policías se orinaron encima de mí y luego me echaron unos cuantos baldados de agua. El doctor me miró y luego certificó que yo estaba en perfecto estado de salud".

No obstante, dos días después de haber salido de los calabozos de la Policía Judicial Federal, el médico del Penal de la Loma, doctor Arturo Arzate Ramírez, expidió un parte facultativo sobre el estado de salud en que llegó Carlos Alberto a ese centro, que reposa en el folio 189 del proceso y dice así:

"En el pómulo izquierdo se le ve una lesión contusa de color rosado, las mucosas nasales muy hiperémicas.

"Más abajo, en ambos pectorales, se le ven múltiples lesiones hiperémicas con petequías y muy dolorosas. En el abdomen se le observan otras lesiones en forma lineal que casi abarcan todas sus regiones, con derrames sanguíneos y muy dolorosas.

"En los costados del abdomen, otras lesiones contusas de color rosado, muy dolorosas.

"En la espalda otras lesiones múltiples de color rosado con petequías y muy dolorosas.

"En ambas fosas nasales se le ven dos lesiones circulares, de cuatro a cinco centímetros de diámetro, dolorosas y también de color rosado.

"Más abajo, en lo que es el ano, hay enrojecimiento y dolor al tocarlo, así como ciertas pérdidas de la mucosa ardorosa y cierta dilatación dolorosa.

"En las bolsas testiculares hay edema y pérdidas de continuidad de la piel, con inflamación testicular dolorosa a la palpación.

"En ambos muslos, en casi todos sus tercios hay lesiones lineales hiperémicas y dolorosas, tanto en su cara anterior como posterior".

En su declaración ante una autoridad judicial (folio 188), el secretario del juzgado da fe de las mismas lesiones y recoge la declaración, "sin presiones", según la cual Carlos Alberto dice que es inocente y que debido a las torturas a que fue sometido, aceptó una confesión elaborada por el Ministerio Público, que firmó porque lo obligaron.

"En ese momento —dice el acusado— aún no sabía qué decía la confesión. Me vine a enterar de su contenido muchos días después".

Una lectura al expediente muestra que la única prueba que aportó la policía Judicial Federal en contra del sindicado, es esa confesión.

Las declaraciones de Carlos Alberto hechas en una extensa entrevista grabada que realizamos en el penal, coinciden en sinnúmero de detalles con comprobaciones posteriores que realicé, no solamente a través de algunas autoridades que aceptaron hablar conmigo a cambio de que no revelara sus nombres, sino con el mismo sumario que para julio de 1984 estaba en la Sala Primera de la Suprema Corte de Justicia y constaba de 597 folios.

Al recordar el comienzo de su proceso, Carlos Alberto relata:

"Estaba desnudo y atado a una tabla con las manos atrás y como se me había corrido un poco la venda de los ojos, podía ver a la persona que me martirizaba: Era un muchacho joven —luego supe que se llamaba Lupe Mazo—, de profesión, 'madrina', es decir, soplón a sueldo de la Federal que en estos casos no mete mucho la mano, sino deja que lo hagan personas ajenas a la institución, con el fin de darle un perfil de legalidad a la tortura''.

El trabajo de la policía mexicana a través de "madrinas" es algo públicamente conocido en aquel país. El diario "Laredo Ahora" en su edición del lunes 7 de mayo de 1984, página 8, segunda sección, publica a todo lo ancho de la hoja:

DECENAS DE MADRINAS DE LA FEDERAL DE SEGURIDAD ASUELAN LA CIUDAD

"Innecesario despliegue de 'madrinas', 'soplones' y 'dedos' que falsamente se ostentan como agentes de la Dirección Federal de Seguridad están aterrorizando a la sociedad con sus desplantes prepotentes, equiparándose a cualquier delincuente, pues pasean en costosos vehículos robados en la Unión Americana.

"Inexplicablemente el delegado de la Dirección Federal de Seguridad, licenciado Alejandro Córdoba Pérez, está permitiendo que tales abusos, atropellos y arbitrariedades sean cometidos por agentes que se amparan en la dependencia que él jefatura, aun cuando desde el día que tomó posesión como funcionario, aseguró que jamás toleraría irregularidades, ni mucho menos utilizaría madrinas como todos sus antecesores.

"Se ha identificado a un individuo de nombre Hermilio Alcaraz Galván —cesado de la Federal de Seguridad por corrupto— como jefe de la gavilla de madrinas que se amparan como agentes de la DFS para cometer atracos y toda clase de actos delictivos en beneficio económico propio y no en el de la sociedad en general.

"Lo peor del caso es que Alcaraz Galván tiene a sus órdenes varias decenas de individuos de pésimos antecedentes, que figuran como madrinas, como si se tratara de una ciudad cosmopolita o con varios millones de habitantes que ameriten el desfile de fuerzas policiales.

"No solamente es necesario sino que urge que el delegado Alejandro Córdoba Pérez, acabe de una vez por todas con los desmanes que vienen fungiendo los rufianes que supuestamente son agentes de la dependencia a su cargo".

Extractada de la entrevista con Carlos Alberto, esta es parte de su versión sobre lo que le ocurrió en las dependencias de la Policía Judicial Federal de México antes de que firmara su confesión:

DIA UNO: "...Me habían torturado por espacio de unas tres horas y luego de hacerme poner el pantalón y la camisa, me subieron a la oficina del comandante, señor José Siordía Jiménez, que estaba allí con el licenciado Carlos Aguilar Garza (el único que no me pegó) y con otro señor que fue quien me interrogó:

—Señor —le dije—, estoy muy mal, me han pegado mucho, ¿qué quiere que le diga?

—No, cabrón, no es lo que yo quiera. Me vas a decir la verdad o yo te la voy a sacar, respondió y comenzó a contar una historia en la que no conocía a nadie fuera de Diego. Le dije que no los conocía, que era inocente, que yo nunca había traficado con droga y entonces se puso de pies, abandonó el escritorio y comenzó a darme patadas en los testículos. Si trataba de bajar las manos para protegerme, me las subían a golpes...

—Allí estuve por espacio de una hora recibiendo puños y diciéndoles que yo no sabía nada, y luego el señor que me interrogaba le dijo a los agentes: "Este presuntamente no sabe nada, pero de todas formas bájenlo, le dan una calentadita y me lo vuelven a traer".

DIA DOS: "...Debía ser de madrugada y el señor que me interrogó la primera vez, bajó al calabozo donde me tenían amarrado y me estaban dando golpes de corriente y les ordenó que descansaran un poco. Entonces volvió a hablar:

—¿Ahora sí vas a cantar?, colombiano ratero.

—Señor, ya he declarado lo que sé. Soy inocente, no sé nada de lo que me acusan.

—Pos bueno, cabrón, vas a hablar algún día —respondió— y le ordenó a los agentes que siguieran con "la calentada".

DIA TRES: "Calculo que serían las doce. Mediodía. Me torturaban por sesiones y me dejaban descansar algunos minutos o paraban cuando me desmayaba. Después volvía el castigo. A esa hora, mediodía, volvió a bajar el mismo señor:

—Qué, tú... ¿Ya te refrescastes la memoria?

—Señor, me han quebrado la clavícula, por amor de Dios, compadézcase de mí, no sé nada de lo que me acusan...

—A este cabrón le falta más. Sigan trabajando, muchachos, le ordenó a los policías.

DIA TRES: "Ya debería ser media noche. Había perdido el sentido del dolor y un poco el del tiempo cuando él volvió.

—Señor —le dije como siempre—. No más. Me van a matar.

—¿Te van a matar? Te van es a dar nueve años de prisión, colombiano jijo de tu chingada madre. De todas maneras, hables o no hables, aquí en México no es lo que tú digas sino lo que nosotros queramos que digas, respondió y luego impartió otra orden:

—Este cabrón está duro. ¡Denle tehuacán! (Agua mineral con salsa picante entre las narices).

DIA CUARTO: "...No sé si sería el cuarto día. Creo que sí. ¿Sería por la mañana? Digamos que sí, que era por la mañana cuando volvió y preguntó si me habían dado de comer. Le dijeron que no y él respondió que no lo hicieran porque después lo iba a vomitar todo y se acercó hasta la tabla donde me tenían desnudo y amarrado con correas:

—Hable, hombre: Mire que lo estamos tratando bien. Lo que le hemos hecho no es nada para lo que le va a suceder, me dijo y se quedó mirándome. Era el sube y baja de la tortura. Lo llevan a uno hasta el dolor más intenso y luego lo traen con base en buen trato, de manera que comienzan a desquiciarlo y a colocarlo en una situación sicológica muy especial en la cual uno ya no sabe qué es lo que está sucediendo.

DIA CINCO: "Era tarde. Tal vez las seis, las siete, iba a comenzar otra noche y me hicieron vestir por tercera vez ese día para subirme a la oficina del mismo señor. Llegamos allá luego de atravesar un patio —me habían quitado la venda por primera vez— y cuando reconocí la voz del interrogador di dos pasos hasta el frente de su escritorio y me arrodillé y me puse a llorar y le dije: "Señor, dígame qué quiere conmigo. (Yo estaba en una situación en la cual, si me hubiera dicho que vendiera a mi madre, lo hubiera hecho). Yo hago lo que usted ordene pero no me castiguen más..."

DIA SEIS: "Dijeron que eran las ocho de la noche. Yo los escuchaba muy lejos, estaba mojado, temblando. No me pude vestir y ellos lo hicieron. Salimos de la celda y fui incapaz de caminar. Ellos me llevaron arrastrando hasta la oficina de ese señor a quien le repetí lo mismo que a los agentes: ¡Confieso! Vengo a declarar, no más castigo. Yo declaro.

—Ya declaraste, colombiano ratero, dijo el hombre, me alcanzó unas hojas y me ordenó que firmara abajo.

—¿Las puedo leer?, pregunté y él respondió:

—Qué vas a leer nada, colombiano maldito. O... ¿quieres que te bajen otra vez?

—No, yo firmo lo que usted quiera. Dígame lo que usted quiera y lo firmo ya. Dígame dónde pongo más firmas.

—No se acelere, colombiano puto... ¿No que no firmabas?

—Sí. Firmo.

—Firma ahí, ¡cabrón!

Y firmé.

DIA SIETE: "De la policía me llevaron ante el fiscal para que pusiera otra firma, esta vez sobre la copia de mi confesión y sentí alguna esperanza, porque, me dije: 'Debe ser una persona justa con quien a lo mejor podré hablar civilizadamente'.

"Subimos a una oficina y cuando vi quién estaba al frente, sentí un corrientazo: el fiscal era el mismo que había dirigido la tortura durante esa semana. En la placa de su escritorio decía:

LICENCIADO RAMON GUILLERMO CALZADA VEJAR
AGENTE DEL MINISTERIO PUBLICO

* * * * * * *

La historia de Carlos Alberto, según su relato, tuvo como antecedentes la captura de dos colombianos: Hugo y Orlando, un mes antes en Monterrey.

La policía encontró en el estómago de Orlando, 450 gramos de cocaína y tras el hallazgo los sometió a torturas por espacio de cuatro días, y al final ellos mencionaron a quienes conocían a ambos lados de la frontera.

En la lista incluyeron a Diego, el único amigo de Carlos Alberto en los Estados Unidos y para capturarlo lo trajeron a Nuevo Laredo, hasta donde habían sido trasladados los acusados.

Diego acudió a una cita y a partir de la detención fue igualmente torturado y eso lo llevó a mencionar a Carlos Alberto.

"Era una cadena en la que para salvarse del castigo, unos nombraban a otros, éstos eran capturados y a su vez nombraban a otros y aquellos a otros. En total fuimos detenidos cuatro colombianos, tres mexicanos, una española y dos norteamericanos, pero al comienzo de la 'investigación', dejaron libres a la española, a los dos norteamericanos y a dos mexicanos, que se presumía estaban tan comprometidos como los demás. Todos teníamos los mismos cargos pero ellos salieron libres y quedamos aquí solamente los colombianos y Alma, la mexicana.

"Aparte de Diego, yo no conocía a ninguno de ellos. Mis únicos delitos fueron primero: haber emigrado con mi esposa y mi hija en busca de trabajo, una vez que las empresas donde presté mis servicios en Colombia, quebraron por la recesión económica y, segundo: haber llegado a casa de Diego".

Los colombianos fueron procesados por delitos contra la salud y por violaciones a la Ley de Población, aplicable a los extranjeros que delinquen en México: "Pero este delito no le fue imputado a los norteamericanos ni a la española, recayendo todo el peso sobre nosotros que fuimos enviados a la cárcel por importación, exportación, posesión, venta, transportación (como dicen aquí) y distribución de la droga".

En La Loma, uno de los compañeros de Carlos Alberto es Hernando, otro colombiano "que apareció en este paseo sin que tuviera nada que ver y sin que hubiera cometido algún delito. El vino a pasar unas vacaciones a México porque tenía cómo hacerlo: es miembro de una familia adinerada. Dentro de las ciudades que visitó y donde tenía amigos, estaba Nuevo Laredo, de manera que llegó y se emparrandó y ya borrachos, sus amigos hicieron unos disparos al aire, siendo capturados bajo la acusación de escándalo.

"Al llegar a la policía, alguien le aconsejó que diera su declaración haciéndose pasar por ciudadano mexicano para que las cosas no fueran a mayores y él lo hizo. Y realmente la cosa no pasó a mayores, tanto que un día más tarde les dijeron que podían irse a su casa. Pero cuando iban a firmar la salida, un agente se dio cuenta de que él era colombiano y para castigarlo dijo: 'Este cabrón debe ser de los mismos que agarraron hace algunos días con coca en Monterrey. ¡Métanlo con ellos!'. Y desde entonces está con nosotros sin deber absolutamente nada y condenado a ocho años y medio de prisión, pues también se vio obligado a firmar lo que la policía quiso hacerle firmar, luego de siete días de torturas", relata Carlos Alberto.

A los delitos anteriores se sumó una pena por intento de fuga que, además del tiempo extra de condena, les significó ser marcados como peligrosos y soportar una drástica incomunicación de diez meses y diecinueve días.

Según el subdirector del penal: "La fuga demostró que los colombianos están dispuestos a todo y que son inteligentes, así no hubieran hecho las cosas bien el día que intentaron irse. Lo que le quiero explicar —subrayó— es que ante las autoridades quedaron señalados como elementos de la más alta peligrosidad"...

—¿Por el intento de fuga solamente?

—Oiga, por favor: ¡No me vaya a decir ahora que los colombianos no son peligrosos! Aquí desconfiamos hasta de los mismos familiares que vienen desde allá a verlos. Las visitas de Colombia no son muy tranquilizadoras para nosotros, ¿sabe?

Carlos Alberto vio a su esposa y su hija seis meses después de la captura. Ellas habían permanecido en San Antonio protegidas por la madre de Diego, quien también a raíz del problema, comenzó a afrontar una difícil situación económica.

La esposa asocia aquellos meses con una angustia que la carcomía a todas horas, lejos de su familia, con una permanencia ilegal en los Estados Unidos y una hija lactante que había conocido el hambre muy temprano.

"Cuando volví a ver a mi hija —relata el detenido estirando su dedo meñique— era una niña irreconocible: era un palito así, desnutrida, pequeña, pálida... Las dos estaban acabadas. La niña tenía en ese momento ocho meses de nacida".

—¿Cómo llegaron al penal? ¿Cómo las pudo ver?

—En su viaje a México, mi mamá se las ingenió y pasó hasta los Estados Unidos, las localizó y las trajo ilegalmente: ilegales en Norteamérica, ilegales en México. Un lío enorme. Pero mi vieja, que mueve montañas hizo gestiones aquí en la oficina de Migración y luego de soportar humillaciones, logró sacarlas de México y se las llevó para Bogotá.

La entrevista con Carlos Alberto fue realizada en la confortable celda de un detenido norteamericano en el primer piso del Penal, ante la presencia del Jefe de Guardianes, señor Casares, quien, sin inmutarse, escuchó cuando el detenido relataba la manera como su propio hijo fue involucrado en el intento de fuga de los colombianos. Carlos Alberto describió con detalles minuciosos la manera como los hombres de la Policía Judicial Federal torturaron al joven en presencia de su padre, "quien no pudo hacer absolutamente nada porque aquí los federales son un superestado".

Aún la frase estaba en el aire cuando alguien tocó a la puerta y una vez la abrió Casares, aparecieron tres hombres encabezados por un tipo corpulento que anunció con voz de niño: Dirección Federal de Seguridad. ¿Usted qué hace aquí?

Le expliqué cuál era mi trabajo, diciéndole que contaba con el permiso de las autoridades locales, y él respondió que si quería continuar debía hacerlo en su presencia.

—Prefiero dar por terminada la entrevista, respondí y él me pidió que repitiera la frase, luego de lo cual salió ruidosamente de la celda.

—Por favor —dijo Carlos Alberto que había palidecido—, ellos son capaces de todo; piense que usted se va y que yo me quedo aquí.

No había alternativa y después de aceptar la orden del niño, regresaron los hombres y escucharon el final de la entrevista.

Una vez en el hotel, comenté el incidente ocurrido en la cárcel y como el primer día, vi que la cara de Ramón comenzaba a arrugarse y cuando el último pliegue de la piel se apretujó en la parte alta de la frente, estiró el brazo y descolgó el teléfono: le contestaron que el licenciado Córdoba Pérez ya se había ausentado del comando en la Dirección Federal de Seguridad. Regresaría al día siguiente:

—¿El subcomandante tampoco está?… ¿Y el tercero al mando?… ¿Entonces quién manda allí?… ¿De manera que la seguridad de la República se maneja sin comandante? Quiero por favor el teléfono del "mero-mero" en Ciudad de México… ¿No lo sabe?… Oigame, este es un país maravilloso.

Diez minutos más tarde el "mero-mero" de la Federal se ponía al teléfono. Para entonces la cara de Ramón ya no solamente lucía encogida sino que había adquirido un tono cetrino y, como además, la comunicación con la capital fue defectuosa y debió subir el tono de la voz, terminó más irritado de lo que Paco y yo calculábamos:

—Señor licenciado, quiero que por favor me explique lo de sus agentes tratando de impedir nuestro trabajo en este país libre… No. No lo entiendo. No, no lo entiendo… ¿Cómo?… Tampoco lo entiendo… No, sigo sin entender… Escúcheme usted una cosa, señor licenciado: si lo que quieren es que la prensa se olvide de lo que sucede, no lo van a conseguir, de manera que ya puede usted seguir enviando pistoleros... Sí, mañana estaré en Ciudad de México, pero al frente de mi máquina de escribir, a menos que usted... No. Compréndame bien: la prensa los respetará hasta cuando ustedes respeten nuestro trabajo, ¿de acuerdo?...

La conferencia adquirió entonces un tono menos agrio y una vez colgó el teléfono, se apuró un whisky y acordamos regresar a la capital por la mañana.

La noticia se había propagado entre las autoridades locales y al día siguiente en el aeropuerto un funcionario se dirigió a Ramón diciéndole: "Vaya problema del que se escaparon ayer porque los hombres que llegaron son unos matones enviados desde la capital".

—Pero, ¿vinieron solamente por nuestra presencia?, le averiguó Paco y el hombre asintió:

—Desde luego que sí. La Federal de aquí les avisó y como es delicado dejar entrar periodistas a la zona, vinieron a constatar la clase de trabajo que ustedes hacían... Mire: ese que llegó al mando del grupo es un asesino. Lo llaman "El Bandido".

Para "El Bandido" seguramente había resultado un juego de niños escuchar el interrogatorio periodístico un día antes, así que se aburrió pronto y comenzó a bostezar y acariciar la empuñadura del revólver que dejaba ver bajo su camisa roja.

En ese momento, Carlos Alberto relataba descoordinadamente pasajes de la fuga frustrada y para tratar de centrarlo nuevamente, le pregunté:

—Bueno, pero qué los llevó a planearla. Cómo lo hicieron...

—Mire, hoy no recuerdo muy bien. Lo importante es que no hubo muertos. Ahora, el tratamiento aquí ha sido respetuoso para con nosotros, porque, aparte de una pequeña incomunicación —que yo encuentro lógica pues cometimos un delito— todo lo demás ha sido normal.

—¿En algún momento recibió castigo físico?

—No. Eso no —respondió elevando el tono de la voz—. Aquí las autoridades respetan los derechos humanos y las investigaciones están dirigidas y vigiladas estrechamente por los jueces. Yo quiero certificar en esta entrevista que no he sufrido atropellos físicos ni sicológicos y que todo se ha adelantado guardando un respeto total por las leyes de México.

Carlos Alberto y Hernando cumplieron su condena en junio de 1988, pero los funcionarios respectivos les exigieron cincuenta mil dólares como condición para autorizar su libertad.

El dinero les fue entregado seis semanas más tarde y aún así demoraron cuatro meses más para remitirlos al penal de Santa Marta Acatitla en la capital.

Allí permanecieron dos semanas más a la espera de conseguir otros dos mil dólares, suma que exigía un directivo del establecimiento para permitir que fueran repatriados a Colombia, lo que finalmente se logró mediante el pago de esa suma. Sin embargo, el día de liberarlos y como "despedida", miembros de la Policía Judicial Federal los torturaron por espacio de media hora.

En enero de 1989, veintiocho presos colombianos en México habían pagado, en promedio, siete meses de cárcel más de lo ordenado, por falta de dinero para responder al chantaje.

El Cónsul de La Estrella

Aquel agosto fue cálido. Los vientos no soplaron y cuando estaba comenzando la noche, Medellín se veía encerrado en una burbuja de humo que escasamente permitía percibir las luces de los edificios más altos. En cambio en La Estrella, desde donde se domina parte del valle, la temperatura era ideal y a esa hora, seis de la tarde, en las calles empinadas del pueblo se escuchaba con mayor claridad la radiola de una cantina no lejos de la plaza: Las Hermanitas Calle, "Si no me querés / te corto la cara / con una cuchilla / desas de ajeitaaaar..."; Olimpo Cárdenas; Alci Acosta; Andrés Falgás, "Lágrimas de Amor", "La Copa Rota", "Caricias Perdidas"; Oscar Agudelo, "Desde que te marchastes..."

Carlos Mario de los Ríos —así se llamaba el muchacho a través del cual fue posible retomar la cuerda para buscar a Rubén Darío— llegó una hora tarde a la cita, porque, me dijo: "Apenas acaba de llegar el hombre a su casa. Que sí habla, pero sin dar detalles. No es un sapo".

El hombre apareció en la cantina diez minutos más tarde. Lo llamaban "El Cónsul de los Estados Unidos" y aceptó la entrevista sólo por curiosidad. "Quería saber en qué andaba usted. No más que eso, ¿me entiende?... Ahora, ¿quién le dijo que yo mando gente por El Hueco?".

—Fulano de tal.

—¿Lo puedo llamar para ver si es cierto?, dijo con alguna intriga y le respondí que sí. Salió y regresó un cuarto de hora después con un gesto de confianza, "se bogó" un par de aguardientes y luego nos embarcamos en su auto, un Chevrolet 63 en perfecto estado. ("Si me propone negocio no le vendo esta latica por ningún precio. ¿Oiga? Es una belleza. Póngale cuidado al sonido del motor...").

Descendimos buscando las calles de Medellín y sin que se lo preguntara, comenzó a hablar del negocio. Ese año había tenido problemas porque "se le quemó" una ruta. La ruta más rentable para enviar gente sin documentos a los Estados Unidos. La que dejaba más pesos.

—Es que era una galleta, ¿oiga? Mire hombre: esa ruta duró nueve años sin que nos diera un solo dolor de cabeza... Claro que las cosas no duran toda la vida, ¿cierto? Pero también es verdad que mientras Dios y María Santísima le den a uno la salud y la cabeza, Ave María... Es mucho lo que se puede hacer en el país para ayudarle a esta gente tan jodida y tan pobre, ¿cierto? Hombre, la rutica funcionó y muy bien para que sepa, por allá desde el setenta y seis que empezó a llegar gente con platica, muchachos ya medio organizaditos que querían irse pa'rriba a buscarle el lado a la vida. Nosotros ya trabajábamos con México pero esto era mejor, era algo así. Póngale cuidado: súbase al avión de Miami sin hacer emigración ni tanta carajada que piden aquí para salir del país, porque eso ya está arreglado. Haga su vuelo tranquilo, si quiere tómese un traguito, duerma, lo que quiera. Eso sí, no lleve ninguna clase de equipaje y, en cuanto pueda, aligérese de ropa porque al llegar allá la va a perder. Cuando aterrice esté atento a la señal de alguien de la tripulación que le va a enseñar uno de los baños, ¿me entiende? Un baño especial... Y ya en el momento en que los pasajeros empiecen a salir, usted se mete en ese baño, se quita la ropa y se pone un uniforme de aseador de aviones que encuentra allí. Busque entre uno de los bolsillos y ahí encontrará un distintivo con su foto. (La foto se la tomábamos veinte días, un mes antes, cuando el paciente pagaba parte del cuento). Ese distintivo se lo coloca y sale caminando normal y corriente, tranquilo, sin llamar la atención. Por ahí en algún momento le pasan un balde, una escoba, un trapero, algo para que trabaje, lo agarra, limpia cualquier cosa y luego se va. Sale detrás de alguien que le va a señalar la puerta de servicio y llega a los Estados Unidos...

—Hombre, teníamos unas conexiones en ese aeropuerto... Dije teníamos porque se nos cayeron varios "trabajadores", ¿me entiende?... Bueno, ¿pues sabe cuánto valía ese paseíto? Cinco mil dólares y de ahí había que repartir, hombre... Unos tres mil o tres mil quinientos, según las personas que estuvieran recibiendo allá. Pero de todas maneras era muy bueno, porque aquí la gente se enloquecía por un cupo. Eso era día y noche buscándolo a uno y ofreciéndole esta vida y la otra con tal de que los embarcara, ¿oiga?

Cuando pude hablar le conté parte de la historia de Rubén Darío y antes de que terminara volvió al ataque explicando que si se habían presentado problemas "con ese pasajero", yo podía estar seguro de que su organización no había sido la que lo mandó, "porque, hombre, en once años no nos ha fallado uno solo. Además, ¿cómo se va él a buscar las conexiones en México?, ese es un error... Aunque también es cierto que la gente por ahorrarse unos pesitos comete pendejadas o busca aquí a cualquier charlatán que le dice que maneja bien esas rutas".

Buscamos un sitio dónde dejar el auto y subimos hasta Maracaibo donde tenía una pequeña oficina llena de papeles desordenados, un escritorio y un par de sillas.

—¿Cómo me dijo que se llamaba el muchacho?

—Rubén Darío Restrepo Alvarez.

—Restrepo, Restrepo, (hombre, en esta ciudad todos son Restrepo). No, no lo encuentro, pero hagamos una cosa: Véngase la semana entrante y yo le ayudo. Ah. Y cuéntele a aquél que le estoy colaborando como me lo pidió. Me interesa que se lo diga.

Regresé a Bogotá. Una vez más estaba en ceros. Sin embargo la historia de Rubén Darío parecía cada vez más apasionante porque se había convertido, más allá de toda consideración, en el reto de llegar hasta el final.

En el DAS habían estado atentos a su llegada, pero diariamente la doctora Diva me informaba que entre los deportados de cada tarde no figuraba nadie con el nombre y la descripción que le dejé por escrito. El lunes siguiente volví a Medellín.

No estaba "El Cónsul" pero le dio instrucciones a su secretario para que me conectara con una serie de personas a través de las cuales podría sondear un poco más, mientras él regresaba a la ciudad. Al final resultó que la mayoría eran jóvenes que estuvieron en El Hueco y, por algún motivo, habían fracasado en su intento por pasar a los Estados Unidos, pagando un precio más alto porque fueron apresados y apaleados por la policía mexicana antes de regresar a Colombia. Sin embargo, todos esperaban regresar una vez consiguieran el dinero para comprar, ahora sí, "una ruta seria como las de El Cónsul".

Desde luego, el primero de la lista era el mismo Carlos Mario de los Ríos, aquel joven que me lo presentó nueve días atrás en el bar de La Estrella.

De los Ríos es un muchacho silencioso de 24 años que indefectiblemente muestra el sello de bondad y esa mezcla de valor y desesperanza que parece un común denominador en prácticamente todos los emigrantes colombianos que he podido conocer. Estudiante de cuarto de bachillerato, su padre paralítico, trece hermanos, "y muchas ganas de ser alguien en la vida". Pero, ¿cómo? Aquí no hay cómo. Usted se va para el colegio pero entonces no tiene cómo comprar un desayuno, ni con qué comprar un libro. No hay para zapatos. Entonces, ¿qué hago? ¿Atracar? ¿Bajarle la cartera a alguien? Yo no nací para eso. Yo nací para aprender a hacer algo, me gusta estudiar. Total que me salí del colegio y dije, le entro a lo que sea. Hay que comenzar por algo: construcción, de mensajero, de repartidor. No conozco la pereza. Pero uno se angustia de andar las calles de esta ciudad buscando a alguien que le diga: 'Le doy trabajo', y no encontrarlo, ¿me entiende? Entonces uno se va angustiando y un buen día se endeuda y compra un pasaje a México... Y a ver cómo es la mano para meterse a los Estados Unidos. ¿Que si lo pescan en México lo tratan mal? Pues uno lo sabe porque se lo cuentan, pero de todas maneras uno va con la ilusión porque la mayoría logra coronar. Es que son muy pocos los que caen. De todas maneras hay que arriesgar. Yo arriesgué y me fui.

"Bueno, pues uno llega allá y desde cuando se baja en el aeropuerto comienza la aventura:

—Colombianos a este lado, los de otras nacionalidades, sigan.

"Presenté mis papeles en regla, visa de treinta días expedida por el consulado en Bogotá y luego a la aduana. Allí me llamaron unos federales y cuando fui me encerraron en un cuarto y empezaron a insultarme y a preguntarme por la coca.

—Colombiano cabrón, ¿tú que vienes a hacer aquí? Mira no más la pinta de este muerto de hambre... Igual a todos los colombianos que vienen a México.

"Y después de eso, el primer anuncio: o les daba dinero o me encerraban. Para comenzar debía mostrarles cuanto llevaba. Les dije que no lo hacía (tenía miedo de que me lo quitaran) y entonces me desnudaron, sacaron los billetes y los contaron: mil dólares, unos ochocientos para pagarle al patero que me pasara al otro lado y el resto para poder llegar hasta Nueva York. Cuando supieron lo que querían saber, me dijeron que escogiera: les daba cien dólares o me deportaban, o me sindicaban como traficante de droga. Les dije que hicieran lo que ellos creyeran conveniente y después de hablar entre ellos, se quedaron con mi dinero y sólo me dieron veinte dólares y una patada en el trasero. 'Y piérdete, lárgate colombiano muerto de hambre o te mueres'.

"Fui a un hotel, llamé a Colombia pagando allá para decirle a mis padres lo que me sucedía y que iba a continuar, siempre y cuando me consiguieran alguna platica prestada que yo la pagaba una vez estuviera trabajando en los Estados Unidos. Al día siguiente me despertaron tres hombres armados: 'Policía Judicial Federal, quieto güey'. Fuimos nuevamente al aeropuerto y en una habitación, me desnudaron y empezaron a azotarme sin descanso.

"A los cuatro días con ese régimen salí para otro sitio lleno de federales y a medida que iba pasando frente a cada uno de ellos, iban dándome una patada o un golpe en la cabeza y soltaban la risa. Así llegamos a una oficina y sobre una mesa vi varios paquetes con coca. Me volvieron a desnudar y otra vez los golpes.

—¿Vas a negar que esta coca es tuya?, dijeron.

—No, no es mía.

—Pues te vas a morir, cabrón. Di que es tuya para no desaparecerte, me aconsejó uno y yo le dije que no me perjudicara. Entonces siguieron pegándome hasta que ya no pude más:

—Sí, es mía, es mía pero no me peguen más.

"Aunque les dije lo que querían que dijera, siguieron castigándome. 'Es mía, es mía, no me peguen más', les gritaba.

"Me dejaron por fin y luego de vestirme caí en un cuarto con unos peruanos y dos mexicanos: '¿Vos también venís cargado?', me preguntó un peruano y le expliqué que no, que era inocente y entonces me contaron que esa droga era de ellos. Los habían agarrado esa mañana y un mexicano que se llevaron aparte, confesó y a cambio lo dejaron libre.

"Esa noche fui trasladado a otro calabozo y cuando íbamos, escuché que un federal les decía a los demás: 'Está limpio el cabrón, pero de todas maneras antes de que se vaya nos vamos a pegar una pinche divertidita con él'.

"Ya en la celda me desnudaron una vez más, y alguien me metió el cañón de una pistola entre la boca, manteniéndola bien abierta. Halaron la lengua con algo y después sentí una punzada violenta y caí al suelo. Quise meterla y no pude. Era que me habían atravesado la punta de la lengua con un alfiler, con un palillo, quién sabe con qué y todavía lo tenía ahí. No podía quitármelo porque estaba amarrado... Mucho tiempo después entró alguien y me lo quitó".

Miguel León Portilla. Fragmento de su libro "Los Antiguos a través de sus Crónicas y Cantares". (Se refiere a los toltecas).

"Las ofrendas rituales consistían en ramas de abeto y en bolas de barba de pino, en las que debían colocarse las espinas de maguey con que se punzaba al penitente...".

Gary Jennings, anota en "Azteca":

"Mi tata tuvo que infligirme el castigo previsto por 'hablar escupiendo flemas' que era así como le llamábamos a una mentira. El se sintió mal cuando lo hizo. Atravesó mi labio inferior una espina de maguey, dejándola ahí hasta que me llegó el tiempo de ir a dormir. ¡Ayya ouiya, el dolor, la mortificación, el dolor, las lágrimas de mi arrepentimiento, el dolor".

"...para mi penitencia y castigo, amigo Topo —gruñó Chimali— violas la menor regla y un sacerdote te obliga a pincharte repetidas veces. En los lóbulos de las orejas, en los pulgares y brazos, incluso en las partes privadas. Estoy punzado en todas partes.

"También sufren hasta los que se comportan muy bien —agregó Tlatli—. Un día sí y otro no, parece que hay alguna fiesta para algún Dios, incluyendo a muchos de los que jamás he oído hablar, y cada muchacho tiene que verter su sangre para la ofrenda".

Libre de cargos, De los Ríos fue recluido en la Estación para indocumentados de Ixtapalapa y tres meses más tarde se le deportó cuando su familia consiguió un pasaje a crédito.

* * * * * * *

Todas las personas con quienes hablé esa semana se dieron a la tarea de buscar algún rastro de Rubén Darío sin mayor éxito y cuando nos reuníamos, generalmente por las noches en el Café Ganadero, hablaban de México. Era una sucesión de historias interminables, similares, que al final resultaban saturantes. Una de ellas corresponde a la experiencia vivida por Gabriel Mejía, de Medellín, 23 años.

"Caí en Piedras Negras, muy cerca de la frontera y me llevaron a la Federal. Allí me quitaron todo, el dinero, una cadena, la ropa que era poca y luego me golpearon durante unos tres días. Al segundo me sacaron a lo que ellos llaman 'terreno' o sea el campo para matarlo a uno. Sucede que me pasearon bastante rato —yo no veía nada porque tenía los ojos vendados— y en ese paseo caí y luego rodé por algún barranco, pelándome la cara y un hombro. Quedé muy raspado. Cuando regresamos a los calabozos de la Federal continuaba con los ojos vendados y, claro, me volvieron a desvestir y me amarraron contra una tabla con las manos atrás y encima de los hombros. Una vez en esa posición, sentí que alguien se acercaba y empezaba a quitarme el cuerito de la cara. A arrancarme el pellejo que se debía haber levantado por el porrazo en ese barranco. Empecé a dar gritos de dolor y entonces me pelaban más..."

León Portilla:

"Relación breve de las fiestas de los Dioses... Desollamiento de hombres. Cuando morían cautivos de guerra, esclavos, los desollaban y al día siguiente a todos los que, en la piedra redonda del sacrificio, morían, los paraban: allí los rayaban, los despellejaban y la piel que les habían desollado, algunos hombres se la embutían en el cuerpo".

Jane Lewis Brandt, en su libro "Malinche":

"...en un lugar llamado Chalco, del que nos apoderamos después de encarnizada lucha, nos afligimos al encontrar en el templo principal, la piel arrancada de varias caras de españoles, con la barba todavía en ellas y curtidas como el cuero de los guantes".

* * * * * * *

Antes de finalizar la semana apareció "El Cónsul" con buenas noticias: Rubén Darío había arreglado su viaje a través de una agencia de turismo, allí mismo en Medellín y aun cuando lo más seguro era que no dieran información, en ese momento parecía la única pista para acercarse a él. "Cuando vaya, hábleles de frente a ver qué pasa", dijo luego de indicarme la dirección.

La agencia era una pequeña ratonera en la Avenida Oriental con dos escritorios, una grabadora niquelada con parlantes incorporados y correa para cargarla a pesar de su gran tamaño; un sombrero de charro con adornos de plata y al lado, en la mitad de la pared, el mapa de México sobre el cual habían señalado con lápiz rojo, los puntos por donde se realiza el tráfico: Ciudad de México, Monterrey, Reynosa, Nuevo Laredo y más al norte McAllen, Laredo, San Antonio, Houston, Dallas y Nueva York.

—Don Hugo, el dueño, no está, pero este es don Germán. El también atiende las cosas de la agencia. Hable con él, dijo la secretaria haciéndome un guiño. Coincidencialmente la había conocido dos días antes en la oficina de "El Cónsul", y como no lo encontró, se quedó algunos minutos y me contó que proyectaba vivir en Pereira porque él le había propuesto que se fuera a manejarle algunos negocios. "Turismo, usted comprende..."

Don Germán tenía unos treinta y cinco, piel morena, camisa de flores desabotonada hasta la mitad y sobre el pecho lampiño una cadena de oro bien gruesa, de la que pendían un par de medallas. Reloj de oro con incrustaciones de diamante y un anillo similar, complementaban la pinta.

—¿Rubén Darío?... ¿Ciudad de México?... ¿Ochocientos dólares?

La cara de don Germán adquirió el tono de sus mocasines de charol blanco. No entendía nada de lo que le estaba preguntando, porque su especialidad era el turismo por Colombia, San Agustín, los Llanos que son tan bellos, Cartagena...

Encima de su cabeza estaba el mapa señalado con lápiz rojo.

El perdedor

Itagüí. Era sábado por la noche y en la penumbra de la calle 39 el grupo de muchachos sentados en la acera seguía la letra de una canción sintonizada a gran volumen en la radio. Les pregunté y respondieron prácticamente en coro: "Sí, allá vive la familia de Rubén Darío, pero él no está. Se fue para los Estados Unidos".

La puerta principal de la casa conducía a una pequeña sala, separada del resto por una cortina de tela y a través de ella fueron saliendo una, dos, tres mujeres jóvenes; uno, dos, tres, cuatro muchachos, luego una señora y después un hombre maduro: don Ramón Restrepo. Se acomodaron en las pocas sillas y escucharon mi historia en silencio. Cuando terminé se miraron unos a otros y como nadie abría la boca, volví a explicarles lo que estaba buscando. Entonces me interrogaron tímidamente durante algunos minutos y al final una de las chicas miró al hombre, me miró a mí y dijo: "Si es para bien... Papá, yo creo en lo que dice este señor", e inmediatamente se puso de pies, atravesó la cortina y regresó con un sobre en la mano.

—Oiga pues: Rubén Darío no quiere que nadie sepa dónde está porque se siente derrotado. Léala, esta carta llegó ayer, dice que fue deportado por tierra.

Era un pequeño papel con dos frases convencionales al final de las que anotó un teléfono y el nombre de una señora (Myriam Toscano) a través de quien podría ser localizado en Ciudad de Guatemala.

Esa misma noche, de regreso al hotel pedí una llamada urgente pero no contestó nadie en Guatemala. A la mañana siguiente dijeron que sabían poco de la señora Toscano y me dieron otro número telefónico; en ese otro y en aquel otro más, hasta que por fin, en las horas de la tarde de aquel domingo pude localizarla. Era alguien que pertenecía a una institución de caridad y había conseguido para Rubén Darío una covacha como albergue en un barrio marginal. El muchacho estaba en malas condiciones físicas como consecuencia de la tortura y apareció allí sin zapatos, barbado y sucio, pidiendo algo de comer.

El retrato que llegaba por teléfono era poco menos que el de un pordiosero y la señora se comprometió a hacerlo venir a su casa el lunes. "Es que vive muy lejos de aquí. Está en un sitio hasta donde no llegan los automóviles", me dijo y fijamos una cita para las tres de la tarde, cuando yo llamaría nuevamente.

Esa mañana regresé a Bogotá y a la hora acordada escuché por primera vez la voz apagada y vacilante del personaje, que no podía entender por qué lo estaba buscando, ni cómo había sabido de él.

La mañana del martes cruzamos tres mensajes por télex con la embajada colombiana en Guatemala, pero quien se puso al otro lado de la línea no parecía muy interesado en colaborar. Rubén Darío estaba atascado en ese país desde hacía un mes y en aquel momento su situación parecía haber tocado fondo. No tenía pasaje para regresar porque, aun cuando al marcharse de Colombia compró dos trayectos en avión, las instrucciones de don Germán —quien se lo vendió— fueron que al llegar a Ciudad de México le devolviera por correo el cupón de venida. Esta era una de las reglas a que tenían que sujetarse los emigrantes que buscaban "el hueco" a través de las agencias "especializadas" y él la aceptó.

Miércoles: Encontramos que la mejor embajada que tenía Colombia en Centroamérica era SAM, la línea aérea antioqueña y el gerente, don Roberto Durana, ofreció diferentes fórmulas. Obtenido un pasaje, se hicieron tres llamadas más para avisar que Rubén Darío debía ir a reclamarlo. Respuesta de Guatemala: "Restrepo no posee ahora mismo papeles de identidad".

Nueva llamada: "Hagan un acto de fe".

Jueves: Restrepo no tenía dinero para pagar los impuestos de salida del país. Respuesta una hora más tarde: "Ya los consignamos en la gerencia de SAM en Bogotá, por favor entréguenle los cuarenta dólares".

Contra-respuesta: "Necesitamos esperar a que nuestra empresa confirme oficialmente".

Viernes: "¿Ya les confirmaron oficialmente entrega cuarenta dólares?"

—Sí, confirmado, pero hay un problema. Restrepo no tiene ropa para viajar... Un momento, un momento. (Silencio). Alguien tapa con su mano el auricular y finalmente se reanuda la conversación:

—Todo O. K., todo O. K. La señora Aragón dice que le dará vestido y algunas medicinas.

Sábado: "El hombre está en camino. Espérelo esta noche aeropuerto Bogotá".

Llegó muy bien vestido, era delgado y alto. Silencioso. Le dije que su ropa lucía bien y respondió: "Doña Ana María Aragón, gerente de SAM en Guatemala, me la regaló. Cuando fui por última vez a su oficina se quedó mirándome y me dijo: 'Usted me recuerda a mi hijo. El salió de casa una mañana y nunca regresó. ¿Sabe por qué? Porque lo secuestraron y desapareció... Tome esta ropa que era la que más le gustaba a mi muchacho', y se le salieron las lágrimas''.

Habían pasado once semanas desde aquella tarde de lluvia en Nueva York y ahora estaba frente a mí, Rubén Darío Restrepo Alvarez, de Medellín-Colombia, 25 años. ("Todavía se me entumecen las manos. Estas son las cicatrices que me dejaron las esposas"), un metro con ochenta centímetros de estatura, sesenta y ocho kilos. ("Hábleme más duro porque quedé con este oído atrofiado por los golpes que me dieron cuando me sacaron de entre la caneca"), tercero de bachillerato, hijo de Ramón —un pensionado de Pilsen— y de Bernarda, de profesión hogar. ("Hace frío en Bogotá y con el frío me duele esta clavícula; también me la partieron"), nueve hermanos, dos de ellos fallecidos, sin antecedentes penales y sin un centavo entre el bolsillo.

Su historia comenzó el mes de abril en Medellín: "Es que la falta de trabajo me había acorralado... Tantas puertas que toqué y no conseguí nada, entonces hablé con las familias de varios amigos que se habían jalado pa'rriba, para los Estados Unidos y vi que ya estaban instalados allá. Mandaban dólares a sus casas.

Algunos metían en sus cartas fotografías mostrando automóviles, buena ropa. Bueno, de todo.

"Esas personas me dijeron qué agencias de turismo podían arreglarme el viaje por México y luego le pedí a un amigo dinero prestado. Compré, creo que fueron mil doscientos dólares, porque de ahí tuve que sacar catorce mil pesos para el pasaporte. No tenía papeles y los de la agencia me dijeron que no importaba si tenía dinero. Fui a Manizales, busqué la conexión que me dio don Germán y en cosa de una hora me expidieron el documento legal. Perfecto.

"Viajé con otras personas que conocí al día siguiente, ya en el vuelo para Bogotá: Carolina, Juan y otro muchacho con el que hablé muy poco. Todos jóvenes, todos sin trabajo pero llenos de ilusiones. En Bogotá se nos unió Alvaro, un tipo de unos veintitrés, bien plantado, bien vestido, buen reloj, buena cadena de oro, ropa nueva. Con él sólo hablé un par de palabras cuando don Germán —que se vino hasta Bogotá a traernos— nos lo presentó... Lo presentó y ahí mismo repitió las instrucciones:

—Bueno muchachos, están ya con una pata en los 'nuevayores'. De aquí en adelante depende de ustedes que las cosas salgan bien. Esta noche tan pronto lleguen a México, en el mismo aeropuerto se dividen por parejas y le dicen al chofer del taxi que los lleve al Hotel Casablanca. No se muevan de allí porque alguien los va a llamar por teléfono para darles otras instrucciones. A la mañana siguiente buscan las oficinas del correo y me devuelven los pasajes. Aquí está mi tarjeta con la dirección, ¿bueno?

"Ya para subirnos al avión, don Germán sacó cinco dólares y nos dio a cada uno un billete: 'Es el de la buena suerte. Detrás de ese tienen que llegar muchos más', dijo y se perdió entre la gente.

"En México sucedió lo usual con cualquier colombiano: en la aduana los agentes del servicio secreto nos hicieron entrar a cada uno a un baño, nos requisaron y nos exigieron de a cuarenta dólares. Oigame bien: cua-ren-ta. ¿Qué pasaba si no pagábamos? Que nos hacían cargos por tráfico de droga y nos metían presos.

"Pagamos.

"El patero nos llamó al hotel aproximadamente a las once de la noche (conocía nuestros nombres y como santo y seña preguntó el de la secretaria de la agencia de viajes en Medellín). Instrucciones: por la mañana comprar en una línea aérea pasajes a Monterrey y tener el equipaje mínimo. El secreto —nos dijo— está en llevar maletines, poca cosa, dejar en México cuanto pudiéramos. Las autoridades a lado y lado de la frontera descubren al ilegal especialmente por el equipaje.

"En Monterrey buscamos el Hotel Faxton. A las dos horas llegó un hombre joven que también pidió una vez el nombre de la secretaria de la agencia de viajes. Me pareció que estaba nervioso, pero se animó y dijo que nos alistáramos. Mientras tanto iba por el auto, un Dodge Dart negro: 'Hay que viajar en buenos coches para no llamar la atención de los guardias de migración', explicó.

"Ya en el camino las cosas comenzaron a salir diferentes porque Miguel (le gustaba que le dijéramos Miguelazo) pidió dinero. Don Germán nos había dicho que la pasada a los Estados Unidos valía setecientos dólares que se pagarían, la mitad al llegar a Nuevo Laredo y la mitad al otro lado de la frontera. Sin embargo Miguelazo dijo que eran ochocientos y de un solo contado. Nos miramos y él se molestó, disminuyó velocidad y dijo que si no "cantábamos', estábamos a tiempo para devolvernos a Monterrey. ¿Qué hicimos? Pagarle sus cuatro mil dólares. Una vez con los billetes encima, hundió el pie en el acelerador.

"Cuando parecía que estábamos cerca a Nuevo Laredo, Miguelazo salió de la carretera principal y se metió por un camino de tierra para esquivar un retén conocido como 'El Veintiséis', donde la guardia de migración revisa los documentos y pone problemas si uno no es mexicano. Avanzamos unos diez kilómetros y comenzamos a ver ranchos de tablas o de barro pequeños y pobres. Estaba atardeciendo y sin embargo el calor aumentaba. Por fin nos detuvimos frente a una casita con un par de ventanas bien cerradas y sin luz eléctrica como toda la zona.

"Miguelazo bajó adelante y abrió la puerta con el pie. Adentro se veían el piso de tierra y las paredes de piedra y barro pisado, cielo raso de tablas viejas y los postigos de las ventanitas asegurados por dentro. También había una cocina de piedra, una mesa sucia y desvencijada y algunas butacas en igual estado. El hombre prendió una lámpara de petróleo que se mermaba mucho y antes de irse nos dijo que estábamos cerca de la frontera con los Estados Unidos y no debíamos hacer ruido porque por allí patrullaban mucho los guardias de migración. Luego salió cerrando bien la puerta de anjeo y la de madera. Hacía mucho calor. Sentimos que prendió el auto y se alejó, y nos quedamos mirándonos las caras sin saber qué decir.

"Estuvimos tal vez tres horas allí hasta cuando escuchamos afuera una música que se iba haciendo más fuerte a medida que alguien se acercaba. Luego soltaron una carcajada, empujaron la puerta de madera y entraron: Eran dos hombres mal vestidos con una radiola portátil. Les dijimos que le bajaran al volumen y soltaron la risa: 'Oyeme cabroncísimo, que los señores quieren que apagues esa chingadera. Están con miedo', dijo uno y el otro soltó la risotada, colocaron la radiola en el suelo y comenzaron a simular que bailaban.

"Al cuarto de hora volvió a sonar la puerta y entraron cinco más, también mal vestidos, barbados, de mala facha. Estos traían una caja de cerveza enlatada y se sentaron sin saludar. Uno de ellos sacó un paquete de marihuana y armaron sus varillos mientras nos miraban de pies a cabeza.

"Nosotros estábamos asustados y preferimos no hablar sino que comenzamos a mirarnos y a mirarlos a ellos para no perderles ningún movimiento. Los últimos cinco estaban borrachos y ahora enmariguanados y a alguna cosa que dije yo, empezaron a reírse y a reírse y a mirarse hasta cuando uno de ellos contó cómo le habían robado los equipos a unos gringos que trataron de acampar por esos lados. Contaba y él mismo se reía y le preguntaba a otro, a Pocho: 'Cómo estuvo lo de las viejas que asaltastes ayer...' Nos ofrecieron cerveza y Juan y yo aceptamos porque teníamos la garganta reseca. El calor había subido por tanta gente allí adentro y porque la puerta y las ventanas estaban bien cerradas, sin dejar entrar ni una gota de aire.

"Hubo un momento en que me puse de pies con el pretexto de tirar la lata de la cerveza en algún rincón y aproveché a ubicarme lo más cerca de ellos para escuchar mejor lo que hablaban porque me llamó la atención la historia de 'Una pinche güera que no quería dejarse y entós el pinche Flaco y el Farsas la agarraron y el Flaco llamó a Manolo y le dijo, traime la cuerda pa'tar esta pinche güera, ja, ja, ja, y ella decía que no, que no, que estaba llevada de su... Y ahí mero, ahí mero fue...'

"Esta vez los miré detenidamente y pude verlos mucho más desharrapados y para medirlos, le regalé a uno de ellos un suéter que llevaba (ya estábamos más asustados), pero el tipo lo miró y lo tiró en un rincón como diciendo: 'Este cree que nos va a amansar con un chiro' y los demás soltaron la risa. Juan le regaló a otro unos mocasines, pero hicieron lo mismo. En fin, siguieron hablando en voz baja y luego empezaron a preguntar sobre la coca de Colombia, sobre los precios, sobre la pureza. 'Yo no sé de eso', les contesté y soltaron la risa.

"El ambiente duró así más o menos hasta la una de la mañana cuando anunciaron —ya bien borrachos y bien enmariguanados— que nos preparáramos para salir y se quedaron mirándome porque yo era el más acuerpado de los cinco. Cada uno de ellos se paró al lado de cada uno de nosotros y una vez de pie me dijeron: 'Tú primero' y yo me cabrié.

—¿Cómo así?, les respondí, ¿cómo así si ustedes pasan grupos de veinte o treinta como acaban de decirlo, y ahora quieren separarme? Aquí vamos a pasar todos los cinco.

—Nada. Vos primero, contestaron.

"Agarré mi maletín y ellos se reunieron en el fondo, sacaron un manojo de cuchillos grandes envueltos en trapos y se los repartieron. Creo que los demás no se dieron cuenta porque yo era el que estaba más cerca de los tipos y me callé la boca para no preocuparlos. En ese momento tenía los pensamientos cruzados y preferí imaginarme que se estaban armando por si acaso ocurría algo en el camino pues la noche era oscura.

"Ellos dijeron una vez más que yo debía abandonar la casucha primero y no me sonó bien la cosa, pero Juan se me acercó y hablando en voz baja, levantó las cejas y me dijo: 'Anda que a lo mejor la cosa es de a uno en uno'. En fin, que salí adelante y vi cómo dos de ellos se me ponían al pie. Una vez afuera sentí que aseguraron la puerta por dentro. Uno de mis acompañantes tomó mi maletín (comprendí que trataban de quitarme de encima lo único que podía defenderme) y entonces empecé a caminar más lento que ellos, tratando de quedarme atrás para manejar mejor la situación... Habíamos avanzado unos treinta pasos solamente y llegando a unos matorrales pude ver que se mandaban las manos a la cintura y sacaban un par de cuchillos que vi brillar a pesar de la oscuridad. Me detuve, luego retrocedí un tanto pero ellos también lo hicieron y escuché que dijeron: 'Oye, colombiano, no nos vayas a armar problemas ahora...'"

—¿Problemas? Ustedes son los del problema. Guarden las armas.

—No, cabrón, ven que no te vamos a hacer nada, respondieron, se miraron haciéndose alguna seña y cuando dieron el primer paso hacia donde yo estaba, partí a correr por esa trocha con lo que me daban las piernas y alcancé a sentir que el que llevaba mi maletín lo descargó y salió a cazarme. Luego arrancó el otro.

"Bueno, en dos zancadas estaba frente al rancho, pero observé la puerta aún cerrada de manera que me sesgué para darle la vuelta y orientarme mejor y mientras lo hacía pude escuchar que mis compañeros adentro gritaban: 'No, no, no'. Las voces eran fuertes, era una algarabía y una cosa de angustia que me aterró más y continué pero sin saber hacia dónde.

"Corrí hasta cuando sentí algo duro debajo de los pies y rodé cayendo unos metros adelante. Era una carretera sin pavimento ('por aquí tengo que llegar a algún lugar donde me den ayuda'). Unos metros adelante miré hacia atrás y vi que no me perseguía nadie ('los hombres se debieron cansar por la borrachera y la marihuana que tienen en la barriga'), pero continué sin aflojar un solo segundo. Corrí y corrí y un poco más adelante, qué sé yo, medio kilómetro tal vez, alcancé a divisar la luz roja de una

antena que vimos cuando veníamos. ('Lotería. Tomé la dirección
que era. Por aquí voy a llegar a la principal'). Seguí ese rumbo y
unos pasos más allá sentí dolor en el estómago. Estaba bañado en
sudor pero el miedo que cargaba era tan grande que traté de
alargar las zancadas y pude hacerlo porque en ese momento la
cosa era, entregarme por el malestar o salvarme corriendo. Y
corrí más, hasta cuando desemboqué en una recta y descubrí a la
distancia las luces de una ciudad. Detrás de mí no venía nadie.
Caminé otro trecho, tomé aire y volví a correr. Descansé un par
de minutos mirando hacia atrás, no venía nadie, corrí un poco
más y encontré por fin las primeras calles de un pueblo aparentemente grande. ¿Qué debía hacer? Hombre, buscar un hotel, a lo
mejor un teléfono, contarle a alguien lo que estaba sucediendo
con mis compañeros… De momento constaté que mi pasaporte
estaba en uno de los bolsillos y que en el otro aún tenía dinero. Me
detuve bajo un farol, conté doscientos sesenta dólares y dije:
'Salvado, estoy salvado'. Entonces caminé con un poco de desahogo y por fin vi un letrero encendido: 'Hotel'… Pero como si
nos hubiéramos puesto una cita, tan pronto fui a cruzar la puerta
apareció un carro de la policía. Yo creo que me vieron muy
sudoroso y muy agitado porque frenaron en seco y uno de ellos
me pidió los documentos de identidad.

—Con que colombiano, ¿verdad? Vamos ya con el doctor a
que te practique una radiografía para que entregues la coca que
llevas adentro, colombiano maldito.

—No llevo ninguna cosa, señor. Voy a tratar de pasar a los
Estados Unidos…

—Dije que al hospital. ¿Okey?

"Mientras revelaban la placa de la radiografía pude por fin
contarles los problemas con los pateros y una vez comprobaron
que no llevaba nada, dijeron que los condujera al sitio del asalto.
Partimos hacia donde yo me imaginaba que quedaba el rancho
pero unos kilómetros adelante me di cuenta que estaba totalmente desubicado y les expliqué que habíamos llegado de noche y que
como era la primera vez que andaba por esos lados, no me podía
orientar bien. De todas maneras continuamos buscando pero,

carajo, todas las trochas me parecían iguales y todos los ranchos iguales. Como había transcurrido bastante tiempo, regresamos a la ciudad y ya en el cuartel de la Policía local me encerraron en una pieza pequeña sin ninguna explicación. Solamente dijeron que debía pagarles la gasolina que gastaron en el recorrido porque ellos tenían que comprarla para poder trabajar.

—¿Cuánto vale?

—Sesenta dólares.

—Pero eso es mucho dinero...

—Son sesenta dólares, colombiano muerto de hambre.

"Esa noche me acosté en el suelo del cuartico y dormí tranquilamente durante toda la noche. No había cometido delitos, tendrían que soltarme pronto, pensé.

"Al día siguiente llegaron tres hombres que dijeron ser de la Dirección Federal de Seguridad y luego de quedarse con mi pasaporte me interrogaron y yo les conté la historia.

—Pues vamos a buscar el sitio, dijo uno de ellos con cara de incredulidad.

—Estoy desorientado, no conozco bien el lugar.

"Me empujaron y salimos.

"Esa vez tampoco encontré nada ('aquí se me va acabar el dinero pagándoles la gasolina') y al cabo de una media hora uno de los que venía a mi lado se quedó mirándome y sin que mediara palabra me agarró por el pelo y empezó a golpearme la cabeza contra el espaldar del asiento. El otro cerró los puños y me azotó varias veces la mandíbula:

—Colombiano jijo de tu re-chingada madre, con que compañeros, ¿verdad? Vas a decirme dónde está la coca o te mueres.

"Luego me hicieron lo que allí llaman 'la cebollita', es decir, agarrarlo a uno por el pelo de la nuca y sacudirle con fuerza la cabeza para todos lados, pero por bastante tiempo, de manera que lo dejan al punto de perder el sentido. Simultáneamente, el otro continuaba dándome puños en la boca del estómago, en el cuello, en la base del cráneo. A medida que me castigaban, me insultaban permanentemente.

"Durante todo el camino de regreso a la ciudad me trataron en esa forma y ya en el cuartel entramos al mismo cuartico y antes de vendarme los ojos me pidieron cien dólares como pago por la gasolina que gastaron en el patrullaje. Saqué los billetes y me raparon esa cantidad. Ahora solamente me quedaban cien.

"Una vez se embolsillaron el dinero me vendaron la cara con mi misma camisa, me acabaron de desnudar y me esposaron con las manos atrás. Recuerdo que apretaron mucho las esposas y a la media hora me dolían las manos una barbaridad. De ahí en adelante dejé de sentirlas porque tuve esos fierros tan ajustados que llegué a creer que me habían amputado. Mire, deben haber pasado unos cuatro meses y todavía se pueden apreciar perfectamente las cicatrices en las muñecas. Mírelas usted mismo... Esta es la hora en que mantengo los dedos entumecidos, totalmente torpes.

"Pero continuando, una vez desnudo, maniatado y vendado, se dedicaron a darme golpes en la boca del estómago, en la cara, en la mandíbula. Golpes bárbaros porque como uno no está viendo, no se puede preparar tensionando los músculos.

"Al cuarto golpe me derribaron y alguno de ellos gritó, '¡Lotería!', en medio de las risotadas de los demás y ya en el suelo jugaron fútbol conmigo pero al darme una patada, alguno de ellos se debió lastimar el pie y eso lo calentó. Sentí que se quejó y dijo: 'Ah, muy hombre, ¿verdad'? Alguien me descargó un balde con agua fría, pero la misma voz del quejido, dijo: 'Nooo. Yo mejor me meo en este cabrón' y sentí que se orinó en mi cara. Luego otros hicieron lo mismo.

"Al parecer el del pie lastimado continuaba enfurecido porque escuché que gritó: 'Jefezote, traime la chicharra' y alguien respondió: 'No, primero el palo'. Alcanzaron un palo y me castigaron con él.

"Se estaban divirtiendo bastante a juzgar por la algarabía, mientras yo rezaba para que me les muriera en el castigo y así poder descansar, pero pronto supe que la tortura apenas estaba comenzando porque alguien me agarró el pene y un segundo después sentí un corrientazo que me sacudió el abdomen, los riñones, todos los músculos. La corriente se iba por dentro y por fuera y empecé a escuchar un zumbido en los oídos, mezclado con las carcajadas de los policías. 'Dale más, dale más jefezote'. Esta vez el corrientazo fue en los testículos. Otra vez la muerte, otro brinco. Quedé haciendo convulsiones y ellos más risas y más insultos. Alguien llamó a la puerta, hablaron en voz baja y ahora el castigo fue a patadas hasta voltearme. Estando en esa posición me aplicaron varias veces la corriente por el ano y sin permitirme que me repusiera, siguieron las preguntas:

—¿Dónde está la coca?, colombiano maldito.

"Se me paraban sobre las costillas, sobre el pecho, sobre el estómago y sentía que los tacones de sus zapatos me cortaban la piel. Después de que brincaron encima de mí un rato, al parecer se cansaron y tal vez se sentaron al lado porque podía escuchar su respiración, muy agitada.

"Descansaron por espacio de un cuarto de hora, al cabo del cual el del pie dijo: 'Jefezote, ahora sí démosle unos tehuacanes a este colombiano vicioso' y el jefe respondió: 'Luego-luego'. Uno de ellos salió e inmediatamente regresó. Yo escuché que destapaban una botella (después supe que era agua mineral con gas) y alguien se me sentó encima del pecho para sacarme el aire, a la vez que me tapaban boca y narices con un trapo húmedo. La persona encima de mí se movió con tanta violencia que sentí cómo traqueaba la clavícula. El dolor fue intenso. Pero a todas estas, trataba de respirar y no podía. Me estaba asfixiando. El hombre se puso de pie, me retiraron la toalla y cuando aspiré profundo me lanzaron entre las narices un chorro de soda mezclada con sal y chile, o sea ají del que comen ellos, y... hombre. Yo he tratado de recordar qué se siente y no soy capaz de describirlo: ¿El quemón de un soplete? ¿Una cortada profunda? No. Es algo peor. Es un dolor muy grande, una sensación terrible. Uno siente que se le va la vida y que empieza a penetrar un yerro caliente entre las narices y que la candela sube y se mete por entre los sesos. Y luego, pues uno deja de oír unos segundos y respira como un olor a éter. Imagínese lo que se puede escuchar cuando se tiene la cabeza metida entre un acuario. La sensación es algo así... Después de eso estuve estornudando bastante con mucho ardor en la nariz. Pero cada estornudo era un golpe más, porque en ese momento ya tenía dos costillas quebradas".

Tomado del libro "AZTECA", de Gary Jennings:

"De repente estaba pies para arriba, suspendido sobre la tierra. Mi Tene me había agarrado con violencia de los tobillos. Vi las caras invertidas de Chimali y Tlatli, sus ojos y sus bocas abiertas por la sorpresa, antes de haber desaparecido dentro de la casa hasta las tres piedras del hogar. Mi madre cambió la forma de asirme, de tal manera que con una mano arrojó un puñado de chile rojo y seco en la lumbre. Cuando estuvo crujiendo y lanzó hacia arriba un humo denso, amarillento, mi Tene me tomó otra vez por los tobillos y me suspendió cabeza abajo sobre ese humo acre. Dejo a su imaginación los siguientes momentos, pero creo que estuve a punto de morirme. Recuerdo que mis ojos lloraban continuamente medio mes después y no podía aspirar ni superficialmente sin sentir como si inhalara llamas y lajas".

"Yo no sé cuánto tiempo después empecé a recobrar el conocimiento. Recuerdo solamente que estaba sentado contra una de las paredes y hacía un esfuerzo muy grande por respirar con la boca puesto que cuando trataba de hacerlo por la nariz sentía un dolor tan agudo que metía otra vez la cabeza entre el acuario y se me iba el mundo. Posiblemente dije algo sensato y se dieron cuenta de que me reponía, ante lo cual me forraron la cabeza con una bolsa de polietileno que luego aseguraron en la garganta. Eso me cortó totalmente el aire. (Mire, pienso en eso y todavía no sé por qué estoy cuerdo). En ese momento hice un gran esfuerzo y pensé que debía aspirar profundo —con los pocos alientos que me quedaban— para llenarme la boca con un pedazo de aquel plástico. La cosa funcionó y pude morder. ('Pero rápido, no hay tiempo, me voy a morir'). Rompí con los dientes y entró el aire.

"¿Qué sucedió? Que no les gustó nada el truco y me echaron más agua y más corriente, pero esta vez en la lengua.

"En ese momento me ardía todo, especialmente las narices y los labios que estaban en candela. Allí me pusieron la chicharra una y otra vez, a un voltaje violento, y ya no se reían sino que me insultaban. Así me fui quedando adormilado, me fui yendo, me fui metiendo entre el acuario y al zumbido en los oídos se le sumó un cosquilleo permanente en la columna vertebral que me hacía brincar sin que alguien me tocara. Apagué la luz y no sé qué sucedió en adelante.

"Yo nunca había imaginado lo que era perder la sensación del tiempo. En las últimas semanas he tratado de recordar algunas cosas con coherencia pero me resulta imposible y lo único que me van llegando son... ¿Cómo dicen en cine?

—Secuencias.

—Sí, secuencias, pedazos de recuerdos. Esto que le estoy diciendo ya no sé si sucedió el primero o el segundo día, ni cuándo pasó. Y ahora mismo se lo cuento y siento mucha tristeza, como una humillación muy grande, ¿sabe?

—Descansemos, podemos continuar mañana.

—No. Quiero contárselo a alguien porque dicen que cuando uno desocupa estas cosas puede dormir mejor.

—Pero ya pasaron muchas semanas, ya no está en México.

—Eso es lo que trato de meterme en la cabeza, pero me acuesto a dormir y siento un miedo tenaz porque no hay una sola noche en que no me sueñe con todo eso. Y al día siguiente me vuelvo a levantar con esa tristeza y esa humillación...

"Oiga pues: Como le decía, no sé cuánto tiempo pasó. Ahora me acuerdo que me bañaron con un balde de agua fría, reposé unos segundos y dijeron que me iban a conducir al Río a donde llevaban a los demás para matarlos y dejarlos ahí mismo. Yo les suplicaba que era injusto pues no sabía nada de droga: 'Juro que iba para los Estados Unidos a buscar un trabajo. Además, estoy legalmente en México, traigo pasaporte legal, visa que me dio el consulado en Bogotá', pero me volvieron a dar patadas y golpes. Continuaba en el suelo desnudo, amarrado y vendado. Alguien me metió el cañón de una pistola entre la boca, soltó una cantidad de groserías y volvió a preguntar por coca. Soñaban con ella. Les interesaba mucho... Ahora, aquí entre paréntesis, no es posible imaginarse la sensación que se siente cuando uno está vendado y además desnudo.

—Pudor, vergüenza...

—Yo no entiendo bien lo de pudor, pero vergüenza, sí. Una vergüenza... Cómo le dijera: Como la peor humillación. Y además no ver nada, no saber cómo lo miran a uno, ni cuando le van a pegar, ¿sabe? Yo pienso ahora que tal vez prefiero los golpes a estar ahí desnudo y amarrado, sin poderse cubrir, sin poder esconder el cuerpo. Tal vez será bobada pero así es uno. Desde cuando nace se lo enseñan y ya, tal vez se muere y no se acostumbra a estar desnudo cuando no hay que estarlo. Y menos en esa situación, lejos de todo, entre gente que no conoce...

—¿En quién pensaba entonces?

—En mi familia, en mi tierra... Aunque no demasiado porque la tortura era continua. Yo creo que pensaba más en morirme. En ese momento no tenía miedo sino muchos deseos de morir.

"...Pero bueno, del cuartico ese nos trasladamos para la Federal. Antes de salir me quitaron la venda y al subir al carro me volvieron a cubrir los ojos. Uno de ellos dijo: 'Mira cabrón, aquí el mero-mero verdugo soy yo y si ahora no cantas y no nos entregas la coca, te vamos a tronar en el Río. ¿Sabes qué es tronar? ¡Matarte!, colombiano cabrón'.

"Por la forma como me hablaba pensé que realmente me iba a matar, pero, ¿qué les decía? Yo no sabía nada de droga ni nada de lo que ellos querían que les dijera. Cuando llegamos a ese cuartel solamente pude escuchar llantos y quejidos de los hombres que tenían encerrados. Caminamos por un corredor y tal vez cuando pasaba frente a cada celda, se oían los lamentos de la gente que tenían allí encerrada. En ese momento no sabía cuánto tiempo había pasado desde cuando me agarraron. No sabía bien si era de día o de noche. Después pude calcular cuando amanecía, porque sentía el sonido de las rejas y eso quería decir que estaba entrando el turno del día que era el que venía a pegarme.

"La primera vez que abrieron escuché que afuera alguien pedía ayuda en una celda cercana y otro al frente y luego fue como un coro. Esa vez no me desnudaron sino que dijeron: 'Levántate cariño'. Inmediatamente después sentí el primer golpe en los testículos y otra vez el martirio. Tenía la clavícula y las costillas muy adoloridas, pero me seguían dando. A mi lado apareció un extranjero —no supe la hora en que lo metieron— que se quejaba y me hablaba pero yo no entendía nada. Pasó el tiempo y ese día no me pegaron más, pero tampoco me dieron de comer. Por allá muy tarde me arrimaron a la boca una taza con agua tibia para que bebiera.

"Al día siguiente, cuando sonaron las puertas de la celda ya los estaba esperando. Me sacaron alzado y me tiraron de cabeza entre una caneca con agua. La frente chocó contra el fondo y sentí que las rodillas daban en el borde. Al empezar a perder oxígeno moví mucho las piernas pero ellos me dejaron allá hasta cuando, ya casi ahogado, dejé de moverme. Entonces me sacaron y sentándome en el suelo me pegaban con las manos abiertas en los oídos. Al tiempo, un golpe seco en ambos oídos. En ese momento se siente una punzada que llega hasta la nuca. Hicieron esa operación varias veces y en una forma tan salvaje que perdí este oído. Lo tengo atrofiado".

Tomado de "AZTECA". Autor, Gary Jennings, página 153.

"...Entonces se acercaron dos sacerdotes, uno con un recipiente pequeño y el otro con un cepillo. El sacerdote principal se agachó encima del niño y de la niña y aunque nadie podía oírle, todos sabíamos qué les estaba diciendo, les explicaba que iba a ponerles una máscara para que el agua no entrara en sus ojos mientras estaban en el tanque sagrado. Todavía lloriqueaban, no sonreían, sus mejillas estaban mojadas por las lágrimas, pero no protestaron cuando el sacerdote cepilló abundantemente el hule líquido sobre sus caras, dejando libres solamente los labios como botones de flor. No podíamos ver sus expresiones cuando el sacerdote les dio la espalda para cantar hacia la muchedumbre, todavía sin que pudiera oírsele, la última apelación para que Tlaloc aceptara este sacrificio y a cambio de él, dios mandara una temporada abundante de lluvia... Los asistentes levantaron a los niños por última vez y el sacerdote principal embadurnó rápidamente el pesado líquido de hule en las partes inferiores de sus caras, cubriéndoles sus bocas y sus narices y casi al mismo tiempo los asistentes dejaron caer a los niños dentro del estanque, donde el agua fría cuajó el hule instantáneamente. Como ven, la ceremonia requería que los sacrificados murieran en el agua, pero no a causa de ella. Así es que no se ahogaron; se sofocaron lentamente (...) Se sacudían desesperadamente en el agua y se hundían y volvían a salir y se volvían a hundir y de nuevo, en tanto que la muchedumbre sollozaba sus lamentaciones y los tambores e instrumentos continuaban gritando a su dios con cacofonía. Los niños chapotearon cada vez más débilmente, hasta que, primero la niña y después el niño, dejaron de moverse debajo del agua, con las alas blancas flotando, extendidas, inmóviles en la superficie".

"Podía ser el cuarto día cuando me quitaron la venda y me sacaron del calabozo. Avanzamos por un pasillo sucio y angosto, lleno de celdas a lado y lado. En cada una vi a dos hombres tirados en el suelo. Unos echaban sangre por la boca y otros tenían la cara morada y los labios como los debía tener yo, hinchados, los dientes rotos, las espaldas, el estómago, las piernas abotagadas. Y estaban desnudos. Y vendados. Yo creo que debían ser unas siete celdas por cada lado del pasillo: dos hombres en cada una... Unas veintiocho personas reventadas. No le estoy exagerando. Veintiocho.

"Subimos a una oficina donde me ordenaron firmar una confesión como traficante o de lo contrario me desaparecían, pero les dije que yo no era traficante, que iba a pasar a los Estados Unidos a buscar un trabajo porque no conseguía en Colombia y que con eso no estaba cometiendo ningún delito.

"Como siempre, la respuesta fueron patadas y puños acompañados de insultos y un señor que estaba allí, dijo que me bajaran otra vez. De regreso al calabozo estuve otros dos días soportando las mismas cosas de antes.

"En esas condiciones ahí sí de verdad que perdí la noción de todo. Tal vez recuerdo por allá lejos que me llevaban nuevamente sin venda por ese corredor lleno de celdas y de gente llorando y que me decían que no hablara porque me mataban. Entonces yo hablaba y hablaba más, pero no me mataban. Me sentía muy débil y no podía afirmar bien los pies, de manera que iba prácticamente arrastrado por ellos. Entramos a la oficina y yo repetía: 'No sé de coca, no sé de coca, iba para los Estados Unidos a buscar un trabajo porque en Colombia no hay...', hasta que ese señor del escritorio gritó que me callaran. Me alcanzaron un documento (cuatro copias) para que firmara y cuando pregunté qué decía allí, se pusieron bravos:

—Firmas o te mueres, colombiano muerto de hambre.

"Firmé todo lo que ordenaron. No quería que me pegaran más y firmé sabiendo que podía estar aceptando varios delitos. En ese momento no me importaban los años en la cárcel. Sólo quería que no me pegaran más. Ahí se me volvió a ir la luz.

* * * * * * *

"Desperté. Iba acostado en el piso de una camioneta que brincaba por calles con huecos y el dolor en la clavícula, en las costillas y en las muñecas pareció despertarse con más fuerza. Lloré.

"Cuando nos detuvimos vi una cárcel y tres guardianes de azul me recibieron y fueron arrastrándome hasta un salón grande y sucio. Frente a la entrada tiraban las basuras y con el sol y el calor se desataba una nube de moscas que me descubrieron y se vinieron a tratar de pararse sobre las heridas de mis muñecas. No podía moverme.

"Alguien entró y me preguntó cómo me sentía. No respondí, no quise responder porque no valía la pena gastar energías.

—Aquí hay botica: ¿Desea una droga para el dolor?, me preguntaron y moví la cabeza. Una hora más tarde trajeron una pastilla pero no me hizo ningún efecto. En las horas de la tarde, cuando pasó el sol y la temperatura fue mejor, vino el médico del penal, me miró, tocó donde le señalé que sentía más dolor y dijo: 'Eso no es nada'.

"El único compañero que tenía en aquel salón era un salvadoreño que cayó con su hermana en el momento de cruzar la frontera sur de México. El me contó que nos encontrábamos en una sección especial del Penal de La Loma, hasta donde solamente conducían indocumentados y cuando le conté que me habían torturado se asustó y pareció no creerlo porque a ellos no los habían tocado al capturarlos. 'Solamente nos insultaron y nos robaron los tres trapos que traíamos", explicó. (El salvadoreño era perezoso y había que rogarle para que se moviera).

"En la noche entró un detenido que alquilaba cobijas a setenta y cinco pesos. Como cambiaba dólares le pedí que sacara de mi bolsillo un billete de cien —lo que me quedaba— porque no me podía mover. Me volteó, tomó el dinero y me dio menos de la mitad de los pesos que correspondían. Se lo dije pero él sonrió, descontó el valor de dos cobijas, puso los billetes que sobraban en mi bolsillo, extendió una en el suelo y me dio el bote para que quedara acomodado encima. 'Que alguien te tape con la otra a media noche, cuando comienza el frío', dijo y se marchó.

"Estuve dos semanas sin poderme mover. Para hacer las necesidades tenía que rogarle al salvadoreño dos y tres veces que me ayudara a ponerme de pies y agarrado de él me arrastraba hasta la taza. Durante los primeros días orinaba sangre y el hombre, aterrado, decía que me debía ver un médico. Una tarde supe que habló con uno de los guardianes y este dizque le contestó: 'Mano, si no hay médico pa' uno, menos pa' un pinche colombiano'.

"También descubrí sangre en la deposición... y las manos, Dios mío, las manos me dolían cada vez más.

"¿En qué pensaba durante todo ese tiempo? A ver... Tantas cosas. Yo creo que definitivamente lo que más me echaba la moral abajo era ese estado de postración. Me sentía como un viejo. O, no me sentía: era un anciano. Actuaba como anciano y pensaba como anciano. Imagínese lo que significa no poder ir siquiera al baño sin que lo tengan que ayudar. Y peor si la ayuda es de mala gana. Hombre, yo sentía cómo estaba envejeciendo de un día para otro, porque, especialmente la primera semana, amanecía y en lugar de mejorar, estaba yendo para atrás.

"Amanecer era muy difícil... Y todavía sigue siendo muy difícil porque abro los ojos, veo el día y me arrincono contra la cabecera de la cama, esperando que se abra la puerta y entren a buscarme para castigarme. Si usted me pregunta qué es lo más difícil para mí ahora, yo le digo que despertar. Porque despertar es enfrentarse nuevamente a una pesadilla, así no esté en un calabozo.

"En la cárcel de Nuevo Laredo, en aquel salón sucio, estuve por lo menos veinte días con una vibración permanente en el cerebro y a ratos sentía picadas que me atravesaban la cabeza de lado a lado. Recuerdo que algunas veces veía borroso durante horas y horas y de pronto se me llenaban los ojos de lucecillas y me ponía a flotar. Cuando el salvadoreño me paraba para ir al baño perdía el equilibrio y no escuchaba bien lo que me decían porque duré mucho tiempo con sordera en ambos oídos. Pero, a pesar de todo, en el fondo estaba feliz, pues había salido de las garras de la Dirección Federal de Seguridad... Oiga, esto está muy trágico todo, ¿no es cierto?

—Sí, está muy trágico.

—Bueno, pero es que llevo un poco de meses con tantos problemas y no veo nada diferente. Como nada bueno, ¿sabe? Entonces ando pensando de día y de noche en lo mismo.

—Yo creo que es muy bueno haber regresado a Colombia, y que es muy bueno tener toda la vida por delante y que es magnífico estar vivo...

—Bueno, eso sí. Pero regresar a Colombia... Eso no es tan fácil, porque quiere decir que uno vuelve derrotado. Que un buen día dijo, voy a ser alguien y resultó que no. Que mañana me voy a aparecer otra vez en mi barrio, peor que cuando me fui.

—Es una manera de ver las cosas. A mí me parece un orgullo bobo. ¿Usted no piensa que para triunfar en algo hay que pasar primero por la derrota? O si no, ¿de dónde sale la experiencia?

—Ojalá usted estuviera sentado donde yo estoy ahora...

—Pero es que usted no es culpable de nada.

—Eso sí. ¿Sabe que eso sí? Yo me pongo a pensar muchas veces por qué uno tiene que atravesar por todas estas cosas. Por qué tiene uno que pagar tan caro que el país no le ofrezca ni un trabajo y entonces deba irse a aguantar estos calvarios.

Pausa larga. Rubén Darío se resbaló en la silla y miró al techo durante varios minutos, inmóvil, con los brazos extendidos y las piernas estiradas. Le miré la cara y no pude encontrar ninguna expresión. Ni angustia, ni desesperanza. Pensaba. Simplemente pensaba. Apagué la grabadora y con el 'clic' pareció aterrizar nuevamente.

—No, no la apague. Terminemos esto porque me parece que estoy descargando todas estas cosas y eso me ayuda... ¿En qué íbamos?

—En el salón sucio del penal de Nuevo Laredo. Ya se salió de las garras de la Federal de Seguridad.

—Ahhh. Sí, claro... Pues empezaron a pasar los días y fueron llegando indocumentados: uno de España, un iraní, un yugoslavo, un cubano, varios de Guatemala, de El Salvador, de Honduras. ¿Qué contaban? Pues que fuera de insultarlos los habían tratado bien. Yo era el único torturado y eso les llamaba la atención. Todos me preguntaban qué había sucedido, yo les contaba y se extrañaban. Especialmente el cubano y el español se solidarizaron conmigo y ya fueron ellos quienes se encargaron de llevarme al baño, de ponerme la cobija por las noches. Generalmente en las horas de la mañana llamaban al boticario, le hablaban de muy buena manera y lograban conseguirme una que otra pastilla. El cubano me regaló 10 dólares, el español una camisa, el iraní un pantalón.

"El día 16, los tres me obligaron a ponerme de pies porque decían que allí tirado me iba a enfermar más y salí por primera vez al patio, apoyado en el iraní y el español. Recuerdo muy bien que me costó mucho trabajo abrir los ojos. El sol era tremendo... O me parecía tremendo. Ellos me dejaron allí unos diez minutos y como sufría de la vista porque todavía lloraba mucho a causa del chile que me metieron entre las narices, ellos mismos me desnudaron y abrieron la ducha. Imagínese a lo que debía oler... Tres semanas sin ver el agua, ni el jabón.

"Exactamente a los 36 días de haber llegado a La Loma se completaron 36 indocumentados en el salón y un guardián dijo que con este número quedaba listo el cupo de un bus que nos llevaría a Ciudad de México y a la media noche arrancamos, con la advertencia de que si alguien intentaba escaparse los guardias tirarían a matar. 'Y otra cosa, bola de cabrones —agregó el oficial—: No vayan a pedir comida porque no hay. La comida pídanla cuando estén en sus pinches países'.

"El viaje hasta la capital dura dos días y medio porque son unos mil doscientos kilómetros, al final de los cuales está lo que llaman la Estación Migratoria de Ixtapalapa que a la hora de la verdad no es ninguna estación migratoria sino una cárcel de incomunicación total. Allí, por ejemplo, no solamente le niegan a uno un teléfono para comunicarse con su consulado, sino que muchas veces llaman de allá y los guardianes dicen que uno no está detenido en el lugar. Ahora, si avisa a través de terceros —como sucedió en alguna oportunidad con un colombiano— se enojan mucho y se desquitan cortándole la comida dos o tres días al detenido... O despertándolo varias veces durante la noche, o mandándolo simplemente a una celda de castigo. Ixtapalapa es, como le digo, un campo de concentración. Allí estuve un mes y diecisiete días más, pero totalmente incomunicado".

Constitución Política de los Estados Unidos
Mexicanos, 5 de febrero de 1917

Artículo 19 - Ninguna detención podrá exceder del término de tres días, sin que se justifique con un acto de formal prisión. (...) Todo maltratamiento que en la aprehensión, o en las prisiones; toda molestia que se infiera sin motivo legal; toda gabela o contribución en las cárceles, son abusos que serán corregidos por las leyes y reprimidos por las autoridades.

Artículo 20 - En todo juicio de orden criminal, tendrá el acusado las siguientes garantías: (...) II- Queda rigurosamente prohibida toda incomunicación o cualquier otro medio que tienda a aquel objeto.

Artículo 22 - Quedan prohibidas las penas de mutilación y de infamia, la marca, los azotes, los palos, el tormento de cualquier especie...

"Allí en Ixtapalapa todo es estricto. Uno no puede contestar ni en voz alta ni tampoco en voz baja. Si habla duro le pegan o lo mandan a una celda de castigo sin derecho a recibir el sol. Esas celdas son más sucias que las demás y desde luego, cuentan con menos ventilación. Cuando llegué tenían allí a un antioqueño llamado Wilmar porque cuando ingresó dijeron que por ser colombiano debía ser peligroso y lo encerraron durante 26 días. Al cabo de ese tiempo pasó a celda común y tuvieron que aceptar que era un hombre honrado.

"Hablar de Ixtapalapa es hablar de 'un changarro' —como dicen ellos— donde los guardias meten marihuana y cocaína y por eso le cobran a uno dinero hasta para dejarlo ir a orinar. Allí por ejemplo toda la comida lleva yodo, dizque para evitar la excitación sexual de los detenidos y en las celdas de las mujeres generalmente hay niños, incomunicados también. Yo estuve todo el tiempo al lado de mujeres con niños de meses, de dos años, de cinco, de diez y a ellos también los castigan y también los mantienen con hambre. Eso se lo puede contar a usted cualquiera que haya estado allá y se lo puede confirmar cualquier cónsul que haya tenido que sacar colombianos con hijos.

"Mire, para no ir más lejos, le voy a contar una cosa, con la seguridad de que no me la va a creer: en Ixtapalapa, en un lapso de doce días, se enloquecieron un norteamericano y un chileno. Un iraní y un cubano se ahorcaron. Un italiano se cortó las venas. Eso es Ixtapalapa...

—Y usted cuánto tiempo estuvo allá.

—Cuarenta y siete días. Al cabo de ese tiempo, una noche Salabás —un español de veinte años— y yo, escuchamos que llamaban a un grupo de centroamericanos para despacharlos por tierra hasta la frontera, pero allí nos metieron a los dos. Inmediatamente explicamos que nosotros éramos de otras partes del mundo y, claro, vino la respuesta clásica del policía mexicano: 'Cabrones, ¿quién es el que manda aquí?: ¿Tú? Vete a chingar a tu rechingada madre y cállate la boca'.

"Luego ordenaron que alistara mis cosas y metí dentro de una bolsa de polietileno un par de botas texanas nuevecitas que me regaló Rogelio Guajardo (aquel preso de Nuevo Laredo que alquilaba cobijas), tres camisas, un par de franelas y un pantalón. Una vez listo, le dije a Salabás que debíamos tener las pilas puestas porque yo sentía temor de que la policía nos desapareciera y él me confesó que estaba pensando lo mismo pero que debíamos arriesgarnos con tal de abandonar ese sitio.

"Sobre la una de la mañana nos acomodaron en un bus que partió con destino a la frontera entre México y Guatemala.

Eramos treinta y seis personas, el cupo completo, formado por algunos hombres, mujeres y muchos niños, especialmente salvadoreños y guatemaltecos.

"El vehículo tenía un sanitario en la parte de atrás, pero estaba atascado, de manera que lo aislaron con tablas y solamente paraban rara vez, cuando las mujeres se ponían violentas. En cambio si un hombre lo solicitaba, no se detenían. Por este motivo la gente comenzó a hacer sus necesidades adentro y al terminar la primera noche de viaje, el olor del vehículo era insoportable, pero eso no parecía preocupar a nadie: en ese momento lo importante para todos era salir de México, de manera que en forma paciente completamos treinta y siete horas de viaje hasta un pueblo llamado Talismán.

"Allí nos bajaron, tomaron nuevos datos y firmamos una serie de papeles sin que nos dejaran conocer su contenido. Luego anunciaron que quedábamos libres y empezamos a caminar lentamente a través del puente internacional sobre el Río Suchiate que separa los dos países. Al otro lado, los guardias dejaron ingresar solamente a los centroamericanos. El español y yo debíamos devolvernos 'por falta de visas'.

"Regresamos al lado mexicano sobre la media noche y a la mañana siguiente los guardianes todavía no sabían cómo deshacerse de nosotros.

—Escuchen una cosa —dijo entonces uno de ellos—, lo mejor que pueden hacer es tirarse al agua. ¿Ustedes saben nadar?

—Sí, pero es que estamos muy débiles —dijo el español—. Llevamos dos días sin comer. Y, además, el río se ve caudaloso y bastante hondo.

"Al escuchar esto, hablaron entre ellos y finalmente decidieron trasladarnos a Ciudad Hidalgo, otro punto en la frontera, pero sentimos temor por la manera como nos miraban mientras hablaban en voz baja. En ese momento miré al español y estaba pálido... Yo mismo sentía miedo, pero no había ninguna alternativa diferente que trepar a una camioneta y arrancar acompañados por tres de ellos.

"Media hora después nos detuvimos a las puertas de la ciudad, bajamos del auto y los guardias nos rodearon.

—Vamos a mirar qué traen entre las bolsas, dijo uno de ellos al tiempo que estiraba los brazos para que se las diéramos. Lo hicimos y con curiosidad empezó a sacar una por una las cosas que había adentro.

—Qué buenas prendas traen, muchachos, dijo sonriendo y mirando a sus compañeros, y una vez descubrió las botas texanas —que yo no me había querido estrenar porque las cuidaba mucho— se le abrieron los ojos y exclamó:

—Están padres. Esas me las clavo, ¿oyeron? Me las quedo. El pantalón y las camisas son para mis muchachos… A ver qué trae este otro cabrón, preguntó mientras le echaba mano a la bolsa de Salabás.

"De allí sacó algunas artesanías, una cadenita de plata, una camisa y un reloj y con una tranquilidad pasmosa comenzó a repartirlo todo con sus compañeros. Cuando terminaron nos miraron sonrientes y llamaron a un par de indios que tenían un neumático y ordenaron que nos sentáramos en él. Una vez acomodados, en la otra orilla alguien haló una cuerda y empezamos a alejarnos, a alejarnos, a alejarnos. Atrás los guardias se reían y nos mostraban las botas y las artesanías y gritaban groserías, pero eso no nos importaba. Ya estábamos en Guatemala.

—Bueno, y, ¿ahora?

—Ahora solamente veo un camino.

—¿Cuál?

—Irme para los Estados Unidos.

—Esta vez, ¿por dónde?

—¡Por el hueco!

Este libro se término de imprimir
en los talleres de Editorial Printer Colombiana Ltda.
Abril de 1990
Calle 64 No. 88A - 30
Bogotá - Colombia